山东女子学院北大山成果文库

面向共同富裕的中国相对贫困测度、识别与治理

冯亮　么攀◎著

中国经济出版社
CHINA ECONOMIC PUBLISHING HOUSE
·北京·

图书在版编目（CIP）数据

面向共同富裕的中国相对贫困测度、识别与治理 / 冯亮，么攀著. -- 北京 ：中国经济出版社，2025. 3.

ISBN 978-7-5136-8111-7

Ⅰ. F126

中国国家版本馆 CIP 数据核字第 2025JE0645 号

组稿编辑　崔姜薇
责任编辑　郭书芳
责任印制　李　伟
封面设计　任燕飞

出版发行　中国经济出版社
印 刷 者　河北宝昌佳彩印刷有限公司
经 销 者　各地新华书店
开　　本　710mm×1000mm　1/16
印　　张　15. 5
字　　数　253 千字
版　　次　2025 年 3 月第 1 版
印　　次　2025 年 3 月第 1 次
定　　价　88. 00 元
广告经营许可证　京西工商广字第 8179 号

中国经济出版社 **网址** http://epc. sinopec. com/epc/ **社址** 北京市东城区安定门外大街 58 号 **邮编** 100011
本版图书如存在印装质量问题，请与本社销售中心联系调换（联系电话：010-57512564）

前言

Preface

消除贫困，实现共同富裕既是社会主义的本质要求，也是人民群众的共同期盼。党的二十大报告指出，中国式现代化是全体人民共同富裕的现代化。经过近40年的努力，中国已经战胜了绝对贫困，但是，目前仍面临着相对贫困这个难关。为此，党的十九届四中全会提出，坚决打赢脱贫攻坚战，巩固脱贫攻坚成果，建立解决相对贫困的长效机制。党的二十大报告提出了以实现共同富裕为根本目标，以实现人民高质量生活的全方位改善为抓手的增进民生福祉的新思路。由此可见，实现共同富裕是中国治理相对贫困的最终目标。

相对贫困问题对世界各国来说都是一个非常复杂的问题。西方发达国家虽然开展相对贫困治理实践已经有几十年的时间，但是相对贫困状况并没有得到本质改善。目前，中国虽然已进入相对贫困治理阶段，但是相关的理论和实践经验比较缺乏。同时，学者们对于相对贫困标准的设置问题存在争议，对于相对贫困的致贫因素仍在不断探索。基于上述问题，首先，本书以相对贫困识别标准为研究切入点，基于实际问题驱动，采用高斯混合模型期望最大化算法对收入相对贫困线进行测度，并与传统相对贫困线进行比较分析，同时基于发展的视角，构建多维相对贫困指标体系，对多维相对贫困进行测度，并将收入相对贫困和多维相对贫困测度结果进行对比分析，借此提出中国相对贫困识别标准的建议。其次，本书从宏观、中观和微观三个层面对相对贫困的致贫因素进行了分析，并分别提出了对应的治理措施和方向。最后，本书基于返贫风险防范的视角，对家庭相对贫困脆弱性进行了测度和分析。

综合理论分析与实证研究的结果，本书主要得出以下结论：

（1）在相对贫困治理阶段，可以采用以收入相对贫困为认定标准，以多维相对贫困为退出标准的识别策略。建议对收入相对贫困线分别按照城镇和农村人均可支配收入的35%和30%设置。

（2）在宏观层面上，相对贫困的变动受到经济增长、收入分配和贫困识别标准的共同影响。因此，在治理相对贫困时应注意经济增长的包容性和贫困标准设置的适度性。

（3）在中观层面上，产业结构优化和数字经济的发展对相对贫困的缓解具有非线性影响，并且对农村和城镇相对贫困的影响存在异质性。

（4）在微观层面上，家庭陷入相对贫困主要是由发展机会不均等、发展能力欠缺和发展动力不足造成的。在治理过程中，应注意扶智与扶志相结合，加大公共服务提供的均等化。

（5）家庭相对贫困脆弱性测度对家庭未来陷入相对贫困具有较好的预测性，可以作为相对贫困治理的事前干预手段纳入相对贫困治理体系。

与现有文献相比，本书的主要贡献包括：

（1）在研究视角方面，本书基于实际问题驱动的思想，采用统计学习的方法对收入相对贫困线进行了测度，为收入相对贫困线的设置提供了参考。在实证过程中，从宏观、中观和微观三个层面对相对贫困的致贫因素进行了系统分析。同时，在微观层面，本书将幸福感、发展信心、精神抑郁等内生动力因素和职业声望纳入致贫因素并进行分析，从而为相对贫困的相关研究提供了新的研究视角。

（2）在相对贫困理论方面，本书基于发展的视角构建了多维相对贫困指标体系和相对贫困治理微观分析框架，基于脆弱性生成的视角构建了家庭相对贫困脆弱性分析框架，从而丰富了相对贫困研究的相关理论。

（3）在方法应用方面，本书综合运用统计学习、统计指数构建、指数分解、模拟仿真、回归分析等统计方法进行相关研究，并探索方法的改进，从而推进了统计分析方法与相对贫困问题研究的有机结合。

目 录

Contents

第1章 Chapter One
绪　论

本章首先阐述了本书的研究背景和研究意义，其次在对本书研究的相关问题进行文献综述的基础上，提出本书的研究框架、研究内容和研究方法，并提炼总结本书的创新之处，最后介绍了本书的章节安排。

1.1　研究背景与意义

1.1.1　研究背景

消除贫困，实现共同富裕既是社会主义的本质要求，也是人民群众的共同期盼。党的二十大报告中明确提出，中国式现代化是全体人民共同富裕的现代化。实现共同富裕是中国式现代化的鲜明特征，是满足人民对美好生活向往的落脚点。然而，实现共同富裕是一个具有长期性、复杂性和艰巨性的过程，不可能一蹴而就。在实现共同富裕的道路上，有许多棘手的问题需要解决，其中关键的一环是解决相对贫困问题。

贫困是长期困扰人类社会发展的难题。联合国等世界组织和各国政府均把解决贫困问题列为一项重要议题。改革开放 40 多年以来，中国共产党为了解决贫困这一困扰人类社会发展的重要难题之一，开展了一场史无前例的反贫困斗争，特别是党的十九大以来，党中央把打好精准脱贫攻坚战作为全面建成小康社会的三大攻坚战之一。2021 年 2 月 25 日，习近平总书记在全国脱贫攻坚总结表彰大会上庄严宣告，中国脱贫攻坚战取得全面胜利，现行标准下农村贫困人口全部脱贫。这比联合国制定的到 2030 年消除绝对贫困的目标整整提前了10年。中国为世界消除绝对贫困目标的实现作出了重要贡献，同时也为其他发展中国家解决贫困问题提供了中国经验、树立了榜样。在取得如此辉煌成就的同时，党中央清醒地认识到，中国的贫困治理并未结束，而是进入了一个以相对贫困治理为核心的新阶段。为此，党的十九届四中全会首次提出“坚决打赢脱贫攻坚战，巩固脱贫攻坚成果，建立解决相对贫困的长效机制”。党的十九届五中全会提出“实现巩固拓展脱贫攻坚成果同乡村振兴有效衔接”。党的十九届六中全会提出“使人们摆脱贫困、尽快富裕起来”。由此可见，解决相对贫困问题已经成为党和国家当前和未来的主要任务之一。

相较于绝对贫困，相对贫困问题的解决更具有复杂性和长期性。从世界范围来看，在贫困治理中采用相对贫困标准的国家主要是中高收入国家，以欧盟及其成员国为典型代表。然而，这些国家相对贫困治理的效果不尽如人意。例如，美国虽然制定了较高的贫困标准，但是并没有提出明确的贫困治理目标，并且在1978—2017年其贫困发生率一直保持上升趋势（Robert and Ziliak，2019）。欧盟虽然明确提出了缓解相对贫困的目标，但是截至2016年，欧盟成员国的相对贫困发生率并没有下降（檀学文，2020）。

当前，中国刚刚进入相对贫困治理阶段，据测算，如果按照欧盟提出的中位数60%相对贫困标准计算，2019年中国农村和城镇相对贫困发生率分别为23.6%和32.4%，相对贫困人口分别为1.3亿人和2.7亿人（李莹 等，2021）。由此可见，中国相对贫困的治理难度同样艰巨。治理相对贫困问题是实现共同富裕的内在要求（梁小军和胡多，2022）。而如何治理相对贫困，对于中国来说尚有许多问题需要进一步研究。首先，如何设定相对贫困的标准，这关系到相对贫困人员的识别以及相对贫困人员脱贫的认定。其次，相对贫困的治理逻辑与机制是什么？相对贫困的治理逻辑与绝对贫困有较大区别，需要从多个方面深入分析相对贫困的治理逻辑和致贫因素，从而发现相对贫困的治理机制，并出台有针对性的帮扶措施。最后，如何在治理相对贫困时建立有效的监测与干预措施。当前，在多重因素叠加的影响下，脱贫人员的返贫风险和边缘人员的致贫风险有上升趋势，这就要求对这些贫困高风险人员建立动态监测机制，采取事前干预措施，防止发生规模性返贫致贫现象。

基于对上述问题的思索，本书以中国相对贫困问题为研究对象，在对相关文献进行梳理的基础上，以相对贫困识别标准的测度为切入点，首先从收入相对贫困和多维相对贫困两个角度对相对贫困的识别标准进行了分析，并提出中国相对贫困标准的设置方案。其次从国家宏观层面、省域中观层面和家庭微观层面三个层次对相对贫困变动的影响因素和演化规律进行分析。最后从贫困风险防范的角度对家庭相对贫困脆弱性进行测度与分析，以期为将家庭贫困脆弱性预测纳入相对贫困动态监测体系提供决策支持。

1.1.2 研究意义

本书对中国相对贫困相关问题的研究意义可以从理论意义与实践意义两个方面进行概括。

（1）理论意义。

本书的理论意义主要包括以下两个方面：

第一，本书基于相对贫困的内涵构建了相对贫困识别的测度方法，丰富了相对贫困识别的测度理论，为相对贫困识别标准的设立提供了理论参考。当前，相对贫困的设定标准在理论上仍存在争议，本书聚焦于相对贫困标准的设定，从理论上探讨如何设置相对贫困更具合理性与可行性。具体包括：在收入相对贫困方面，本书提出了按照收入分布的不同特征划分相对贫困人口的方法；在多维相对贫困方面，本书提出基于发展的视角，构建多维相对贫困指标体系。通过对比分析两种识别方法，提出了中国相对贫困识别标准的设置方案。

第二，本书在分析相对贫困影响因素时，探索建立了统一的微观分析框架，丰富了相对贫困治理理论，为后续相关研究提供了参考。本书在归纳总结现有文献的基础上，探索构建了统一的微观分析框架，对家庭相对贫困和相对贫困脆弱性进行了理论分析。具体包括：在对家庭相对贫困问题进行分析时，本书构建了“发展机会—发展能力—发展动力”分析框架；在对家庭相对贫困脆弱性进行分析时，本书构建了“风险冲击—家庭禀赋—家庭行动”分析框架。

（2）实践意义。

本书的实践意义主要包括以下两个方面：

第一，本书的相关研究成果为相对贫困的治理提供了决策支持。本书立足中国大地，基于中国实际，对中国相对贫困问题从多个方面、多个角度进行了分析，并根据分析结果从相对贫困识别标准设置，宏观、中观、微观三个层面的相对贫困治理以及相对贫困动态监测体系建立等方面提出政策建议，以期为当前相对贫困的治理提供决策支持。

第二，本书在研究过程中致力于统计方法的应用创新，拓展了统计方法在相对贫困研究中的应用。本书在测度相对贫困指标以及分析相对贫困影响因素的过程中，从研究实际出发，有针对性地选择运用了统计学习、统计指数构建、指数分解、模拟仿真、回归分析等统计方法，对相关问题展开研究和分析，推进了统计分析方法与相对贫困问题研究的有机结合。

1.2　文献综述

贫困，这一关系人类社会生存与发展的全球性问题，长期以来一直受到社会各界的关注与讨论。由于贫困问题是一个涉及经济、社会、政治、人文、环境等诸多领域的复杂社会现象，因此贫困的内涵与外延具有模糊性和宽泛性（杨菊华，2020）。近百年来，众多学者对贫困的讨论逐渐从单一维度转向多维，从贫困的绝对—客观属性转向相对—主观属性。尽管关于贫困问题积累了大量研究成果，但是仍有许多问题一直处于争论之中。本节将对与本书研究相关的现有成果进行梳理。

1.2.1　相对贫困的内涵

在对贫困的研究中，一个首要的问题是如何定义贫困，这关系到对贫困的测度与治理。近百年来，随着众多学者研究的不断深入，对贫困内涵的理解逐渐丰富起来。早期，学者主要从经济福利的角度出发，从人的生存角度来看待贫困问题。如 Rowntree（1901）把贫困定义为“总收入水平不足以获得仅仅维持身体正常功能所需的最低生活必需品”。这种贫困定义主要从单一经济维度来衡量，并且描述了一种极端的生存贫困状态，因此也可以称之为绝对贫困，目前大多数发展中国家基于该定义设置贫困标准。

随着对贫困认识的不断深入，学者们认为，贫困不是单一维度的经济贫困，而应该从多个维度去定义贫困。阿马蒂亚·森（1999）首次提出了能力贫困的概念，其认为贫困不能单纯地依赖收入或消费的多少进行衡量，而是反映为一种可行能力的被剥夺，这种可行能力包括医疗的权利、教育的权利、体面生活的权利等。因此，在衡量贫困问题时应多维度地考虑。此后，学者及政府机构更多从“可行能力”“赋权理论”“多维贫困”等角度对贫困进行定义。如欧共体在《向贫困开战的共同体特别行动计划的中期报告》中定义：“贫困是个人、家庭和群体在物质、文化和社会等资源方面受到限制，导致他们被排除在他们所在国家的可以接受的最低生活限度之外。”世界银行在《1990年世界发展报告》中将贫困定义为“缺少达到最低生活水准的能力”。世界银行在《2000/2001年世界发展报告》中对贫困的概念范围进行了放宽，认为“贫困除了缺乏必要的物质生活资料、低水平的教育和健康外，还包括风险和面临风险时的脆弱性，以及无法在社会群体中表达自身需求”。联合国开发计划署在《2010年人类发展报告》中引入多维贫困指数，对单一的基于收入的贫困识别标准进行了扩展。

绝对贫困的定义只是从个体或家庭自身的角度来描述贫困状况，但是，有时人们在一个特定群体中，可能更关心自己的相对收入（Ravallion and Chen，2019）。人们生活在社会中，会不自觉地与其他人进行比较，如果发现自己远远落后于他人，会产生相对剥夺感（Fuchs，1967），由此引出了相对贫困的概念。相对贫困是指在特定的经济社会发展背景以及生产、生活条件下，个体或家庭虽然可以维持生存，但是与当地的平均水平相比仍有较大差距（邢成举和李小云，2019）。支持相对贫困线的学者认为，绝对贫困线无法跟上经济发展过程中对贫困定义标准不断提高的步伐。而且，绝对贫困标准本身也具有一定的相对性，它是根据特定时期的社会经济水平而设定的（戴小文和何思妤，2022）。相对贫困可以表征社会财富或收入在不同阶层的分配情况（李强，1996），当人们陷入相对贫困时，意味着其财富或收入的相对剥夺（罗必良 等，2021）。因此，越是高收入国家，相对贫困的意义越重要，因为社会的丰富物资不一定能公平地分配给每一个人，也就意味着不一定能消除相对贫困（陈宗胜 等，2013）。对于当前的中国来说，在解决了绝对贫困后，相对贫困治理将是一项长期工作（张楠 等，2021）。

随着对贫困研究的深入，有学者认为，现行的贫困定义实质上都是一种“他定”的客观贫困标准，其特点是由专家或政府部门预先设定好一定的标准，并以此来识别人员是否贫困。然而，这种客观贫困识别方法在实践中可能会将复杂的现实情况过度简单化，测量指标之间存在共线性、指标不同的赋权方式导致测量结果不统一等问题（Ravallion and Lokshin，1999）。由此，学者提出了主观贫困概念。主观贫困主要是通过被调查者对自身状况的评估并由此来判定其是否贫困。主观贫困的概念意味着贫困标准由“他定”转为“自定”，使得社会底层人员对贫困这一复杂的社会问题有了自己的话语权，彰显了社会对贫困人员生存和发展状况的人文关怀（左停和杨雨鑫，2013）。

从贫困定义的发展可以看出，人们对贫困内涵的认识不断深入，对贫困的外延不断拓展，并且这种认识是伴随社会经济的发展而发展的。如果说绝对贫困考虑的是人的生存问题，那么相对贫困则考虑的是人的发展问题。当消除了绝对贫困之后，那些脱贫人口可能仍属于社会低收入人群，此时贫困的绝对性就具有了相对的意义，可以称之为相对之绝对。因此，相对贫困的意义更加丰富，既包含了个人生存的需要，又包含了社会包容成本，即个体融入社会而不被排斥所需的成本。对于当前的中国来说，相对贫困更具有现实意义。

1.2.2 相对贫困的测度

贫困的测度主要基于个体或家庭所需要的一系列资源的比较（Foster，1998）。当个体或家庭所拥有的资源低于某个标准时，就被视为贫困。因此，贫困的测度是与贫困的定义高度相关的。在不同贫困定义下，判断贫困的标准是有差异的。

对于绝对贫困，在设定标准时主要是从能力的角度考虑个体拥有健康和正常活动的能力所需的营养（Ravallion and Chen，2011）。该营养标准对于贫困国家一般设定为2100卡路里/(人·天)，其中包含1~2种淀粉类主食。对于中等收入国家，该营养标准会更丰富一些。为了更好地进行全球贫困状况比较，Ravallion等（2009）在对全球75个发展中国家进行研究的基础上，基于2005年全球购买力平价指数提出了1.25美元/(人·天）的贫困线标准。由于该贫困线是根据全球最贫困的15个国家日均消费平均得到的，世界银行将其确定为全球最低贫困线。随后，Ferreira等（2016）基于2011年购买力平价指数将该贫困线调整为1.9美元/(人·天)。同时，世界银行还确定了3.2美元/(人·天）的中低收入国家贫困线和5.5美元/(人·天）的中高收入国家贫困线。中国的贫困标准根据社会经济以及生活水平的发展情况先后经历3次调整，即“1978年标准”、“2008年标准”和“2010年标准”（鲜祖德 等，2016）。“2010年标准”是按2010年价格水平设定为每人每年2300元。

多维贫困的测度主要基于阿马蒂亚·森的可行能力理论，通过设定多方面的指标来考察个体在多个维度下的贫困状况。在多维贫困的识别方面，一个首要问题在于多维贫困指数的构建。对此，学者们开展了大量有益的研究，采用的主要方法包括FGT指数方法（Foster et al.，1984）、模糊集方法（Cheli and Lemmi，1995）、公理化方法（Bourguignon and Chakravarty，2003）、投入产出效率法（Ramos and Silber，2005）、Watts多维贫困指数（Chakravarty et al.，2008；陈立中，2008）、基于信息理论的方法（Lugo et al.，2009）以及由FGT指数改进的“双界限”方法（Alkire and Foster，2008）。“双界限”方法是目前中国学者使用较多的多维贫困测量方法，众多学者采用该方法对中国多维贫困状况进行测度（王小林和Alkire，2009；王素霞和王小林，2013；高艳云和马瑜，2013；张全红和周强，2014；杨龙和汪三贵，2015；张全红 等，2017；黄志刚和黎洁，2022；李春根和陈文美，2022）。

相对贫困线的设定主要根据某一社会平均比较物的百分比来确定。在实践中，这一平均比较物可以设为社会人均可支配收入或可支配收入的中位数。Fuchs（1967）最早提出了明确的相对贫困线，并建议将美国的贫困线设为个体收入中位数的50%。虽然美国没有接受该建议，但是其他经济合作与发展组织（Organization for Economic Co-operation and Development，OECD）国家普遍采用了类似的方法设置贫困线。欧盟将人均可支配收入中位数的60%设定为相对贫困线（Ravallion and Chen，2019）。日本将家庭收入中位数的50%设定为相对贫困线，新加坡则将收入最低的20%家庭全部定为相对贫困家庭（王锴，2019）。联合国可持续发展目标中也包含了对收入中位数50%以下人口进行监测的相关内容。

从世界各国贫困线的设置来看，发展中国家大多采用绝对贫困线，而OECD国家大多采用相对贫困线。但是从全球角度来看，发展中国家的绝对贫困线可能也不是这么“绝对”。Ravallion和Chen（2019）对全球175个国家的贫困线进行研究后发现，各个国家的贫困线与各国的人均可支配收入高度相关，据此提出了“弱相对贫困线”的概念，并指出贫困线的设定随着人均可支配收入的增长而上升。

中国目前消除了绝对贫困，已经进入小康社会。当前，中国人均国内生产总值达到1万美元以上，成为中等收入国家。然而，贫困问题并没有彻底解决，而是进入了缓解相对贫困的新的治理阶段（孙久文和夏添，2019；叶兴庆和殷浩栋，2019；王小林和冯贺霞，2020；吕方，2020）。在新的治理阶段，应建立面向实现共同富裕目标的常态化治理机制（莫光辉，2022）。随着相对贫困问题引起学者的关注，如何设置中国的相对贫困标准逐渐成为学者研究的热点。

关于中国相对贫困的标准，学者争论的焦点主要集中于以下三个方面：

第一，如果使用货币作为衡量标准，那么基准参照物是什么？是使用可支配收入的中位数还是使用平均数？建议使用中位数的学者认为，中位数能够更好地反映收入分布的基本情况（张琦，2020）。也有学者从国际比较的角度建议将平均数作为基准参照物（Ravallion，2020；曲延春，2021）。还有学者通过分析发现，使用中位数或是使用平均数并没有本质的区别（Ravallion and Chen，2019；胡联 等，2021）。

第二，在选定基准后，相对贫困线应设置的比例是多少？选择何种比例关系到相对贫困线的高低，设置的比例过高，意味着将更多人员纳入相对贫困范围，会增加相对贫困治理难度，而设置的比例过低，会低估相对贫困状况。在具体研究中，学者大多采取先设置不同的比例分别进行测算，再综合比较，选择一个比较合适的比例的方法。通过测算，有学者建议，中国的相对贫困标准不应考虑与世界接轨，可以采用在非沿海地区设置高标准的绝对贫困线，在沿海地区设置相对贫困线的方法（孙久文和夏添，2019）。也有学者通过测算发现，相对贫困线设置为人均收入中位数的40%比较合适（沈扬扬和李实，2020；孙久文和张倩，2021）。也有学者建议，应区分城乡，按照收入中位数的50%和40%分别设置不同比例的相对贫困线（李莹 等，2021）。

第三，以货币为衡量手段的相对贫困标准是否能反映相对贫困的内涵？基于对该问题的思考，从可行能力的概念出发，学者提出了多维相对贫困的概念（王小林和冯贺霞，2020）。随后，学者们从不同的角度构建了多维相对贫困的指标体系，对中国相对贫困进行了测度（汪三贵和孙俊娜，2021；平卫英 等，2021；张承 等，2021）。通过对比以货币为标准的相对贫困和多维相对贫困，发现两者的重合率不到30%（刘宇洋和陈玉萍，2022）。因此，在中国的相对贫困治理阶段，使用何种相对贫困标准仍需进一步讨论。

1.2.3 相对贫困的识别

对贫困进行识别的目的在于分析贫困的影响因素，从而制定精准的帮扶措施。在这方面，学者主要从相对贫困发生率与绝对贫困发生率的对比、相对贫困的时空演变、相对贫困的人群等方面展开研究。

由于当前主要是 OECD 国家采用相对贫困标准，因此，国外关于相对贫困的研究对象也大多集中于 OECD 国家，研究视角具有多样性。在社会福利与相对贫困关系方面，学者研究发现，社会保障转移和公共卫生支出显著减少了贫困人口，社会福利的减贫效应远高于经济发展与人口学特征的作用（Brady，2005）。就业率的上升并没有带来相对贫困的显著下降，主要原因在于就业率的上升虽然带来平均收入水平的上升，但是也带来了不同收入人群相对地位的改变，因为新增的就业岗位并不总是位于收入分配的底层（Marx et al.，2012）。较低的收入不平等程度和完善的养老系统能够显著地降低相对贫困发生率，而国家税收并没有起到降低贫困率的作用（Janský et al.，2016）。另外，Robert 和 Ziliak（2019）对英国和美国过去 40 年的相对贫困变化情况进行了分析，发现两个国家相似的地方在于近年来没有子女的工薪家庭贫困发生率逐步上升，而这些家庭恰恰是扶贫政策没有覆盖的。两国不同的地方在于：英国有一个人工作的家庭贫困发生率占比稳步上升，而美国这一占比一直比较稳定。出现这种不同的原因是两国扶贫政策的关注点不同。

在移民与相对贫困的关系方面，通过使用一种相对贫困总体测度指标对波兰相对贫困状况与移民倾向进行分析，发现相对贫困与移民倾向高度正相关（Stark et al.，2009）。而在美国，通过对美国拉丁裔、非拉丁裔及白人户主家庭的贫困差距进行分析，发现拉丁裔家庭正在成为贫困测度中的弱势群体，教育和缩小家庭规模有助于降低拉丁裔家庭的贫困发生率（Mattingly and Pedroza，2018）。

在相对贫困的影响因素方面，绝对贫困主要受平均收入水平的影响，而相对贫困主要受收入分布的影响。平均收入水平越高，代表该国的生活标准越高，因此越有可能消除绝对贫困。而国家通过提供经济机会以及干预收入分配的分布，使得收入分布更加分散，更有可能拥有较低的相对贫困率（Gerandan and Neubourg，2011）。在德国，以生活条件为衡量标准，发现相对贫困状况与健康水平相关程度更高（Pfoertner et al.，2011）。在多维相对贫困识别标准下，一项针对澳大利亚家庭的研究表明，多维相对贫困家庭在家庭卫生、物质资源、社会支持和教育等维度的相对贫困率呈上升趋势，而安全观念、就业和社区参与等维度的相对贫困率呈下降趋势（Arturo and Francisco，2017）。

在相对贫困问题对社会发展的影响方面，学者研究发现，相对贫困问题会影响青少年的健康，甚至会导致儿童死亡率的上升。Elstad 和 Pedersen（2012）对挪威青少年相对贫困状况进行了分析，发现相对贫困是影响挪威青少年主观健康的重要因素之一，相对贫困的青少年同时伴随着父母的失业以及疾病缠身。Pritchard 和 Wallace（2015）比较分析了英国与其他西方国家儿童死亡率的影响因素，发现相对贫困是影响儿童死亡率的重要因素之一，如果英国要降低儿童死亡率，那么重点应放在与相对贫困有关的因素方面。Johan 等（2015）对发达国家贫困与死亡率的关系进行分析发现，绝对贫困与死亡率相关性不显著，而相对贫困对死亡率上升具有重要影响，特别是婴儿和儿童的死亡率。

近年来，中国相对贫困识别的研究逐渐丰富，但是研究的视角相对比较集中。目前，相对贫困研究对象主要集中于农村相对贫困问题，这是由于绝对贫困治理的重点在农村，在相对贫困治理阶段需要考虑治理的接续问题（左停和苏武峥，2020）。当前，虽然中国已经消除了绝对贫困，但是相对贫困状况持续恶化，相对贫困率不断上升（李永友和沈坤荣，2007；陈永伟 等，2022）。造成这种现象的决定性因素是人力资本差异导致的收入差异，使得拥有更高人力资源禀赋的人最先富裕起来，缺乏该禀赋的人则陷入贫困（蔡昉和都阳，2002；秦建军和戎爱萍，2012）。然而，中国城镇的相对贫困状况不容乐观，并且呈不断上升趋势（朱晓和段成荣，2016；单德朋，2019；樊增增和邹薇，2021）。城镇家庭的致贫原因与农村家庭有较大区别，城镇贫困家庭受失业、债务和投资决策失败的影响更加显著（Jitsuchon，2001）。在城市中，相较于收入不平等程度，家庭财富的不平等程度更加严重（Li and Wan，2015）。城镇相对贫困家庭主要是由失业家庭、户主教育水平较低家庭、多孩家庭、没有退休金的老年家庭等特征家庭组成（Gustafsson and Ding，2020）。

在关于相对贫困的影响因素研究方面，相关研究主要从宏观制度、发展环境和家庭资本等方面展开。在宏观制度方面，较多学者研究探讨了经济增长益贫性与相对贫困之间的关系（Son and Kakwani，2008；罗楚亮，2012；沈扬扬，2012；江克忠和刘生龙，2017；谢华育和孙小雁，2021；李实 等，2023）。还有学者研究了教育、医疗、户籍制度等社会保障制度由于地区差异和城乡差异对城乡家庭和不同地域家庭造成的影响（于新亮 等，2022；赵卫华，2022)，以及农民工进城务工带来的相关问题（贺坤 等，2022)。在发展环境和家庭资本方面，相关研究从互联网使用（陈怡和陶晓莹，2022)、数字经济发展（马留赟和白钦先，2022；龚新蜀 等，2023)、电商扶贫（鲁钊阳 等，2023)、数字普惠金融（何宗樾 等，2020；张勋 等，2021；尹志超 等，2023)、数字金融能力（罗煜和曾恋云，2021)、生计资本（刘愿理 等，2022)、社会资本（韦艳和汤宝民，2022）等方面分析了各种因素对相对贫困的影响。

相对贫困的识别还可以从主观角度出发。贫困状态本身是由穷人的体验以及其对其他众多因素的定义等因素共同决定。这既体现了贫困相对性，又彰显了贫困的主观性（杨菊华，2020)。因此，主观贫困包含了一个“相对”比较的内涵，即人们在进行自我评价时还会参考其在周围人群中所处的地位(Dynan and Ravina，2007)。主观贫困的脱离，一方面受到自身经济状况、教育状况、享受到的医疗保障等公共服务水平的影响（田雅娟 等，2019)，另一方面还与自我评估的社会地位、感受到的社会公平状况等因素有关（Cai and Wang，2018)。因此，基于主观贫困的识别是对传统相对贫困识别方法的有益补充（Mahmood et al.，2019)。

1.2.4 相对贫困的治理

中国相对贫困治理的目标在本质上与西方发达国家是不同的。西方发达国家要么没有提出相对贫困治理的目标，要么只是为了反贫困而反贫困。而中国相对贫困治理的目标是实现全体人民共同富裕（檀学文，2020；刘旭雯，2022)，这是由中国的社会主义性质决定的。因此，相对贫困的治理路径与时间表应在中国实现共同富裕的框架下讨论与实施。现阶段，相对贫困的治理目标主要是巩固拓展脱贫攻坚成果，逐步缩小社会各阶层的收入差距（李楠和何爱爱，2022)。

在具体的治理路径方面，学者主要从两个方面展开研究：一是探讨了相对贫困治理与乡村振兴的有效结合。由于相对贫困的治理目标与乡村振兴的目标具有天然的一致性，因此，相关文献分析了相对贫困治理与乡村振兴的衔接和政策匹配等问题（左停和苏武峥，2020；汪三贵和冯紫曦，2020)，并建议通过加大农业科技投入促进农业技术进步（彭继权和张利国，2023)。二是探讨了在相对贫困治理阶段政府的职能与作用问题。在相对贫困治理阶段，政府的角色应逐渐转变，注重发挥市场的作用（秦楼月，2022；王媛和范建刚，2023），同时应关注在相对贫困治理过程中的能源贫困问题（刘自敏 等，2023），采取精准的相对贫困瞄准策略（闫书华，2021），建立有效的职业教育体系、就业保障体系、民生兜底体系（白永秀和吴杨辰浩，2020；范和生和武政宇，2020）。

1.2.5 文献述评

贫困问题是当今世界各国政府、学术界以及各类非政府组织极为关注的问题。在 *Science* 杂志列出的 125 个全球最具挑战性的课题中有 119 个课题与贫困有关（汪晨 等，2020）。从世界范围来看，贫困的内涵与外延在发展中不断变化与扩展，并且与不同国家所处的发展阶段、自身国情高度相关。随着 2020 年全面脱贫攻坚任务的完成，中国进入治理相对贫困的新阶段。然而，中国相对贫困的理论与实践研究开展相对较晚，无论是政府还是学术界对制定何种相对贫困的标准，如何对相对贫困进行测度、识别，以及如何制定相对应的缓解策略尚在讨论之中。更多的相关研究是从相对贫困的内涵、中国相对贫困的测度以及相对贫困的影响因素等方面展开。事实上，虽然国外学者对相对贫困开展了大量研究，许多 OECD 国家也开展了基于相对贫困的贫困识别与治理实践，但是在相对贫困的设置标准、测度与缓解等方面仍存在许多疑问（Ravallion and Chen，2019）。

在相对贫困标准的设置方面，绝对贫困标准是以人一天所需要的能量为基准而设定的，因此具有一定的客观性。而针对相对贫困标准，大部分学者和国家将相对贫困的参照标准设置为平均收入或中位数的一个百分比，讨论集中于平均数和中位数哪一个更好，以及比例设置为多少合适。这种讨论更多的是出于主观的判断，即通过比较各标准所测度的规模以及贫困治理的难度而确定的，缺乏一定的客观性。当前，随着微观数据库的逐渐丰富以及统计学习方法的不断进步，能否采用数据驱动的方法对相对贫困标准进行统计测度，得到客观的相对贫困标准并据此建立客观与主观的关联，有待进一步研究。针对多维相对贫困，其测度的方法和构建的指标体系应与绝对贫困治理阶段有本质区别，而目前的相关研究仍稍显不足，有待进一步研究。另外，收入相对贫困和多维相对贫困之间的关系也需进一步厘清。当前，现有文献更多是针对某一种相对贫困标准展开测度与分析，而较少对这两种贫困标准进行对比分析。事实上，两种贫困标准各有优势。因此，如何充分利用两种贫困识别标准的优势，从而更有效地开展相对贫困治理，需要学者进一步研究。

在相对贫困的影响因素方面，学者们虽然已经开展了大量有益的研究，但是在研究视角上仍有待补充和完善的方面。首先，相关研究是以微观视角家庭层面为主，部分学者也从宏观角度进行了分析，但缺乏中观视角省级层面的研究。其次，目前相对贫困的研究以农村家庭为主，缺乏对城镇家庭相对贫困的分析。再次，当前中国的城乡之间、区域之间均存在较大差异，相对贫困的致贫因素对不同地区、不同户籍的家庭影响必然存在不同，因此有必要对这些致贫因素的异质性影响进行分析。最后，学者在研究相对贫困的致贫因素时，更多的是从某一个方面去重点探讨，缺乏从统一框架角度对相对贫困的致贫因素进行全面梳理的相关研究。

基于上述不足，本书将在前人研究的基础上，立足于中国实际，对中国相对贫困的识别与测度、相对贫困致贫因素分析以及相对贫困的缓解策略开展有益的研究。

1.3 研究内容与方法

1.3.1 研究思路与框架

（1）研究思路。

本书以中国相对贫困问题为研究对象，遵循“实际问题驱动，研究方法探索，方法应用创新，分析解决问题，提出政策建议”的研究逻辑，沿着“文献梳理与数据准备→相对贫困识别标准的分析与测度→相对贫困宏观致贫因素分析→相对贫困中观致贫因素分析→相对贫困微观致贫因素分析→相对贫困脆弱性分析→结论与展望”的研究思路，综合运用多种统计方法对中国相对贫困问题展开研究。

（2）研究框架。

本书将遵循图1.1所示的研究内容展开研究。

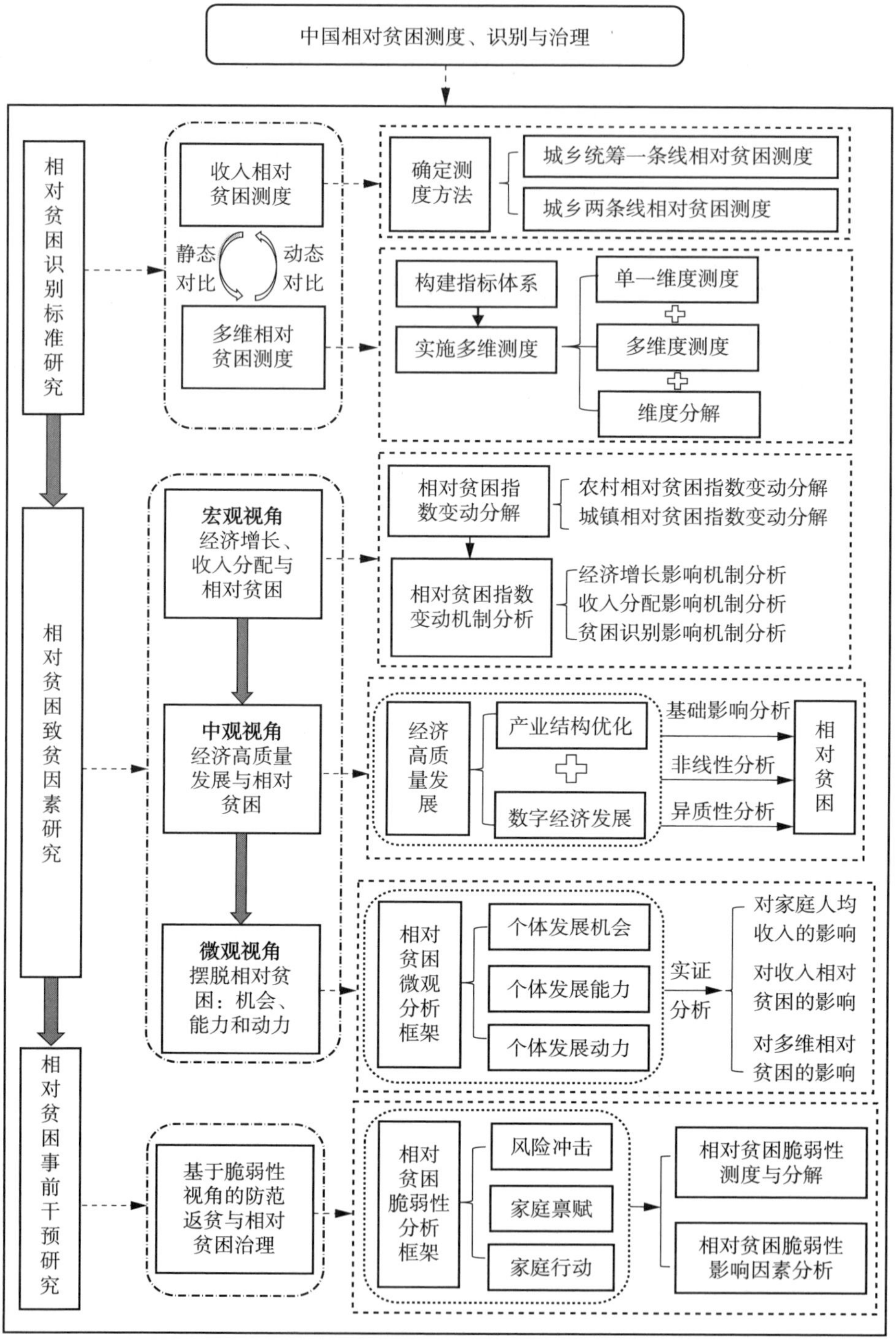
中国相对贫困测度、识别与治理
相对贫困识别标准研究
收入相对贫困测度
静态对比
动态对比
多维相对贫困测度
确定测度方法
城乡统筹一条线相对贫困测度
城乡两条线相对贫困测度
构建指标体系
实施多维测度
单一维度测度
多维度测度
维度分解
相对贫困致贫因素研究
宏观视角
经济增长、收入分配与相对贫困
相对贫困指数变动分解
农村相对贫困指数变动分解
城镇相对贫困指数变动分解
相对贫困指数变动机制分析
经济增长影响机制分析
收入分配影响机制分析
贫困识别影响机制分析
中观视角
经济高质量发展与相对贫困
经济高质量发展
产业结构优化
数字经济发展
基础影响分析
非线性分析
异质性分析
相对贫困
微观视角
摆脱相对贫困：机会、能力和动力
相对贫困微观分析框架
个体发展机会
个体发展能力
个体发展动力
实证分析
对家庭人均收入的影响
对收入相对贫困的影响
对多维相对贫困的影响
相对贫困事前干预研究
基于脆弱性视角的防范返贫与相对贫困治理
相对贫困脆弱性分析框架
风险冲击
家庭禀赋
家庭行动
相对贫困脆弱性测度与分解
相对贫困脆弱性影响因素分析

图 1.1　研究框架

1.3.2 研究内容

首先，本书将在梳理相关文献的基础上，分别对收入相对贫困和多维相对贫困进行测度和比较分析，并提出中国相对贫困线设置的建议。其次，在充分分析中国相对贫困线的设定之后，本书将对中国相对贫困的致贫因素从宏观、中观和微观三个层面进行系统的分析，并提出有针对性的政策建议。最后，本书将从防范返贫和相对贫困治理的角度，探讨将相对贫困脆弱性作为相对贫困事前干预手段的有效性。本书的具体研究内容如下：

（1）相对贫困识别标准研究。

本书聚焦于相对贫困的识别标准问题，对收入相对贫困和多维相对贫困的标准进行识别。在收入相对贫困标准的识别方面，本书拟采用高斯混合模型期望最大化算法，从“城乡统筹一条线”和“城乡两条线”两个角度对收入相对贫困线进行测度，并将测度的相对贫困线与居民家庭收入的均值和中位数进行比较分析，以期回答如何设置相对贫困线、相对贫困线的参照基准以及比例是什么等问题。在多维相对贫困标准的识别方面，本书将在改进多维相对贫困的临界值设定、构建指标体系的基础上，对家庭多维相对贫困状况进行测度，并对测度结果进行分解与分析。在测度了多维相对贫困标准后，本书将从静态和动态两个方面对收入相对贫困和多维相对贫困的测度标准进行对比分析，以期发现两者之间的关联和区别，并探寻两者之间的动态变化规律。

（2）相对贫困致贫因素研究。

相对贫困的致贫因素具有复杂性和多元性等特点。为了能够较为系统地分析相对贫困的致贫因素，本书按照从宏观全国层面到中观省级层面，再到微观家庭层面的层次递进研究思路，对相对贫困的致贫因素进行分析。

在宏观层面上，本书将研究对象聚焦于影响相对贫困指数变动的三个主要因素：经济增长、收入分配和贫困识别标准。在测度相对贫困指数的基础上，将相对贫困指数的变动分解为经济增长效应、收入分配效应和贫困识别效应，并分析三种效应对相对贫困指数变动的影响机制。

在中观层面上，本书将聚焦于产业结构优化、数字经济发展与相对贫困的关系。本书将在对产业结构优化、数字经济发展缓解相对贫困的机制分析基础上，实证分析产业结构优化和数字经济发展对相对贫困的影响，以及这种影响的区域异质性和非线性门槛效应。同时，本书还对比分析了相对贫困和绝对贫困受各因素影响的异质性，以期回答相对贫困治理逻辑与绝对贫困治理逻辑的差异。

在微观层面上，本书探索并构建了相对贫困治理的微观逻辑框架，并在该框架下对家庭摆脱相对贫困的影响因素进行分析。在分析过程中，本书侧重对各因素的异质性影响进行探讨，系统分析了各因素对贫困组和非贫困组的异质性影响，对不同收入水平家庭的异质性影响以及对收入相对贫困和多维相对贫困家庭的影响。

（3）相对贫困事前干预研究。

当前，受多重因素的影响，已脱贫人口的返贫风险、边缘人口的致贫风险逐渐上升。同时，从相对贫困治理角度来看，对易贫人员早发现、早干预的治理成本要比帮助贫困人口脱贫的治理成本低，因此，在相对贫困治理过程中，对易贫人员的事前干预就显得尤为重要。基于此，本书从贫困治理事前干预的视角出发，对家庭相对贫困脆弱性进行测度，并将相对贫困脆弱性与当期相对贫困和跨期相对贫困进行对比，以检验相对贫困脆弱性对当期和跨期相对贫困人员的覆盖率和预测准确性，从而为建立返贫风险预警和相对贫困治理事前干预体系提供决策支持。

1.3.3 研究方法

本书在研究过程中将针对不同的研究目的和研究设计，综合运用文献分析法、定性分析法、定量分析法等研究方法。具体表现为：

（1）文献分析法。本书在研究正式实施前，运用文献分析法收集、整理并系统学习与相对贫困直接和间接相关的文献。通过研读相关文献构建知识图谱，以帮助本书发现所研究问题的已有成果、研究趋势以及研究不足，从而帮助本书在前人的研究基础上，确定研究方案，拓展研究前沿。

（2）定性分析法。本书在对相关问题开展研究之前，运用定性分析法对所研究的问题进行理论分析，并构建了研究问题的框架。具体包括：从相对贫困的内涵出发，基于发展的视角分析并构建了多维相对贫困指标体系。在分析宏观层面致贫因素时，对相对贫困变化的影响效应进行理论阐释。在分析中观层面致贫因素时，对产业结构优化和数字经济发展缓解相对贫困的理论机制进行了分析。在分析微观层面致贫因素时，从发展机会、发展能力和发展动力三个方面构建了相对贫困治理的微观逻辑框架。在分析家庭相对贫困脆弱性时，从风险冲击、家庭禀赋和家庭行动三个方面构建了家庭相对贫困脆弱性理论分析框架。

（3）定量分析法。定量分析法是本书在分析相关问题时侧重使用的方法。本书在研究过程中针对问题的研究目的和数据的特点，综合使用了多种定量分析法，同时在使用过程中，本书也尝试对相关方法进行了改进，以适应所研究的问题。在具体实施过程中，本书主要使用了以下几类统计方法：

第一类，统计学习方法。本书使用高斯混合模型期望最大化算法对收入相对贫困标准进行了测度。

第二类，统计指数构建与测度。本书使用并改进了 A-F 多维贫困测度方法，构建了多维相对贫困指数；综合使用分组数据还原法、仿真模拟法、广义二次曲线估计、洛伦兹曲线法、FGT 贫困指数法测算了收入相对贫困指数和相对贫困脆弱性指数；使用熵权法测度了数字经济发展；使用收入分布函数对各省份基尼系数进行了测度；使用本书提出的均衡距离法对产业结构合理化进行了测度。

第三类，统计指数分解方法。本书使用并拓展了 Shapley 分解方法对相对贫困指数进行动态分解；使用列联表分析的方法对相对贫困脆弱性指数进行了分解。

第四类，计量经济方法。本书使用固定效应面板模型对各致贫因素的影响效应进行了基础回归；使用面板门槛效应模型分析产业结构优化和数字经济发展对相对贫困的非线性影响；使用面板分位数回归模型分析了各影响因素对不同收入水平和不同预期贫困风险水平家庭的异质性影响；使用期望贫困脆弱方法预测了家庭陷入相对贫困的风险概率；使用面板 Logit 模型对家庭陷入相对贫困和陷入相对贫困脆弱性的影响因素进行了分析。

1.4　创新之处与内容安排

1.4.1　创新之处

本书在研究过程中聚焦中国相对贫困研究中具有争议和不足的领域，探索运用统计学和计量经济学方法解决研究中的新问题。综合来看，本书的创新之处主要表现在以下三个方面：

第一，研究视角的创新。本书以实际问题为驱动，采用统计学习的方法对收入相对贫困线进行测度，并对比分析了新的相对贫困线设置方法与传统主观设置相对贫困线方法之间的关系，从而建立了客观方法与主观方法之间的关系，为收入相对贫困线的设置提供了参考。在实证过程中，分别从宏观、中观和微观三个层面对相对贫困的致贫因素进行了系统分析。同时，在微观层面，本书将幸福感、发展信心、精神抑郁等内生动力因素和职业声望纳入致贫因素进行分析，从而为相对贫困的相关研究提供了新的研究视角。

第二，基于相对贫困内涵探索构建了相对贫困测度和治理体系。本书在研究相对贫困问题时，首先从理论上对相对贫困的内涵进行分析和把握，其次基于相对贫困的内涵探索构建了相对贫困测度和治理体系。具体包括：一是构建了包括生活水平、发展基础、发展保障、发展能力、发展动力五大维度的多维相对贫困指标体系，二是构建了基于发展机会、发展能力和发展动力三个方面的相对贫困微观分析框架，三是构建了基于风险冲击、家庭禀赋、家庭行动三个方面的相对贫困脆弱性分析框架。

第三，研究方法的应用创新。本书在研究过程中，聚焦方法的改进与应用的创新，通过综合运用并改进多种统计方法，解决研究过程中遇到的新问题，推进了统计分析方法与相对贫困问题研究的有机结合。具体包括：一是引入高斯混合模型期望最大化算法对收入相对贫困线进行了测度，二是提出了均衡距离法测度产业结构合理化，三是拓展了 A-F 指数法和 Shapley 指数分解方法应用于多维相对贫困测度和相对贫困指数分解，四是提出了相对贫困受益指数并分析了经济增长的益贫性，五是应用面板门槛模型、面板 Logit 模型和面板分位数模型对致贫因素的非线性和异质性影响进行了分析。

1.4.2　内容安排

本书基于“实际问题驱动，研究方法探索，方法应用创新，分析解决问题，提出政策建议”的研究逻辑，开展了相关研究，具体章节安排如下：

首先，本书对相对贫困问题展开调研，分析了中国相对贫困问题提出的背景和研究的现实意义。在对相对贫困问题进行文献梳理、发现当前研究的不足之处后，本书确定了相对贫困问题的研究思路与内容，设计了研究实施方案，并对可能的创新之处进行探索。上述内容构成了本书第 1 章绪论。

其次，本书针对当前中国相对贫困识别标准设置的问题开展相关研究，并尝试给出本书的答案，从而形成了本书的第 2、3 章。其中，在第 2 章中，本书讨论了收入相对贫困标准问题。在使用高斯混合模型期望最大化算法测算了相对贫困线后，将其与已有的相对贫困线进行比较分析，并提出城乡收入相对贫困线的设置建议。在第 3 章中，本书讨论了多维相对贫困的测度问题。在构建了多维相对贫困指标体系，并对家庭多维相对贫困进行测度和分解后，从静态和动态两个方面对收入相对贫困和多维相对贫困的测度结果进行比较分析，并提出了中国相对贫困识别标准设置的政策建议。

再次，本书从宏观、中观、微观三个层面对相对贫困的致贫因素进行了系统的分析，从而形成了本书的第 4、5、6 章。其中，在第 4 章中，本书从宏观角度将相对贫困指数的变动分解为经济增长效应、收入分配效应和贫困识别效应，分析三种效应的变化规律和对相对贫困指标变动的影响机制，并提出了相对贫困的宏观治理方向。在第 5 章中，本书从中观角度分析了产业结构优化和数字经济发展对相对贫困指数的影响，以及这些影响的非线性和异质性效应，并提出了如何在优化产业结构和发展数字经济过程中缓解相对贫困。在第 6 章中，本书从微观角度构建了相对贫困治理的微观逻辑框架后，分析了各因素对家庭收入和家庭相对贫困的影响，以及这些影响的异质性，并提出相对贫困治理的相关举措。

从次，本书基于对巩固拓展脱贫攻坚成果，建立防止返贫、致贫预警措施的思考，从相对贫困治理事前干预的角度出发，对家庭相对贫困脆弱性进行了测度，并将其与当期和跨期相对贫困家庭进行对比分析以检验贫困脆弱性对返贫、致贫预测的准确性。之后，本书构建了“风险冲击—家庭禀赋—家庭行动”脆弱性分析框架，并基于该框架分析了家庭相对贫困脆弱性的影响因素。上述内容构成了本书的第 7 章。

最后，本书对上述研究内容进行了总结归纳，并基于本书的研究结论和未来的发展趋势展望了下一步的研究方向，从而形成了本书的第 8 章。

第2章 Chapter Two 基于收入维度的相对贫困测度

当前，世界大多数国家和有关国际组织在测度贫困时主要使用以收入（或消费）为标准的贫困测度方法。主要原因在于收入维度的贫困测度方法可实施性强，便于国际比较。基于此，本章从收入维度视角出发，基于高斯混合模型（Gaussian Mixture Model，GMM），借助期望最大化（Expectation Maximization，EM）算法，对家庭人均收入分布进行聚类分析，从而确定收入维度相对贫困标准，并对中国相对贫困情况进行测度。

2.1 引言

当前，随着全面打赢脱贫攻坚战，中国进入了相对贫困这一贫困治理新阶段，这也是当今世界中高收入国家所面临的主要贫困问题。党的十九届四中全会明确提出要建立解决相对贫困的长效机制。在治理相对贫困的过程中，相对贫困标准的制定是识别相对贫困人口，调整相对贫困扶贫政策以及建立相对贫困治理长效机制的前提与基础（李莹 等，2021）。目前，经济合作与发展组织（OECD）成员国普遍将收入的均值或中位数的40%~60%设定为相对贫困线，欧盟将人均可支配收入中位数的60%设定为相对贫困线（Ravallion and Chen，2019），日本将家庭收入中位数的50%设定为相对贫困线，新加坡将收入最低的20%家庭全部定为相对贫困家庭（王锴，2019）。沿着这一思路，国内外学者以收入为基准对相对贫困标准的设定开展了大量研究，然而研究结论莫衷一是。

目前，学者关于收入相对贫困的标准，特别是中国收入相对贫困标准设置的争论主要集中在标准的设置方法、贫困线设置的参考基准指标以及贫困线的比例设置三个方面。在相对贫困标准的设置方法方面，如果参考 OECD 国家的做法，可以设置一条全国统一的相对贫困线，在扶贫体系上，构建城乡一体化扶贫与社会服务体系（李小云和许汉泽，2018）。但是，OECD 国家大多已经完成了城镇化进程，而中国城镇化进程还未完成，城乡二元结构仍是必须考虑的现实情况。设置全国统一的贫困线还是分城乡设置两条贫困线将会使对贫困人口的识别以及扶贫政策的制定与实施产生很大差别（白永秀和刘盼，2019）。特别是，随着中国城镇化进程的加快，大量农村人口涌入城镇，预计到 2035 年，将有 1.6 亿农村人口转移到城镇。[①] 因此，城镇人口的贫困问题将越来越严重。根据上述的测算设置全国统一的相对贫困线有可能造成对城镇贫困人口的低估。

在相对贫困线设置的参考基准方面，学者争论的焦点在于使用收入的平均数还是中位数。基于数据可得性的原因，有学者建议，中国相对贫困线应以人均收入的均值作为基准（Ravallion，2020；曲延春，2021）。也有学者认为，均值容易受到极端值的影响，掩盖贫困人口在整个收入分布中的真实状况，因此，使用中位数更容易接近普通居民的真实收入状况（叶兴庆和殷浩栋，2019；王小林和冯贺霞，2020）。当然，也有学者研究认为，使用均值还是使用中位数并没有本质的区别（Ravallion and Chen，2019；胡联 等，2021）。

在相对贫困线的比例设置方面，大多数学者基于 OECD 国家的具体实践，建议将相对贫困线设置为收入均值或中位数的 40%～60%，但是具体设置为多少，仍有争议。比例设置过高，会造成大量人口陷入贫困，从而加大贫困治理的难度；比例设置过低，又容易造成一些低收入群体被排斥在帮扶范围之外。有学者建议，中国相对贫困线设置不宜太高，可以设置为人均收入中位数的 40%（沈扬扬和李实，2020；孙久文和张倩，2021；汪三贵和孙俊娜，2021）。也有学者建议，应区分城乡，按照收入中位数的 50%和 40%设置不同比例的相对贫困线（李莹 等，2021）。总之，当前学者主要从贫困测度的规模以及与脱贫攻坚政策的有效衔接等角度讨论相对贫困线的设置比例，在讨

① 中国社会科学院人口与劳动经济研究所．人口与劳动绿皮书：中国人口与劳动问题报告 No. 22［M］. 北京：社会科学文献出版社，2021.

论过程中带有一定的主观性，并且没有得到一致的结论。

本章采用一种基于高斯混合模型（GMM）的方法构建相对贫困标准，以期对当前相对贫困标准设置存在的三个方面争议进行有益探索。依据居民收入分布设置相对贫困线标准，本质上是运用一系列方法对居民收入的分布进行分组，识别出低收入群体、中等收入群体和高收入群体（Sudeshna，2016)。本章使用高斯混合模型方法的目的是探究低收入群体的收入分布特征并分析使用该方法设置的相对贫困标准与均值、中位数等统计指标的关系。虽然居民收入水平受多种因素影响，属于一种较为复杂的数据，但是收入水平接近的群体，他们的收入受一些共同特征的影响，更有可能服从相同的收入分布。因此，社会整体的收入分布可以看成由几个不同的分布按照一定的权重组合而成。本章使用高斯混合模型对居民收入的分布进行聚类，从而有效识别出社会中的低收入群体、中低收入群体、中等收入群体、中高收入群体以及高收入群体。另外，本章采用的高斯混合模型方法是一种基于收入分布数据自身驱动的客观估计方法，当前已经有学者尝试使用决策树（郑瑞坤和向书坚，2021）、模糊理论（陈永伟 等，2022）等数据驱动方法探讨相对贫困标准的设置。这种基于数据驱动的客观分析方法有效避免了主观因素对设置贫困线的影响，从而为相对贫困标准的设置提供了一种新的研究思路。

本章的边际贡献主要有以下两点：

（1）通过使用高斯混合模型期望最大化聚类算法采取数据驱动的方式对收入相对贫困的贫困标准设定进行了分析，从而避免了传统收入相对贫困标准设置的主观性，为相对贫困标准设置的研究提供了一种新的思路。

（2）通过对比分析城乡统筹一条线和分城乡两条线的相对贫困测度结果，为现阶段相对贫困治理应区分城乡差异、设置不同的相对贫困标准提供了决策支持。

本章后续部分的安排如下：阐述基于高斯混合模型期望最大化聚类算法的收入相对贫困标准测度方法，测度分析城乡统筹一条线的收入相对贫困标准，测度分析城乡两条线的收入相对贫困标准，本章小结。

2.2　收入相对贫困标准的测度方法

本节使用高斯混合模型分析中国相对贫困标准设定。高斯混合模型是一种数据驱动的聚类分析模型，其假定样本数据是由不同特点类型的数据混合而成，同一类型的数据来自同一个概率分布，不同的概率分布按照一定的概率共同组成了样本数据所服从的概率分布。因此，高斯混合模型可以有效拟合任意连续分布，并常用来分析复杂数据分布（黄丹阳 等，2021），如政治学（Ahlquist and Breunig，2012）、风力发电（Kazor and Hering，2015）等。居民家庭的收入数据受到家庭成员受教育程度、从事的行业、所处的地域等多种因素影响，属于复杂数据，因此，可以使用高斯混合模型对其分布进行拟合，并对家庭收入进行聚类，以期找到相对贫困家庭并划定相对贫困标准。

2.2.1　测度模型与算法

设 $x=\{x_1, x_2, \cdots, x_n\}$ 表示 n 个家庭的人均收入样本。假设家庭人均收入的分布是由来自 K 个服从不同收入特征的群体混合而成，其中同一群体内的家庭人均收入服从相同的分布，则混合后的家庭人均收入的概率密度函数可以表示为：

$$f(x_i;\ \Psi) = \sum_{j=1}^{K} \pi_j f_j(x_i;\ \theta_j) \tag{2-1}$$

其中，$\Psi=\{\pi_1, \cdots, \pi_K, \theta_1, \cdots, \theta_K\}$ 表示混合模型的参数，$f_j(x_i;\ \theta_j)$ 表示来自第 j 个群体的观测值 x_i 的概率密度函数，θ_j 表示该概率密度函数的参数向量。π_j 表示混合模型第 j 个模型的权重，表征先验概率，因此，$\sum_{j=1}^{K} \pi_j = 1$，$\pi_j>0$。特别地，如果 $f_j(x_i;\ \theta_j) \sim N(\mu_j, \Sigma_j)$，则称该混合模型为高斯混合模型（GMM），其中 μ_j 为高斯分布均值，Σ_j 为高斯分布的协方差。

式（2-1）中的未知参数估计可以使用最大似然估计，似然函数如式（2-2）所示：

$$F(X;\ \Psi) = \prod_{i=1}^{N} f(x_i;\ \Psi) \Rightarrow \Psi^* = \underset{\Psi}{\operatorname{argmax}}\, F(X;\ \Psi) \tag{2-2}$$

对式（2-2）取对数可以得到式（2-3）：

$$\log F(X;\ \Psi)=\sum_{i=1}^{N}\log f(x_i;\ \Psi)=\sum_{i=1}^{N}\log\left(\sum_{j=1}^{K}\pi_j N(x_i;\ \mu_j,\ \Sigma_j)\right) \quad (2-3)$$

设向量$\Gamma_i=\{\gamma_{i,1},\ \gamma_{i,2},\ \cdots,\ \gamma_{i,K}\}$为 K 维二值向量，表示观测值 x_i 来自的分布，即如果 x_i 来自第 1 个分布，则 $\gamma_{i,1}=1$，$\gamma_{i,2}=0$，…，$\gamma_{i,K}=0$。如果 Γ_i 已知，则式（2-3）的求解可以转化为：

$$\begin{aligned}F(X,\ \Gamma;\ \Psi)&=\prod_{i=1}^{N}f(x_i,\ \Gamma_i;\ \Psi)=\prod_{i=1}^{N}\prod_{j=1}^{K}(\pi_j N(x_i;\ \mu_j,\ \Sigma_j))^{\gamma_{i,j}}\\&=\prod_{j=1}^{K}\pi_j^{\sum_{i=1}^{N}\gamma_{i,j}}\prod_{i=1}^{N}(N(x_i;\ \mu_j,\ \Sigma_j))^{\gamma_{i,j}}\end{aligned} \quad (2-4)$$

对式（2-4）取对数可得：

$$\log F(X,\ \Gamma;\ \Psi)=\sum_{j=1}^{K}\left(\sum_{i=1}^{N}\gamma_{i,j}\right)\log\pi_j+\sum_{i=1}^{N}\gamma_{i,j}\log(N(x_i;\ \mu_j,\ \Sigma_j)) \quad (2-5)$$

由此，可以通过对式（2-5）求偏导的方法估计未知参数 π_j，μ_j，Σ_j。然而，由于 Γ_i 未知，因此式（2-3）中有和的对数，求导后比较复杂，无法使用一般的求偏导的方法估计。这就需要使用期望最大化（EM）算法进行估计。

EM 算法的第一步为期望步，首先给出一组初始参数$(\pi_j^0,\ \mu_j^0,\ \Sigma_j^0)$或者是第 t 次迭代得到的参数$(\pi_j^t,\ \mu_j^t,\ \Sigma_j^t)$，其次利用式（2-6）对 Γ_i 的期望进行估计。

$$\begin{aligned}E(\gamma_{i,j}\mid x_i,\ \pi_j^t,\ \mu_j^t,\ \Sigma_j^t)&=p(\gamma_{i,j}=1\mid x_i,\ \pi_j^t,\ \mu_j^t,\ \Sigma_j^t)\\&=\frac{\pi_j^t N(x_i;\ \mu_j^t,\ \Sigma_j^t)}{\sum_{j=1}^{K}\pi_j^t N(x_i;\ \mu_j^t,\ \Sigma_j^t)}\end{aligned} \quad (2-6)$$

期望步，实质上是对每一个样本的归属类别进行了一次最有可能的划分。在划分了样本的归属后，就可以求出新的参数$(\pi_j^{t+1},\ \mu_j^{t+1},\ \Sigma_j^{t+1})$，即最大化步，新参数的计算公式见式（2-7）：

$$\begin{cases} \pi_j^{t+1} = \dfrac{E(\gamma_{i,j} \mid x_i, \ \mu_j^t, \ \Sigma_j^t, \ \pi_j^t)}{N}, \ j=1, \ 2, \ \cdots, \ K \\ \mu_j^{t+1} = \dfrac{\sum_{i=1}^{N} E(\gamma_{i,j} \mid x_i, \ \mu_j^t, \ \Sigma_j^t, \ \pi_j^t) x_i}{E(\gamma_{i,j} \mid x_i, \ \mu_j^t, \ \Sigma_j^t, \ \pi_j^t)}, \ j=1, \ 2, \ \cdots, \ K \\ \Sigma_j^{t+1} = \dfrac{\sum_{i=1}^{N} E(\gamma_{i,j} \mid x_i, \ \mu_j^t, \ \Sigma_j^t, \ \pi_j^t)(x_i-\mu_j^t)^2}{E(\gamma_{i,j} \mid x_i, \ \mu_j^t, \ \Sigma_j^t, \ \pi_j^t)}, \ j=1, \ 2, \ \cdots, \ K \end{cases} \tag{2-7}$$

不断重复期望步和最大化步的过程，直到参数收敛。最终，可以得到组成混合分布的全部 K 个分布的参数，以及每一个样本的归属参数 Γ_i。

在具体实施过程中，可以使用贝叶斯信息准则（BIC）来确定混合成样本数据分布的个数。理论上，如果组成高斯混合模型的高斯模型数量足够多，权重设置合理，高斯混合模型对样本的拟合就好。但是，对于家庭收入分组来说，出于社会经济意义解释的目的，本章在进行聚类时将高斯模型的个数设置为 5 个，从而对应低收入组、中低收入组、中等收入组、中高收入组、高收入组。

2.2.2　数据来源与描述性统计

本节测度使用的数据来自中国家庭追踪调查（China Family Panel Studies, CFPS），该调查是一项针对社区（村居）、家庭、个人三个层级，涉及 25 个省（自治区、直辖市）14000 余户家庭的综合调查，截至目前，该调查公布的最新数据是 2020 年调查数据。中国家庭追踪调查数据虽然在人口结构上存在一定程度上的偏差，但是这种偏差对收入分布和收入不平等程度的影响并不显著（罗楚亮和李实，2019）。同时，由于中国家庭追踪调查数据是面板数据，因此，使用该数据既可以从截面角度测度相对贫困，又可以从时间角度动态追踪相对贫困的变化。

本节选取中国家庭追踪调查 2012 年、2014 年、2016 年、2018 年和 2020 年五轮的调查数据作为样本，进行相对贫困测度。由于当前无论是学术研究还是扶贫实践，贫困研究对象大多是以家庭为单位，因此，本节在测度时使用家庭人均纯收入作为具体测度指标。

表 2.1 反映了本节所用数据的描述性统计结果。2012—2020 年，中国城镇和农村家庭人均收入均有较大幅度增长，这与中国经济的持续增长有很大关系。然而，在这种增长趋势下，呈现出了一些差异。首先，无论是从全国角度还是分城乡角度看，家庭人均收入的均值和中位数增长都有较大差异。从全国角度来看，全国家庭人均收入的均值增长了 1.6 倍，年均增长率为 12.8%，而收入中位数增长了 1.5 倍，年均增长率为 12.2%。分城乡来看，城镇家庭人均收入均值和中位数分别增长了 1.5 倍和 1.4 倍，年均增长率分别为 12.5%和 11.8%；农村家庭人均收入均值和中位数均增长了约 1.3 倍，年均增长率为 10.9%。因此，样本期内，虽然家庭人均收入有了较大幅度增长，但是高收入家庭的增长速度要高于低收入家庭。其次，城镇与农村之间的收入差距较大，并且这种差距有拉大的趋势。从家庭人均收入的均值来看，2012 年城镇与农村收入的比值是 2.04，而到了 2020 年该比值扩大到 2.29；从家庭人均收入的中位数来看，2012 年城镇与农村收入的比值为 2.05，而到了 2020 年该比值扩大到 2.16。

表 2.1　2012—2020 年家庭人均收入描述性统计

年份	统计对象	样本总数（户）	均值（元）	中位数（元）	最小值（元）	最大值（元）	标准差（元）
2012	全国	11740	12745.40	7969.71	0.20	1518023	24903.93
	农村	6316	8619.48	5600.10	0.20	349733	12712.70
	城镇	5424	17549.85	11500.00	0.60	1518023	33338.14
2014	全国	12321	17611.53	10800.00	0.25	3620000	51967.55
	农村	6292	11383.66	7992.92	0.25	880552	18690.67
	城镇	6029	24111.06	15000.00	3.33	3620000	71219.44
2016	全国	13664	23956.38	14005.50	1.00	4168000	67416.53
	农村	6760	15814.65	10000.00	28.33	4168000	66723.08
	城镇	6904	31928.30	20000.00	1.00	2051667	67143.50
2018	全国	13989	33312.24	16666.67	0.00	50000000	431216.70
	农村	6742	17137.98	10400.00	0.00	533333	24898.41
	城镇	7247	48359.42	25000.00	0.00	50000000	598260.30
2020	全国	11185	33306.32	19950.00	0.00	5182500	79414.90
	农村	5179	19662.61	13000.00	0.00	603172	25466.72
	城镇	6006	45071.35	28110.00	0.00	5182500	104344.30

资料来源：根据 2012—2020 年中国家庭追踪调查（CFPS）数据计算。

2.3　基于城乡统筹一条线的相对贫困测度

相对贫困属于发展型贫困，从世界范围来看，相对贫困是中高收入国家所面临的主要贫困形式（李莹 等，2021）。当前，世界中高收入国家在设定相对贫困标准时，普遍采用全国一条线的标准，即参照全国人均收入的平均数或中位数的 40%～60% 来划定贫困标准。2021 年，中国人均 GDP 已达到 12551 美元，超过世界人均 GDP 水平，① 逐步迈入中高收入国家行列。因此，基于与国际现行相对贫困设定标准接轨的考量，在设定相对贫困标准时，可以采取"城乡统筹一条线"的标准（程蹊和陈全功，2019）。本节将基于全国统一的相对贫困标准对相对贫困进行测度。

2.3.1　全国家庭人均收入聚类分析

本节使用高斯混合模型期望最大化聚类算法和中国家庭追踪调查（CFPS）2012—2020 年数据，在不区分城乡的情况下，以家庭人均收入为聚类变量，对家庭收入状况进行聚类。在聚类过程中，本节将家庭收入的聚类组别设定为 5 组，从低到高分别对应低收入组、中低收入组、中等收入组、中高收入组、高收入组。

表 2.2 反映了各年度按照家庭人均收入进行聚类后得到的 5 组分组情况。每一组中分别反映了家庭人均收入的组均值、每组取值范围以及各组家庭数的占比情况。2012—2020 年，5 组家庭的人均收入组均值和每组收入上限均有较大幅度提升。特别是低收入组，与 2012 年相比，2020 年低收入组均值增长了 4.1 倍，年均增长率为 22.6%，远高于其他分组，说明中国自 2014 年开展精准扶贫工作，2015 年开展脱贫攻坚工作以来，相关扶贫政策与资金有效惠及了低收入人群，使得这一人群的收入快速增长。但是，通过计算低收入组均值的 2012—2020 年增长率发现，收入的增长速度正在放缓。低收入组 2014 年均值较 2012 年增长了 96.6%，2016 年均值较 2014 年增长了 69.9%，2018 年均值较 2016 年增长了 38.1%，2020 年均值较 2018 年增长了 10.9%。

① 资料来源：国家统计局《2021 年国民经济和社会发展统计公报》。

表 2.2　2012—2020 年中国家庭人均收入聚类结果　单位：元

年份	指标	低收入组	中低收入组	中等收入组	中高收入组	高收入组
2012	均值 范围 占比	991.1 [0.2，2040] (13.2%)	4547.6 [2050，7386] (28.8%)	11319.5 [7393，20730] (41.5%)	26015.4 [20740，65000] (15%)	118992.5 [65100，1518023] (1.5%)
2014	均值 范围 占比	1948.8 [0.25，2971] (12.2%)	6347.5 [3000，9200] (30.4%)	14363.5 [9250，24480] (38.4%)	32728.9 [24500，76600] (17.5%)	130267.9 [78000，3620000] (1.5%)
2016	均值 范围 占比	3311.9 [1，5102] (17.3%)	8847.3 [5110，12833] (28.5%)	19436 [12840，34400] (37.9%)	45010.9 [34444，113500] (14.4%)	277102.7 [114000，4168000] (1.9%)
2018	均值 范围 占比	4575.1 [0，7240] (21.5%)	12824.5 [7250，21585] (38%)	32468.2 [21600，63800] (31.5%)	85496.5 [64000，265000] (8.4%)	1194334.3 [265500，50000000] (0.6%)
2020	均值 范围 占比	5075 [0，8783] (20.7%)	15280 [8796，23400] (35.8%)	37693 [23422，63700] (32.2%)	102817 [63750，220000] (10.2%)	474417 [225000，5182500] (1.1%)
组均值平均增长率		22.6%	16.4%	16.2%	18.8%	18.9%

注：表中［　］内表示各组家庭人均收入的范围，(　) 内表示各组家庭数所占比例。

未来，中国在贫困治理中一方面要防止脱贫人员再次返贫，另一方面要不断扩大中等收入人群。在这一过程中，返贫风险监测人群和扩大中等收入人群的来源均是中低收入人群，因此，中低收入组的情况也值得关注。根据聚类分组可知，中低收入组收入范围的组上限长期低于全国家庭人均收入的中位数，更远低于收入平均数，仅在 2018 年之后，组上限超过了中位数。从中低收入组的组均值来看，2012 年，组均值仅为全国家庭人均收入中位数的 57%，随后逐年上升，到 2020 年，组均值达到中位数的 76.4%。

从各组家庭数所占比例来看，占比较高的是中等收入组和中低收入组，低收入组的占比远高于高收入组，并且通过纵向对比发现，低收入组的占比呈升高的趋势，从 2012 年的 13.2%上升到 2020 年的 20.7%。中低收入组的占比呈升高的趋势，从 2012 年的 28.8%上升到 2020 年的 35.8%。中等收入组、中高收入组和高收入组的占比呈下降趋势。

基于稳健性的考虑，本节使用中国家庭金融调查（CHFS）2011 年和 2013 年两轮的调查数据，利用本节所采用的高斯混合模型期望最大化聚类算法基于调查数据中的家庭人均收入进行聚类。聚类的结果与本节估计的 2012 年和 2014 年分组结果比较接近。以低收入组为例，CHFS 数据 2011 年和 2013 年低收入组收入范围的组上限分别是 1320 元和 2844 元，这与本节估计的 2012 年和 2014 年的结果既比较接近，又在时间上具有延续性。从低收入组家庭数所占比例来看，CHFS 数据 2011 年和 2013 年低收入组的占比均为 12.3%，这也与本节估计的数据比较接近。由此说明，本节所使用的聚类方法对家庭收入的分组具有较好的稳健性。

2.3.2　城乡统筹一条线相对贫困标准

根据对中国家庭人均收入进行聚类的结果，将低收入组所包含的家庭认定为相对贫困家庭，因此，相对贫困线设定为低收入组收入范围的组上限，即 2012 年、2014 年、2016 年、2018 年、2020 年的相对贫困线分别为 2040 元、2971 元、5102 元、7240 元、8783 元。需要注意的是，2012 年按照中国政府设定的 2300 元（2010 年不变价）绝对贫困标准，经过价格调整后，绝对贫困标准约为 2490 元。因此，通过聚类分析得到的 2012 年相对贫困线低于当年绝对贫困线。主要原因是中国政府 2011 年将绝对贫困标准由 1274 元提高到 2300 元，提高了约 80%。该标准是与小康社会相适应的稳定温饱标准[①]，按照国际购买力平价指数测算，该标准约为 2.29 美元/(人・天)（王小林和张晓颖，2021），高于联合国制定的 1.9 美元/(人・天）的发展中国家贫困标准。这一方面表明中国政府坚决打赢脱贫攻坚战，全面建成小康社会的决心，另一方面也说明 2300 元的贫困线与当时低收入人群的收入情况相比是一条标准更高的贫困线。当相对贫困线低于绝对贫困线时，本书参考 Ravallion 和 Chen（2011）的建议，将相对贫困线设定为两者中最高的一个，从而重新修订了样本期 4 年的相对贫困线。为了便于将高斯混合模型期望最大化聚类算法设定的相对贫困线与其他方法设定的相对贫困线进行比较，本书统一将本节设定的相对贫困线称为聚类相对贫困线。

各年度聚类相对贫困线以及对应年度的全国家庭人均收入的均值、中位数，中华人民共和国民政部公布的农村和城镇最低生活保障平均标准，以及各年度聚类相对贫困线与对应年度各指标的比值，如表 2.3 所示。与各年度

---

① 国家统计局《2019 年中国农村贫困监测报告》。

家庭人均收入的均值相比，聚类相对贫困线较为稳定，分布在当年均值的20%左右。而聚类相对贫困线与家庭人均收入的中位数比值则有较大变化，从2012年的27.67%上升到2020年的43.92%。因此，使用高斯混合模型期望最大化聚类算法设定的相对贫困线，与收入平均值的关系较为稳定。同时，与农村和城镇最低生活保障标准相比，城乡统筹的聚类相对贫困线则表现出不同的特点。2012—2020年，聚类相对贫困线一直高于农村最低生活保障平均标准，并且两者比值呈上升趋势，2020年聚类相对贫困线达到农村最低生活保障平均标准的1.47倍。与城镇最低生活保障平均标准相比，聚类相对贫困线在2012—2016年低于城镇标准，直到2018年，才刚刚超过城镇最低生活保障平均标准。该特点表明城乡统筹一条线的聚类相对贫困标准设定有可能会高估农村相对贫困状况，低估城镇相对贫困状况。

表2.3　城乡统筹一条线的相对贫困标准　　单位：元

年份	聚类相对贫困线	全国家庭人均收入均值	全国家庭人均收入中位数	农村最低生活保障平均标准	城镇最低生活保障平均标准
2012	2490	13426.18 (18.55%)	9000 (27.67%)	2067.8 (120.43%)	3961.2 (62.86%)
2014	2971	17648.61 (16.83%)	10818.61 (27.46%)	2776.6 (107%)	4926 (60.31%)
2016	5120	24602 (20.81%)	14400 (35.56%)	3744 (136.75%)	5935.2 (86.26%)
2018	7240	33642.19 (21.52%)	16666.67 (43.44%)	4833.4 (149.79%)	6956.4 (104.08%)
2020	8783	34276.16 (25.62%)	20000 (43.92%)	5962.3 (147.31%)	8131.2 (108.02%)

注：（　）内为聚类相对贫困线与对应指标的比值。

资料来源：农村和城镇最低生活保障平均标准来源于民政部统计数据。

为了进一步对比分析本节设定的相对贫困标准与国际现行标准的情况，本节引入世界银行制定的两类贫困认定标准加以对比。一类是世界银行2018年依据中低收入国家和中高收入国家情况制定的每人每天收入3.2美元和5.5美元的贫困标准。另一类是世界银行制定的社会贫困线标准，该标准综合考虑了保障人们基本需要的绝对贫困标准和促进人们发展的相对贫困标准。其

具体的计算方式是 $Z=\max\{1.9, 1+0.5M\}$，货币单位为美元①。该式中 1.9 表示世界银行规定的极端贫困标准，1 表示相对贫困线的截距，M 表示消费或收入中位数（李莹 等，2021）。为了方便比较，本节按照国际购买力平价的方法将美元计价单位转换为人民币计价单位，具体结果如表 2.4 所示。

表 2.4　城乡统筹相对贫困线的国际比较　　单位：元

年份	聚类相对贫困线	3.2 美元标准	5.5 美元标准	社会贫困线
2012	2490	4407.6	7575.6	5877.4
2014	2971	4565.8	7847.4	6836.1
2016	5120	4601.1	7908.1	8637.8
2018	7240	4966.5	8536.2	9885.4
2020	8783	5053.5	8685.7	11579.2

由表 2.4 可知，聚类相对贫困标准在 2016 年超过了 3.2 美元标准的中等偏下收入国家的贫困标准，2020 年已经远高于 3.2 美元标准。与 5.5 美元标准相比，聚类相对贫困标准直到 2020 年才刚刚超过 5.5 美元标准，说明随着中国经济的不断发展，中国逐步进入中高收入国家行列，聚类相对贫困线也逐步靠近世界银行制定的中高收入国家贫困标准。与世界银行制定的社会贫困线标准相比，聚类相对贫困线与社会贫困线有较大差距，随着时间的推移，这种差距正在逐渐缩小。

2.3.3　基于城乡统筹一条线的相对贫困规模测算

基于高斯混合模型期望最大化聚类算法设定的相对贫困线和中国家庭追踪调查（CFPS）2012—2020 年五轮调查数据，本节对中国家庭相对贫困的规模进行测算。同时，本节还分别使用世界银行制定的 3.2 美元标准、5.5 美元标准、社会贫困线，以及目前经济合作与发展组织（OECD）成员国采用的收入比例法②等贫困标准进行贫困规模测算，与聚类相对贫困线进行比较。

---

①　世界银行在 2018 年发布的报告 *Poverty and Shared Prosperity* 2018：*Piecing Together Poverty Puzzle* 中对 3.2 美元标准、5.5 美元标准以及社会贫困线标准进行了详细说明。

②　当前，OECD 国家采用的相对贫困标准为人均收入均值或中位数的 40%～60%，考虑到中国刚刚完成脱贫攻坚任务，以及与国际标准的衔接性，本书使用收入中位数的 40% 这个较低标准进行对比分析。

在具体测算过程中，本书参考陈永伟等（2022）的做法，使用家庭人口规模加权贫困发生率的测算方法，具体计算方法为：

$$P = \frac{\sum_{1}^{n} f_i I(y_i < Z)}{\sum_{1}^{n} f_i} \tag{2-8}$$

其中，P 表示贫困发生率，f_i 表示第 i 个家庭的人口规模，$I(y_i<Z)$ 表示示性函数，当第 i 个家庭的人均收入 y_i 小于相对贫困线 Z 时，其为 1，否则为 0。

使用五种贫困标准测算中国相对贫困发生率，结果如表 2.5 所示。

表 2.5　五种标准下中国相对贫困发生率

单位：%

年份	聚类相对贫困线	3.2 美元标准	5.5 美元标准	社会贫困线	人均收入中位数 40%
2012	15.17	26.50	44.93	35.03	21.56
2014	13.53	23.00	42.66	37.63	22.04
2016	18.46	14.87	31.25	34.70	20.53
2018	24.30	13.32	29.99	33.59	22.39
2020	22.85	10.06	22.39	32.79	19.97

五种标准下测算的中国相对贫困发生率呈现两个主要特点。一个特点是 3.2 美元标准和 5.5 美元标准下测算的贫困发生率呈不断下降的趋势。这两种标准实际上是一种高标准的绝对贫困标准，因此，随着人们收入水平的不断提高，贫困发生率的下降是必然的趋势。但这种固定贫困线的标准设定方法缺乏根据人们的收入水平动态调整的灵活性，如果未来采用这种方法设定新的贫困标准，可以考虑以一个固定的时期来调整贫困线，从而增加其相对性和灵活性。另一个特点是以聚类相对贫困线、社会贫困线和人均收入中位数 40%三种标准测算的贫困发生率呈上下波动的态势。其中聚类相对贫困线与人均收入中位数 40%贫困线变化趋势较为接近，社会贫困线下的相对贫困发生率远高于聚类相对贫困线和人均收入中位数 40%贫困线，并且变化趋势较为平稳，具体如图 2.1 所示。

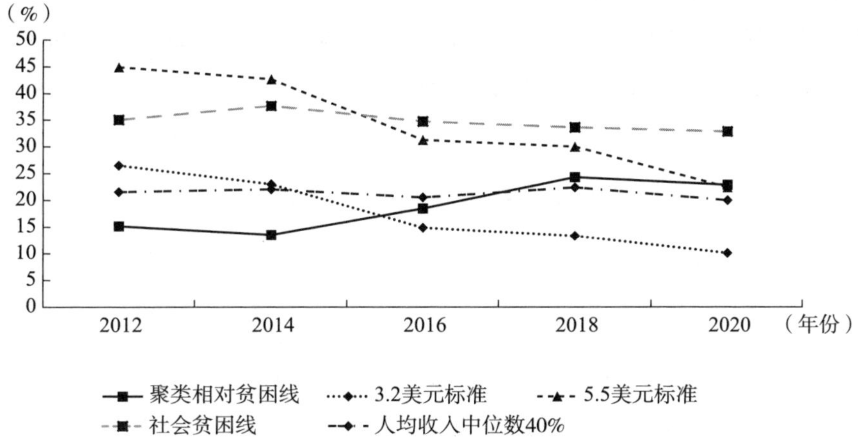

图 2.1　2012—2020 年五种标准下中国相对贫困发生率变化趋势

由图 2.1 可以看出，2012—2014 年是中国开展精准扶贫的初期阶段，贫困人口的收入还比较低，本节设定的聚类相对贫困线是五种标准中最低的，测得的相对贫困发生率比当时的绝对贫困发生率高 5 个百分点左右①。随着脱贫攻坚工作的深入开展，中国家庭特别是贫困家庭的收入状况逐渐好转，本节设定的聚类相对贫困线也随之上升。2016—2020 年，测得的贫困发生率先后超过了 3.2 美元标准的中低收入国家贫困标准，5.5 美元标准的中高收入国家贫困标准和人均收入中位数 40%的贫困标准。因此，聚类相对贫困线能够很好地根据居民家庭的收入状况适时调整贫困标准，具有良好的适应性。

本节测算的聚类相对贫困线是按照城乡统筹一条线的方法进行测算的，该标准远高于农村最低生活保障标准，与城镇生活保障标准较为接近。鉴于当前中国城乡二元经济结构下城乡差异仍然存在，本节进一步使用城乡统筹的聚类相对贫困线分别测算了农村和城镇贫困人口占比，结果如图 2.2 所示。2012—2020 年，按照城乡统筹一条线的标准识别的相对贫困人口中，农村贫困人口占比均在 70%以上，2012—2016 年呈上升的趋势，2016 年达到 75.58%，随后略有下降。这一比例远远高于城镇贫困人口占比。从相对贫困线的设置来看，以 2020 年为例，聚类相对贫困线为 8783 元，该贫困线为全部城镇家庭人均收入中位数（28110 元）的 31.25%，为全部农村家

① 国家统计局《2019 年中国农村贫困监测报告》显示，中国 2012 年、2014 年贫困发生率分别为 10.2%和 7.2%。

庭人均收入中位数（13000元）的67.56%。因此，在当前中国城乡差距仍然较大的情况下，城乡统筹一条线的相对贫困标准有可能高估农村相对贫困发生率，而低估城镇相对贫困发生率。

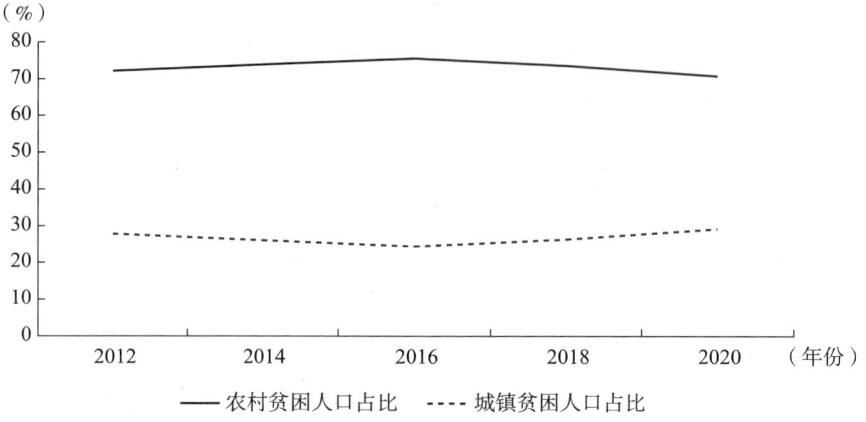

图2.2　城乡统筹一条线标准下农村及城镇贫困人口占比

2.4　城乡双线的相对贫困测度

虽然设置城乡统筹一条线的相对贫困标准有利于与国际标准接轨进行国际比较，但是受中国城乡二元结构的影响，当前中国城镇与农村的差距仍然较大，城镇化进程尚未完成。从统筹城乡贫困治理、巩固脱贫攻坚成果角度考虑，在设定相对贫困标准时，可考虑“分城乡两条线”的相对贫困标准（樊增增和邹薇，2021）。本节将测算“分城乡两条线”标准下中国相对贫困情况，通过比较分析提出未来中国收入维度相对贫困测算标准。

2.4.1　城镇与农村家庭人均收入聚类分析

本节使用高斯混合模型期望最大化聚类算法和中国家庭追踪调查（CFPS）2012年、2014年、2016年、2018年、2020年五轮数据，按照城镇家庭和农村家庭两类，分别针对家庭人均收入进行聚类分析。在具体聚类分析过程中，本节同样按照家庭收入状况，将家庭分为低收入组、中低收入组、中等收入组、中高收入组、高收入组5个组。

表2.6反映了中国农村家庭按照家庭人均收入分组的情况。2012—2020

年，中国农村各组家庭的收入均快速增长。从各组家庭所占比例来看，低收入组家庭所占的比例略有上升，从 13.66%增长到 15.87%。农村家庭中占比较大的是中低收入组和中等收入组，两组合计占到全部农村家庭的 70%左右。中高收入组家庭的比例略有下降，从 17.29%下降到 12.42%。高收入组家庭的比例则基本保持稳定。

表 2.6　2012—2020 年中国农村家庭人均收入聚类结果

年份	指标	低收入组	中低收入组	中等收入组	中高收入组	高收入组
2012	范围（元）	[0.2，1581]	[1594，5250]	[5258，14507]	[14530，41880]	[41980，349733]
	占比	(13.66%)	(26.20%)	(41.52%)	(17.29%)	(1.33%)
2014	范围（元）	[0.25，2420]	[2429，7200]	[7250，20400]	[20500，66667]	[70000，880552]
	占比	(13.74%)	(32.19%)	(41.93%)	(11.30%)	(0.83%)
2016	范围（元）	[28.33，3503]	[3510，9167]	[9180，25600]	[25667，88333]	[90000，4168000]
	占比	(15.93%)	(30.80%)	(41.89%)	(10.46%)	(0.92%)
2018	范围（元）	[0，4580]	[4583，11525]	[11562，28367]	[28490，84333]	[86800，533333]
	占比	(18.58%)	(34.57%)	(32.38%)	(12.89%)	(1.57%)
2020	范围（元）	[0，5112]	[5120，12900]	[12917，31056]	[31121，80000]	[80633，603172]
	占比	(15.87%)	(33.81%)	(35.39%)	(12.42%)	(2.51%)

注：表中［　］内表示各组家庭人均收入的范围，（　）内表示各组家庭数所占比例。

表 2.7 反映了中国城镇家庭按照家庭人均收入分组的情况。与农村家庭的聚类分组情况相比，中国城镇家庭分组情况表现出不同的特点。首先，城镇家庭各组收入的增长速度要快于农村家庭。其次，在收入快速增长的同时，低收入组的比例也快速增长，由 2012 年的 9.16%增长到 2020 年的 18.58%。由此可见，随着中国城镇化进程的不断推进，城镇家庭的贫困问题越来越值得关注。

表 2.7　2012—2020 年中国城镇家庭人均收入聚类结果

年份	指标	低收入组	中低收入组	中等收入组	中高收入组	高收入组
2012	范围（元）	[0.6，2112]	[2120，10875]	[10880，28707]	[28800，80000]	[81400，1518023]
	占比	(9.16%)	(37.64%)	(39.36%)	(12.01%)	(1.82%)
2014	范围（元）	[3.33，6010]	[6154，15900]	[16000，39000]	[39120，106667]	[108000，3620000]
	占比	(18.51%)	(33.81%)	(35.76%)	(10.83%)	(1.09%)
2016	范围（元）	[1，9333]	[9350，23800]	[23833，58500]	[58733，166667]	[170000，2051667]
	占比	(19.77%)	(37.93%)	(33.00%)	(7.78%)	(1.52%)

续表

年份	指标	低收入组	中低收入组	中等收入组	中高收入组	高收入组
2018	范围（元）	[0，15090]	[15115，44734]	[44800，125000]	[126000，550000]	[600000，50000000]
	占比	（29.86%）	（44.64%）	（22.04%）	（3.13%）	（0.33%）
2020	范围（元）	[0，12324]	[12333，29567]	[29600，76800]	[77000，270000]	[275000，5182500]
	占比	（18.58%）	（33.00%）	（36.19%）	（11.14%）	（1.09%）

注：表中［ ］内表示各组家庭人均收入的范围，（ ）内表示各组家庭数所占比例。

2.4.2 城镇与农村相对贫困标准

参照城乡统筹一条线的相对贫困标准设定方法，本节将城镇和农村家庭收入聚类分组中的低收入组家庭认定为相对贫困家庭，将低收入组的组上限设定为相对贫困线。需要说明的是，按照低收入组的组上限设定的相对贫困线中，2012 年、2014 年农村相对贫困线和 2012 年城镇相对贫困线低于当年的国家绝对贫困线。因此，参照城乡统筹一条线的设定方法，将相关年份的相对贫困线设定为当年绝对贫困线。

采用聚类分析算法设定各年份城镇和农村相对贫困线，结果如表 2.8 所示。其中，2012 年、2014 年农村相对贫困线和 2012 年城镇相对贫困线使用的是经过价格调整的国家绝对贫困线用以替换较低的贫困线。由表 2.8 可知，2012—2020 年，无论是城镇相对贫困线还是农村相对贫困线与其对应的当年度家庭人均收入均值的比例关系都较为稳定。2012 年，城镇相对贫困线为城镇家庭人均收入均值的 13.9%，随后逐渐上升，并逐渐稳定在 30%左右。农村相对贫困线则在农村家庭人均收入均值的 25%上下波动。然而，城镇相对贫困线和农村相对贫困线与对应的当年度家庭人均收入中位数的比例波动则较大。2012 年，城镇相对贫困线为对应家庭人均收入中位数的 20.8%，到 2018 年，这一比例则上升到 60.4%，而到 2020 年，这一比例下降到 43.8%。农村相对贫困线与家庭人均收入中位数的比例波动则相对较小，最低为 2014 年的 32.6%，最高为 2018 年的 44%。这一特点与城乡统筹一条线的相对贫困线非常相似，从而进一步说明使用高斯混合模型聚类算法的相对贫困线设置方法与分布均值的关系较为稳定。

与全国平均最低生活保障标准相比，农村和城镇相对贫困线则表现出不同的特点。农村相对贫困线与农村最低生活保障标准基本一致，能够有效覆盖农村低保家庭，从而实现相对贫困线与低保标准的有效衔接。城镇相对贫困线则远高于城镇低保标准。当前，学术界一致认为城镇低保标准设置偏低，与城镇居民人均可支配收入的差距不断拉大，形成了巨大的“剪刀差”（解安和王立伟，2022）。2012 年，城镇家庭人均收入均值为城镇最低生活保障标准的 4.5 倍，而到 2020 年则上升到 5.5 倍。相对贫困本质上是发展型贫困，而城镇低保标准则是以保障居民最低生活需要为衡量基准。随着中国城镇化进程的加快，城镇相对贫困问题将逐渐引起重视，这就需要重新考虑城镇低保的制定标准。本节设定的城镇相对贫困线则可为城镇最低生活保障标准的制定提供参考。

表 2.8　城镇/农村家庭相对贫困标准　　单位：元

年份	城镇/农村	聚类相对贫困线	分城乡家庭人均收入均值	分城乡家庭人均收入中位数	农村最低生活保障平均标准	城镇最低生活保障平均标准
2012	城镇	2490*	17898.59（13.9%）	11973.74（20.8%）	—	3961.2（62.9%）
	农村	2490*	9516.02（26.2%）	6960（35.8%）	2067.8（120.4%）	—
2014	城镇	6010	24111.06（24.9%）	15000（40.1%）	—	4926.0（122.0%）
	农村	2603*	11383.66（22.9%）	7993（32.6%）	2776.6（93.7%）	—
2016	城镇	9333	31928.3（29.2%）	20000（46.7%）	—	5935.2（157.2%）
	农村	3503	15814.65（22.2%）	10000（35.0%）	3744.0（93.6%）	—
2018	城镇	15090	48359.42（31.2%）	25000（60.4%）	—	6956.4（216.9%）
	农村	4580	17137.98（26.7%）	10400（44.0%）	4833.4（94.8%）	—
2020	城镇	12324	45071.35（27.3%）	28110（43.8%）	—	8131.2（151.6%）
	农村	5112	19662.61（26.0%）	13000（39.3%）	5962.3（85.7%）	—

注：* 表示数据按照 2300 元（2010 年不变价）标准经价格调整计算得到；（　）内为聚类相对贫困线与对应指标的比值。

2.4.3　城镇和农村相对贫困规模测算

基于城镇和农村相对贫困线，利用中国家庭追踪调查（CFPS）2012—2020 年五轮调查数据，本节对中国城镇和农村相对贫困发生率分别进行测算。同时，本节仍然使用国际现行常用的 3.2 美元标准、5.5 美元标准、社会贫困线标准以及中位数 40%标准对城镇和农村贫困发生率进行测算，从而与基于聚类算法的城镇和农村相对贫困线进行比较，各类标准下的贫困线如表 2. 9 所示。

表 2. 9　五种标准的相对贫困线

单位：元

年份	城镇/农村	聚类相对贫困标准	3. 2 美元标准	5. 5 美元标准	社会贫困线标准	中位数 40%标准
2012	城镇	2490	4407. 6	7575. 6	7364	4789
	农村	2490	4407. 6	7575. 6	4857	2784
2014	城镇	6010	4565. 8	7847. 4	8927	6000
	农村	2603	4565. 8	7847. 4	5423	3197
2016	城镇	9333	4601. 1	7908. 1	11438	8000
	农村	3503	4601. 1	7908. 1	6438	4000
2018	城镇	15090	4966. 5	8536. 2	14052	10000
	农村	4580	4966. 5	8536. 2	6752	4160
2020	城镇	12324	5053. 5	8685. 7	15634	11244
	农村	5112	5053. 5	8685. 7	8079	5200

由表 2. 9 可知，农村聚类相对贫困线与农村家庭人均收入中位数 40%标准非常接近，而与 3. 2 美元标准相比，在初期有较大差距，但是随着农村家庭人均收入的不断提高，两类贫困标准逐渐接近。同时，农村聚类相对贫困线与 5. 5 美元标准和社会贫困线标准差距较大。城镇聚类相对贫困线则表现出不同特点。首先，城镇聚类相对贫困线整体上要高于 3. 2 美元标准和中位数 40%标准。其次，与 5. 5 美元标准和社会贫困线标准相比，城镇聚类相对贫困线在前期低于这两个标准，但是随着城镇家庭人均收入的快速上升，城镇聚类相对贫困线最终超过了 5. 5 美元标准，并与社会贫困线标准接近。

根据表 2. 9 设定的五种贫困线标准，本节利用式（2-8）对城镇和农村家庭相对贫困发生率进行了测算，具体测算结果见表 2. 10。从测算结果来看，农村和城镇相对贫困发生率呈现不同的变化趋势。

表 2. 10　五种标准下城镇和农村相对贫困发生率

单位:%

年份	城镇/农村	聚类相对贫困标准	3. 2 美元标准	5. 5 美元标准	社会贫困线标准	中位数 40%标准
2012	城镇	9. 91	18. 03	33. 79	32. 49	19. 41
	农村	19. 07	32. 81	53. 29	35. 74	21. 36
2014	城镇	21. 68	13. 86	29. 05	33. 85	21. 68
	农村	16. 89	30. 50	53. 86	38. 51	19. 90

续表

年份	城镇/农村	聚类相对贫困标准	3.2 美元标准	5.5 美元标准	社会贫困线标准	中位数 40%标准
2016	城镇	23.28	7.50	18.60	31.01	19.32
	农村	15.50	21.56	42.89	33.85	18.68
2018	城镇	36.42	6.49	16.80	33.04	21.93
	农村	18.66	19.75	42.51	32.74	16.73
2020	城镇	22.23	5.52	13.10	31.78	19.75
	农村	15.09	14.98	32.52	29.40	15.34

如图 2.3 所示，2012—2020 年农村相对贫困发生率变化比较平稳。按照聚类相对贫困线测算的贫困发生率在 15%～20%，以 3.2 美元标准、5.5 美元标准、社会贫困线标准和中位数 40%标准测算的贫困发生率则出现下降趋势。由表 2.10 可知，以 2020 年为例，五种标准测算的贫困发生率从高到低排序为：5.5 美元标准>社会贫困线标准>中位数 40%标准>聚类贫困线标准>3.2 美元标准，其中，测算的贫困发生率最高的为 5.5 美元标准，最低的为 3.2 美元标准。值得注意的是，3.2 美元标准测算的贫困发生率从 2012 年的 32.81%下降到 2020 年的 14.98%，并且与聚类相对贫困线十分接近。而聚类相对贫困线测算的贫困发生率与 5.5 美元标准有较大差距，说明当前农村家庭人均收入与世界中低收入国家水平比较接近，与中高收入国家水平还有一定差距。

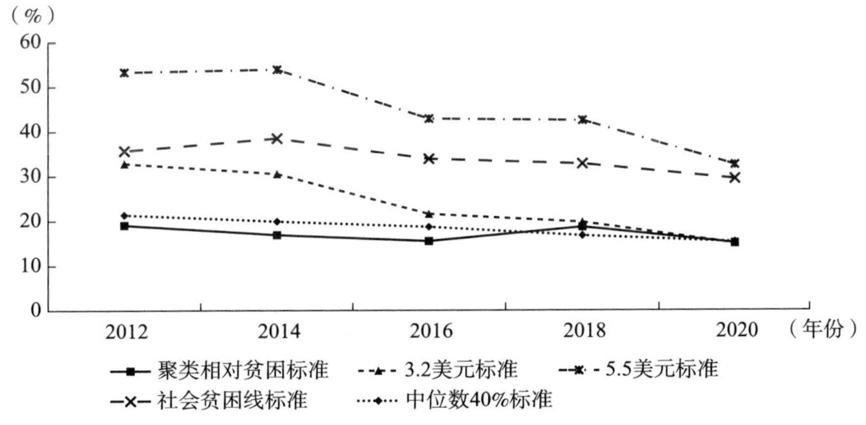

图 2.3　2012—2020 年五种标准下农村相对贫困发生率

如图 2.4 所示，2012—2020 年城镇相对贫困发生率变化较大。首先，无论是按 3.2 美元标准还是 5.5 美元标准测算的贫困发生率都出现较大幅度下降，下降幅度在 50%左右。2020 年，按 5.5 美元标准测算的贫困发生率为 13.10%，该贫困发生率与芬兰、西班牙、葡萄牙、意大利等国家接近，[①] 由此说明，中国城镇的人均收入水平已经与中高收入国家接近。其次，使用聚类相对贫困线标准、社会贫困线标准、中位数 40%标准测算的贫困发生率在 2016—2018 年呈上升趋势，其中按聚类相对贫困线标准测算的贫困发生率上升幅度最大，并在 2018 年超过了按社会贫困线测算的贫困发生率，随后，在 2020 年贫困发生率又有所下降。如前文所述，聚类贫困线与收入的均值关系较为稳定。聚类贫困线的快速上升，说明城镇居民的平均收入在这几年快速上升。

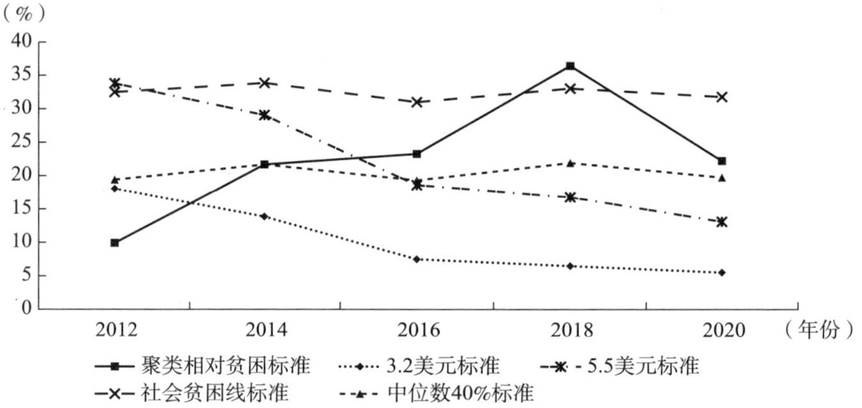

图 2.4 2012—2020 年五种标准下城镇相对贫困发生率

如表 2.10 所示，使用聚类相对贫困标准测算的农村相对贫困发生率一直比较稳定，而城镇相对贫困发生率变化较大，说明 2012—2020 年受益于中国政府开展的脱贫攻坚工作，农村低收入家庭的收入增长速度与农村收入均值的增长速度基本保持一致。本节测算的农村基尼系数在 2012—2020 年稳中有降，也从侧面说明了这一点，这充分彰显了中国开展脱贫攻坚工作所取得的巨大成就。而城镇相对贫困发生率波动较大，则说明城镇低收入人群的收入增长速度落后于城镇收入均值增长的速度。根据本节的测算，2012 年城镇基

① 根据世界银行测算，按照各国贫困线，2020 年芬兰贫困发生率为 10.8%，西班牙为 21.7%，葡萄牙为 18.4%，意大利为 20.1%；2021 年法国贫困发生率为 15.6%。资料来源：https://data.worldbank.org.cn/indicator/SI.POV.NAHC。

尼系数为 0.49，2018 年上升为 0.53，说明城镇内部收入差距正在拉大。

另外，测算结果显示，使用聚类相对贫困标准和中位数 40%标准测得的城镇贫困发生率已经高于农村贫困发生率，因此，城镇居民的贫困问题应越来越引起重视。近年来，随着中国城镇化进程的加快，大量农村人口涌入城镇发展。这些由农村进入城镇的流动人口受户籍制度的限制无法享受城镇低保，同时受自身知识水平、能力、与城市劳动者的竞争等因素的影响在收入水平上产生差距。这种差距使得城市中高技能工人获益最大，城市低技能工人次之，农民工获益最少（Combes et al.，2020）。按照聚类相对贫困线标准，本节对相对贫困人口中流动人口的占比情况进行了分析，结果如表 2.11 所示。本节认定流动人口的标准是家庭受访地为城镇，但是当前户口状态为农业户口的家庭。表 2.11 反映了流动人口中家庭人均收入分别在低于贫困线 50%（$y_i \leqslant 0.50Z_p$）、贫困线 50%～75%（$0.50Z_p < y_i \leqslant 0.75Z_p$）以及贫困线 75%～100%（$0.75Z_p < y_i \leqslant Z_p$）三个区间的占比情况。

表 2.11　城镇流动人口相对贫困占比情况　　单位:%

年份	$y_i \leqslant Z_p$	$y_i \leqslant 0.50Z_p$	$0.50Z_p < y_i \leqslant 0.75Z_p$	$0.75Z_p < y_i \leqslant Z_p$
2012	68.79	61.25	21.50	17.25
2014	63.27	39.63	25.85	34.52
2016	68.90	34.93	33.03	32.04
2018	63.65	41.40	29.56	29.04
2020	49.95	26.85	37.39	35.76

如表 2.11 所示，2012—2018 年，城镇相对贫困人口中流动人口的占比均在 60%以上，最高达到 68.90%。2020 年，城镇相对贫困人口中流动人口的占比有所下降，但是也接近 50%。因此，流动人口构成了城镇贫困人口的主要部分。而且，在所有贫困流动人口中，生活在 50%贫困线以下的人口占比较高。2012 年在 50%贫困线以下的流动人口占到全部贫困流动人口的 61.25%，随后，这一比例逐步降低，2016 年降到 34.93%，2018 年又上升到 41.40%，但在 2020 年又有所下降，达到 26.85%。这部分流动人口可以被认为是极端贫困人群，他们摆脱贫困的难度也相较其他人更大。因此，在相对贫困治理阶段，城镇人口相对贫困问题应引起重视，其中转移到城镇的农村流动人口应重点关注。

2.5 本章小结

基于家庭收入设置相对贫困标准，既是当前 OECD 国家在具体实践中的参考标准，也是相对贫困学术研究的核心。本章使用高斯混合模型以家庭人均收入为研究对象，借助 EM 算法将家庭人均收入聚类成低收入组、中低收入组、中等收入组、中高收入组和高收入组共五个类别，并运用城乡统筹一条线和分城乡两条线的基数选择方法，使用中国家庭追踪调查（CFPS）2012—2020 年五轮调查数据，对中国家庭相对贫困情况进行了测度。基于高斯混合模型 EM 聚类算法的相对贫困标准设定方法实质上是一种数据驱动的客观方法，从而避免了传统方法在设置贫困标准时对比例选择的主观性。而且，使用高斯混合模型设置的相对贫困线具有较好的动态性，能够根据居民的收入状况进行及时调整。另外，无论是使用城乡统筹一条线还是分城乡两条线进行测算，使用高斯混合模型的贫困线与收入均值的关系都较为稳定，从而使该贫困线具有了相对的参考性。因此，基于高斯混合模型 EM 聚类算法的相对贫困线设置方法，为相对贫困研究提供了一条新的思路。

本章通过对中国家庭追踪调查（CFPS）五轮调查数据进行测度发现：

（1）使用高斯混合模型聚类算法得到的结果能够较好地拟合样本数据，并且，聚类相对贫困线与家庭收入的均值关系较为稳定。使用城乡统筹一条线进行测算，其约为收入均值的 20%；使用分城乡两条线进行测算，农村贫困线约为农村收入均值的 25%，城镇贫困线约为城镇收入均值的 30%。

（2）不同的贫困线设置方式对测度结果影响较大。使用城乡统筹一条线测算的聚类相对贫困线超过了世界银行设定的中低收入国家 3.2 美元标准贫困线，低于中高收入国家的 5.5 美元标准贫困线，远低于社会贫困线。考虑到当前中国已经进入中高收入国家，该贫困线设置偏低。同时，该贫困线远高于农村最低生活保障标准，而接近城镇最低生活保障标准。由此带来的后果是测算的贫困发生率容易造成对农村贫困的高估，对城镇贫困的低估。经过本章测算，使用城乡统筹一条线识别的贫困人口中农村人口约为城镇人口的 3 倍。使用分城乡两条线测算的农村聚类相对贫困线与 3.2 美元标准比较接近，并且随着农村居民收入的提高逐渐超过中位数 40%线。城镇聚类相对贫困线在 2016 年超过了 5.5 美元标准，2018 年超过了社会贫困线标准。从贫困发生率来看，农村相对贫困发生率较为稳定，样本期内保持在接近 20%的水平。由此说明，中国脱贫攻坚工作使得大量农村低收入居民收入增长速度与农村居民整体保持了一致。而城镇相对贫困发生率在样本期内出现了上涨，2020 年相对贫困发生率达到 22.23%，该测度结果与樊增增和邹薇（2021）、李莹 等（2021）测算的城镇贫困发生率比较接近。

（3）通过对分城乡两条线的相对贫困发生率测算发现，城镇相对贫困发生率已经高于农村相对贫困发生率，两者差距有拉大趋势。在城镇相对贫困人口中，农村转移到城镇的流动人口占比一直偏高，并且在这些贫困的流动人口中，生活在 50%贫困线以下的人口占比较大。因此，在相对贫困治理阶段，城镇居民的相对贫困问题，特别是农村转移到城镇的流动人口贫困问题应值得关注。

基于上述研究结论，针对目前相对贫困研究中存在的三个方面争议问题，本章得到如下政策启示：

（1）设置分城乡两条线的相对贫困标准对于现阶段的中国相对贫困治理比较适宜。虽然设置城乡一条线的标准易于操作，并且能够与国际接轨，但是与 OECD 国家已经完成城镇化不同，当前中国城乡差异仍然较大，发展不平衡问题仍然是当前中国主要矛盾。设置城乡一条线的贫困标准容易造成对农村贫困的高估，对城镇贫困的低估，并将一部分转移到城镇的贫困人口排斥在外。因此，针对城乡差异，设置不同的相对贫困标准比较符合当前中国相对贫困治理现实。未来，当城乡差距逐渐缩小，城镇化进程逐步完成时，可适时调整贫困政策，设置城乡统筹的一条线标准。

（2）本章使用高斯混合模型借助 EM 算法对家庭收入进行聚类，并借此划分了相对贫困人群。由于该方法是基于家庭收入数据自身驱动的客观方法，因此，在划分贫困人群时没有掺杂主观因素。根据本章的分析，发现使用该方法设置的相对贫困线与收入均值的关系较为稳定，因此，在实际应用中，如果从方法的简便性考虑可以根据收入的均值设置相对贫困线。根据本书测算结果，并考虑到居民收入的发展趋势，建议农村相对贫困线设为农村家庭人均收入均值的 30%左右，城镇相对贫困线设置为城镇家庭人均收入均值的 35%左右。另外，不选择中位数作为参考基准，还出于以下两个方面考虑：一是虽然中位数能够反映社会中间阶层人们的收入状况，但是中位数无法使用样本数据推断总体，因此，在实践中采用抽样的调研方法很难获得全国家庭人均收入的真实中位数，而均值可以利用样本数据推断总体参数，因此更容易获得。二是相较于中位数，国家统计局每年会公布全国城镇和农村可支配收入的均值。虽然平均数容易受到极端值的影响，但是收入平均数包含了高收入群体的收入增长情况，这就使其具备了相对贫困内涵中的“相对”参考意义。

（3）在相对贫困治理时期，城镇相对贫困问题应引起重视。当前中国的扶贫政策主要集中于农村，对城镇贫困人口关注相对较少。但是，进入相对贫困阶段，城镇贫困问题应当引起重视。在绝对贫困治理时期，相比农村，城镇有较为完善的福利保障制度，能够有效解决城镇居民的生活保障，因此，贫困治理的重点在农村。而相对贫困是发展型贫困，治理的重点是促进人的全面发展。未来随着城镇化进程的加快，将有大量农村人口转移到城镇，根据本章测度，农村转移到城镇的流动人口构成了城镇相对贫困人口的主要部分。在未来的贫困治理体系中应加大对流动人口的帮扶力度，可通过将这些人群纳入城镇低保监测范围、加强就业技能培训等方式促进流动人口在城镇的发展。

第 3 章 Chapter Three
多维相对贫困测度及比较

在相对贫困治理阶段，采用何种标准定义相对贫困人群是当前学界研究的热点。长期以来，学者们的研究主要聚焦于收入相对贫困和多维相对贫困两种相对贫困标准。在上一章的研究基础上，本章将以多维相对贫困为研究对象，在构建多维相对贫困的指标体系与认定标准基础上，从单一维度测度、多维测度、维度分解等方面对多维相对贫困进行分析。本章将从静态和动态两个视角对收入相对贫困和多维相对贫困进行比较，分析两种相对贫困认定标准的异同之处。

3.1 引言

当前，伴随着对贫困问题的研究，人们对贫困的认识逐渐深入，从早期的贫困是人的基本生存需要无法满足，到贫困是一种社会排斥，再到陷入贫困是可行能力与基本权利被剥夺的过程（王小林和冯贺霞，2020）。总体上来说，随着国家社会经济的快速发展，贫困的概念逐渐丰富，贫困治理的关注重点也从以满足温饱的绝对贫困过渡到促进发展的相对贫困（邢成举和李小云，2019）。

经过近 40 年的努力，中国已经消除了绝对贫困，取得了脱贫攻坚战的巨大胜利。然而，贫困的治理并未结束，相对贫困问题随之而来。相对贫困是指人们虽然能够满足基本的生活需要，但是相对于社会平均水平存在相对剥夺与相对排除。产生这种相对剥夺与排除的原因是复杂而多样的，因此，相对贫困具有长期性、动态性、多维性、相对性和复杂性等特点（王小林和冯贺霞，2020）。当前中国社会的主要矛盾已经发生了变化，把握相对贫困的本质，准确瞄准相对贫困人群并制定对应的帮扶措施是解决中国社会主要矛盾、实现共同富裕目标的重要手段之一。

在治理相对贫困的过程中，首先要考虑识别标准的问题。基于相对贫困的多维性、复杂性特点，学者建议在相对贫困治理阶段采用多维相对贫困的测度方法。自阿马蒂亚·森（1976）提出贫困是一种可行能力的被剥夺理论后，学术界已经对多维贫困开展了大量研究。然而，学者和相关国际机构大多从教育、健康、生活水平等维度构建多维贫困指标体系（张全红 等，2017；OPHI，2018）。这些指标体系对于中国实现“两不愁三保障”的目标具有积极作用。但是，在全面建成小康社会后，满足温饱和基本需要后的人们将有更高层次的追求（汪三贵和孙俊娜，2021），因此，这些传统的指标体系将不再完全适用。相对贫困的治理亟须建立新的多维相对贫困指标体系。新的指标体系应从人的全面发展角度出发，致力于提升生活质量、缩小发展差距、增强人民幸福感。新的指标体系中各指标的贫困线也应有别于传统的绝对贫困线，采用相对贫困线的划定方式，从而满足相对贫困的动态性特点。另外，相对贫困还应注意锚定对象，即相对于谁的问题，这就要求在划定贫困线时还应充分考虑当前中国城乡差异、地区差异，避免全国“一刀切”。

当前学者们对于新的相对贫困标准的讨论还集中于是采用单一维度的收入相对贫困标准还是多维相对贫困标准。收入相对贫困标准本质上是一种间接测量方法，即以家庭收入作为统一尺度，衡量家庭在生活、医疗、住房等方面的状况，并划定一条贫困线用以识别家庭收入低于该贫困线的家庭。多维相对贫困则是一种直接的测度方法，其从家庭的生存与发展需要角度考虑，从多个维度直接对家庭状况进行测度。综合来看，收入相对贫困标准比较直观，便于实施，更有利于节约公共资源与国际标准对接（沈扬扬和李实，2020）。而多维相对贫困能够全面、直接地反映家庭状况，更加符合相对贫困的内涵，但是由于多维相对贫困需要大量精确的数据，实施难度较大。因此，在相对贫困阶段，综合比较两种相对贫困测度的异同，从而准确把握相对贫困识别标准是当前中国相对贫困治理过程中亟须解决的问题。

关于相对贫困治理阶段新的贫困标准问题，虽然学者们已经开展了大量研究，但是尚未形成共识。针对当前研究存在的争议，本章将基于相对贫困所表现出的新特点，从多维相对贫困的视角，重点从以下两个方面开展讨论：

第一，多维相对贫困指标体系的构建。新的指标体系应从发展的视角出发，重点考虑阻碍相对贫困人群发展的因素。因此，本章将从生活水平、发展基础、发展保障、发展能力和发展动力五个方面构建新的多维相对贫困指标体系。并且，在划定各指标贫困线时，充分考虑城乡发展差距，设定具有相对性的贫困线。

第二，多维相对贫困和收入相对贫困的对比分析。针对当前多维相对贫困和收入相对贫困之间的关系与区别，本章将从静态和动态两个视角对两种相对贫困识别方法的测度结果进行比较，分析两种测度方法在测度结果上的异同并给出相应的建议。

本章的边际贡献主要有以下两点：

（1）从相对贫困人口“贫”和“困”的现实状况出发，基于发展的视角从生活水平、发展基础、发展保障、发展能力和发展动力五个方面构建新的多维相对贫困指标体系并进行测度分析。

（2）深入分析比较了收入相对贫困和多维相对贫困的测度结果以及两种类型贫困间的转换特征，并探索性制定了相对贫困治理阶段应采取的贫困标准。

本章后续部分安排如下：描述多维相对贫困的测度方法和指标体系，描述数据来源并从单一维度和多维角度对多维相对贫困进行测度与分解，从静态和动态两个方面比较分析收入相对贫困和多维相对贫困的异同，本章小结。

3.2　多维相对贫困的测度方法与指标体系构建

测度多维相对贫困，一是需要明确多维相对贫困的测度方法，二是需要制定多维相对贫困认定标准。在测度方法方面，主要包括 A-F 多维贫困测度法（简称 A-F 方法）和 MPI 多维贫困测度法。而在多维相对贫困认定标准方面，目前尚未有较为统一的标准。本节将在对 A-F 方法进行改进的基础上，探索基于新时代特点的多维相对贫困指标体系的构建。

3.2.1　多维相对贫困的测度方法

当前，多维贫困的测度方法主要包括 MPI 多维贫困测度法和 A-F 多维贫困测度法。MPI 多维贫困测度法是由世界银行提出并用于测度中低收入发展中国家多维贫困的方法（刘洪和张想想，2022）。A-F 方法是 Alkire 和 Foster（2011）基于阿马蒂亚・森提出的可行能力剥夺理论构建的一种多维贫困测度方法。该方法的特点是使用双临界值的方法来认定家庭的贫困状况，即首先在每一个贫困维度上设置一个临界值，用以判定某家庭是否在该维度上存在贫困，其次在总贫困维度上设置一个临界值，用以判定汇总家庭各维度上的贫困情况后是否为贫困家庭。目前，该方法已经成为多维贫困测度中普遍采用的方法。

使用 A-F 多维贫困测度方法的关键在于设定单一维度和总维度上的两个临界值。目前，传统的 A-F 测度方法使用绝对的、确定的方法来设置这两个临界值（方迎风和周少驰，2021）。这种临界值的设定方法具有一定的主观性和绝对性，不符合相对贫困的相对性特点。因此，本节在测度多维相对贫困的过程中，参考 A-F 多维贫困测度方法，考虑采用一种相对性的方法设置临界值，以使测度结果能够更好地反映相对贫困。具体方法为：

设有数量为 N 的样本家庭，每个家庭的社会福利状况用 $d(d\geqslant 2)$ 个维度来表示，从而构造一个 $N\times d$ 维的矩阵 $Y=[y_{ij}]$，其中 y_{ij} 表示第 i 个家庭第 j 维的取值。设 z_j 为第 j 维度的贫困认定临界值，由此可定义一个贫困剥夺矩阵 $G^0=[g_{ij}^0]$，其中 g_{ij}^0 可以表示为：

$$g_{ij}^0=\begin{cases}0 & y_{ij}\geqslant z_j \\ \left(\dfrac{z_j-y_{ij}}{z_j}\right)^0 & y_{ij}<z_j\end{cases} \tag{3-1}$$

其中，g_{ij}^0 表示家庭 i 在第 j 个维度上的贫困剥夺情况，当 $g_{ij}^0=1$ 时，表示家庭 i 在第 j 个维度上存在被剥夺情况，即家庭 i 在 j 维度上贫困。反之，当 $g_{ij}^0=0$ 时，表示不存在被剥夺情况，即家庭 i 在 j 维度上不贫困。在得到贫困剥夺矩阵 G^0 后，可计算家庭 i 的综合贫困程度 c_i，c_i 可表示为：

$$c_i=\sum_{j=1}^{d}\omega_j g_{ij} \tag{3-2}$$

其中，ω_j 表示维度 j 的权重，并有 $\sum_{j=1}^{d}\omega_j=1$。在得到家庭综合贫困程度后，可对家庭是否为多维贫困进行判断，设临界值为 u，若 $c_i>u$，则该家庭为多维相对贫困家庭，记 $c_i(u)=c_i$，否则，$c_i(u)=0$。

在整个过程中，两个临界值 z_j 和 u 的设定对判断一个家庭是否为多维相对贫困家庭至关重要。相对贫困的内涵决定了判断家庭是否为贫困家庭的标准应具有动态性和相对性，即贫困标准一方面要能够随时间的推移而变化，另一方面要有具体的锚定对象，并且相对贫困家庭与锚定对象相比被远远抛在后面。因此，本节在设定临界值 z_j 和 u 时，采用一种相对的方法进行设定。

首先，对于临界值 z_j，本节将其锚定对象设置为 j 维度样本组的均值或中位数并乘以一定的比例，即 $z_j=\alpha\times\bar{y}_j$，其中 $\bar{y}_j$ 表示样本组家庭在 j 维度的均值或中位数。α 表示一定的比例，在具体设定时，对于正向指标，本节将该比例设置为0.5，对于负向指标，本节将该比例设置为1.5。其次，对于临界值 u，本节将其设定为 $u=\beta\times\bar{c}_i$，其中 $\bar{c}_i$ 为全部家庭综合贫困程度的均值，β 表示一定的比例，在具体设定时，本节将其设置为1.5，即相对贫困家庭的贫困维度为平均贫困维度的1.5倍。

在计算得到每个家庭的贫困情况后，家庭多维相对贫困的综合评价可由以下几个指标计算：

$$H_{(u)}=\frac{1}{N}\sum_{i=1}^{N}q_i \tag{3-3}$$

其中，$H_{(u)}$ 表示多维相对贫困发生率，$q_i=I[c_i(u)=c_i]$ 表示家庭 i 为多维相对贫困，$I(\cdot)$ 为示性函数。

$$A_{(u)}=\frac{\sum_{i=1}^{N}c_i(u)}{\sum_{i=1}^{N}q_i\times d} \tag{3-4}$$

其中，$A_{(u)}$ 表示平均相对贫困剥夺份额，即多维相对贫困家庭中平均被剥夺维度的份额。由此，可得到多维相对贫困指数 M_0：

$$M_0=H_{(u)}A_{(u)}=\frac{\sum_{i=1}^{N}q_i}{N}\times\frac{\sum_{i=1}^{N}c_i(u)}{\sum_{i=1}^{N}q_i\times d}=\frac{\sum_{i=1}^{N}c_i(u)}{N\times d} \tag{3-5}$$

在得到多维相对贫困指数 M_0 后，可以按照贫困维度进行分解，以计算各维度对多维贫困的贡献率，其分解方法为：

$$\gamma_j = \frac{\frac{\sum_{i=1}^{N} \omega_j g_{ij}}{N \times d}}{M_0} \tag{3-6}$$

其中，γ_j 表示第 j 维度的多维相对贫困贡献率。$\omega_j g_{ij}$ 表示第 j 维的权重乘以家庭 i 在第 j 维的贫困剥夺矩阵值。对于权重 ω_j，本节采用等权的方法进行设置，即每一个维度是等权的。同时，每个维度下的指标也是等权的。

另外，多维相对贫困指数 M_0 还可以按照地区进行分解，其分解方法为：

$$M_0 = \sum_{i=1}^{\theta} \frac{n_i}{N} M_0(i) \tag{3-7}$$

其中，θ 表示划分的地区数量，N 表示全部家庭总数，n_i 表示地区 i 的家庭数量，$M_0(i)$ 表示地区 i 的多维相对贫困指数。

3.2.2 多维相对贫困指标体系构建

建立多维相对贫困指标体系的目的在于准确捕捉多维相对贫困的特征。Alkire 和 Foster（2011）提出了基于健康、教育、生活水平 3 个维度，包括营养不良、儿童死亡率、受教育年限、儿童入学情况、做饭用燃料、卫生厕所、安全饮用水、用电、住房、耐用消费品 10 个指标的多维贫困指标体系。然而，该指标体系适用于测度多维绝对贫困，却不适合测度多维相对贫困，特别是测度中国“后扶贫时代”的多维相对贫困。主要原因是：

首先，在脱贫攻坚战期间，虽然中国实行的是人均年收入 2300 元（2010 年不变价）的绝对贫困标准，但是衡量贫困人口的退出时，执行的是“两不愁三保障”的贫困退出标准①。这实际上执行的是多维贫困退出机制。因此，在 2021 年中国政府正式宣布完成脱贫攻坚战之后，中国的绝对贫困人口已经在吃穿等基本生活以及义务教育、基本医疗和住房安全等方面有了保障，这就使得原有的多维贫困指标体系中的大部分指标失去意义。

其次，相对贫困本质上是发展型贫困，在衡量相对贫困人口时，既要考

---

① 2016 年 4 月，中共中央办公厅、国务院办公厅印发的通知《关于建立贫困退出机制的意见》（厅字〔2016〕16 号）中明确指出：贫困人口退出以户为单位，主要衡量标准是该户年人均纯收入稳定超过国家扶贫标准且吃穿不愁，义务教育、基本医疗、住房安全有保障。

虑其“贫”的经济维度，也要考虑其“困”的发展维度（王小林和冯贺霞，2020）。“贫”在当下，“困”在未来，对多维相对贫困家庭的帮扶，既要考虑其当前生活水平相对不高的“贫”，更要破解束缚贫困家庭发展的“困”。而传统的多维贫困指标体系更多的是考虑家庭当前的生活水平，较少考虑家庭未来的发展困境。

基于上述原因，本节在统筹考虑贫困家庭的现状与未来发展困境的基础上，构建了包含生活水平、发展基础、发展保障、发展能力和发展动力 5 个维度的多维相对贫困指标体系（见表 3.1）。

表 3.1　多维相对贫困指标体系

维度	指标	衡量标准	指标解释及临界值	权重
生活水平	食品支出	相对	家庭食品支出占总支出的比例高于样本组家庭平均值 1.5 倍的为 1，否则为 0	1/15
	耐用消费品价值	相对	家庭人均耐用消费品价值低于样本家庭中位数的 50%	1/15
	家居整洁度	绝对	家居整洁度小于等于 3（问卷中家居整洁度为 1~7，表示从很乱到很整洁）	1/15
发展基础	个人健康	绝对	家庭成年人中至少有 1 人自评健康状况为不健康的为 1，否则为 0	1/10
	医疗支出	相对	家庭医疗支出占总支出的比例超过样本组家庭平均数 1.5 倍的为 1，否则为 0	1/10
发展保障	养老保险	相对	符合参保条件的家庭成年人参保率低于样本组家庭平均参保率 50%的为 1，否则为 0	1/10
	医疗保险	相对	家庭成员参保率低于样本组家庭平均参保率 50%的为 1，否则为 0	1/10
发展能力	受教育年限	相对	家庭成年人平均受教育年限低于样本组家庭受教育年限平均值 50%的为 1，否则为 0	1/15
	借贷经历	绝对	家庭有借款或贷款被拒经历的为 1，否则为 0	1/15
	信息获取	绝对	家庭劳动力全部不使用电脑或移动设备上网的为 1，否则为 0	1/15
发展动力	幸福感	绝对	家庭成年人的平均幸福感得分小于等于 5 的为 1，否则为 0	1/10
	发展信心	绝对	家庭劳动力中至少有 1 人对自己未来发展信心小于 3 分的为 1（问卷中，对自己未来的信心用 1~5 分表示从很没有信心到很有信心）	1/10

（1）生活水平维度。该维度包含食品支出、耐用消费品价值、家居整洁

度 3 个指标，用以评价家庭生活质量和住房条件。食品支出是指家庭食品消费占总消费的比重，是反映家庭生活水平的重要指标（平卫英 等，2021）。本节将样本数据按照城乡分组，分别计算各组的食品支出比例均值，并将高于均值 1.5 倍的家庭认定为在该维度上存在相对贫困。耐用消费品价值既代表了家庭长期消费水平，还是家庭寻求社会地位的一种表征（任国英 等，2020）。本节同样按照城乡分组，分别计算各组的家庭人均耐用消费品价值，并将低于均值 50%的家庭认定为在该维度上相对贫困。在传统的多维贫困指标中会考察家庭的用水、用电、房屋结构、厕所情况等维度，然而这些对于“后扶贫时代”的多维相对贫困已经不再适用。一方面，中国在脱贫攻坚战期间实施的“两不愁三保障”扶贫标准中包含了饮水安全、住房保障，同时，中国大力开展了“厕所革命”，并制定了到 2020 年农村卫生厕所普及率达到 85%的目标。另一方面，在相对贫困治理阶段，中国城镇家庭的贫困问题将纳入治理范围，而由于城镇的基础设施建设要优于农村，因此，传统多维贫困评估中的用水、用电、厕所等问题较少。基于上述原因，本节在制定多维相对贫困指标时使用家居整洁度指标代替用水、用电、房屋结构、厕所等指标。

（2）发展基础维度。该维度主要考察家庭成员的个人健康和家庭医疗支出。个人健康采用家庭成员对自己健康的评价，若家庭中至少有 1 人对自己的健康情况评价为不健康，则家庭在该指标下为相对贫困。家庭医疗支出采用家庭医疗支出占家庭消费总支出的比例进行评价。根据城乡分组，如果家庭医疗支出占比高于家庭平均医疗支出占比的 1.5 倍，说明家庭医疗支出负担较重，家庭在医疗支出方面为相对贫困。

（3）发展保障维度。家庭的健康发展需要一定的保障措施，其中养老保险和医疗保险是两个非常重要的方面。在认定方面，主要考察家庭成员养老保险和医疗保险的参保率，如果家庭成员的参保率低于按城乡分组计算的家庭平均参保率的 50%，说明家庭因养老负担和医疗负担陷入贫困的风险远高于其他家庭，因此，这些家庭缺乏发展的保障，属于相对贫困家庭。

（4）发展能力维度。发展能力维度聚焦家庭成员的发展潜力。第一个指标是受教育年限，受教育年限对个人收入具有显著的正向影响，如果家庭成员普遍受教育程度不高，将会限制家庭成员的就业机会和劳动报酬。根据城乡分组，如果家庭平均受教育年限低于样本组家庭平均受教育年限均值的

50%，则家庭为相对贫困家庭。第二个指标是借贷经历，该指标表示当家庭急需大笔资金时能否从银行等金融机构或者亲属那里筹集到资金。近年来，中国政府大力发展普惠金融，提高低收入群体的金融可得性。普惠金融特别是数字普惠金融的发展能够有效提高工资性收入和农业经营收入，促进消费（张勋 等，2021）。如果家庭有借款被拒的经历，说明存在金融壁垒，一方面说明家庭缺乏还款能力，另一方面也使得家庭失去发展的机会，因此可表明该家庭存在相对贫困。第三个指标是信息获取，信息获取能力是数字经济时代的重要能力。能否使用互联网获取信息，发现发展机会，了解相关政策，直接影响家庭的发展。如果家庭成员无法使用互联网获取信息，说明家庭存在信息壁垒，缺乏发展的均等机会。

（5）发展动力维度。扶贫先扶志，激发贫困人口的内生动力是摆脱福利依赖、巩固拓展脱贫攻坚成果的关键。同时，不断增强人民的幸福感、获得感，是中国“十四五”时期发展的目标之一。因此，本节主要考察幸福感和发展信心 2 个指标。其中，幸福感以家庭成员自评为主，如果家庭成员的平均幸福感评分低于评分中间值 5 分，说明家庭在该指标下为相对贫困家庭。发展信心主要考察家庭成员对未来发展的信心程度，如果家庭成员对未来缺乏信心，说明家庭在该指标下为相对贫困家庭。

3.3　多维相对贫困测度与分解

基于本章构建的多维相对贫困指标体系，本节将使用中国家庭追踪调查（CFPS）2014 年、2016 年、2018 年、2020 年四轮的调查数据，对中国城乡多维相对贫困状况进行测算，并按照维度和地区进行多维相对贫困指数分解。

3.3.1　数据来源

本节测度使用的数据来自中国家庭追踪调查（CFPS）数据。在综合考虑各年度调查问卷的基础上，依据多维相对贫困指标体系，本节对各相对指标的临界值进行计算，结果如表 3.2 所示。

表 3.2 相对指标临界值

指标	衡量标准	2014 年		2016 年		2018 年		2020 年	
		城镇	农村	城镇	农村	城镇	农村	城镇	农村
食品支出（%）	相对	63.00	53.00	50.79	43.26	60.00	50.25	65.56	56.60
耐用消费品价值（元）	相对	1312.50	733.30	1666.67	750.00	2500.00	875.00	3193.00	1000.00
医疗支出（%）	相对	14.39	18.89	12.44	16.68	13.76	19.50	11.90	17.46
养老保险（%）	相对	35.25	34.48	35.96	34.13	36.24	34.98	30.71	27.02
医疗保险（%）	相对	43.87	45.63	44.62	46.34	44.76	45.88	37.58	35.90
受教育年限（年）	相对	4.34	3.09	4.50	3.23	4.64	3.15	4.47	3.19

在食品支出方面，城镇的临界值在50%~66%，并且要高于农村家庭的临界值。由于食品支出占比实际上表征的是恩格尔系数，根据联合国粮农组织提出的标准，恩格尔系数在0.50~0.59的为温饱水平，高于0.59则为贫困。因此，本节计算得出的食品支出临界值能够较好地识别出在食品支出方面的相对贫困家庭。

在耐用消费品价值方面，城镇和农村家庭的临界值都随时间的推移而提高，2016—2020年，城镇家庭的临界值为农村家庭的2倍以上。由此说明，城镇与农村家庭在耐用消费品价值方面差距明显。

在医疗支出方面，城镇和农村家庭的临界值比较接近，但是，农村家庭的医疗支出占比一直高于城镇家庭。由此说明，当前农村家庭的医疗负担相较城镇家庭要更重一些。

在养老保险方面，城镇和农村家庭的临界值非常接近，并且比较稳定地保持在35%左右。同时，城镇家庭养老保险的参保率要高于农村，说明城镇家庭的养老意识要更强。

在医疗保险方面，城镇和农村家庭的参保率在90%左右，说明城镇和农村家庭的医疗保障意识较强，而相对贫困的临界值则低于50%。从城镇和农村家庭养老保险和医疗保险的临界值来看，相对贫困家庭的参保率普遍较低，因此，存在很大的养老负担和因病致贫风险。

在受教育年限方面，城镇家庭平均受教育年限能够达到9年，即能够完成九年义务教育。农村家庭的平均受教育年限则刚刚超过6年，这与城镇家庭的差距非常明显。同时，从临界值来看，相对贫困家庭的平均受教育年限非常低，严重制约了其未来的发展。

3.3.2　单一维度相对贫困的测度

本节从单一维度对家庭的相对贫困情况进行测算（见表 3.3）。2014—2020 年，城镇家庭和农村家庭单一维度相对贫困发生率较高的指标包括发展信心、个人健康、信息获取和耐用消费品价值。发展信心指标的相对贫困发生率平均保持在 47%，即 47%的家庭中有成员对未来发展缺乏信心，并且城镇家庭和农村家庭在发展信心方面差别较小，说明 47%的家庭中有至少 1 人对未来发展缺乏信心。个人健康指标中，城镇和农村家庭的贫困发生率有上升趋势，并且农村家庭的贫困发生率远高于城镇家庭。与此对应，农村家庭医疗支出指标的贫困发生率也高于城镇家庭，医疗保险指标的贫困发生率低于城镇家庭。由此说明，农村家庭的健康问题比城镇家庭严重，导致农村家庭医疗支出负担较重，同时农村家庭的医疗保险参保意识也较强。信息获取指标的贫困发生率变化较大。2014 年，城镇和农村家庭信息获取指标的贫困发生率均较高，随后出现大幅下降，但是农村家庭在该指标的贫困发生率要远高于城镇家庭。由此说明，人们越来越重视通过互联网渠道获取信息，但是相比城镇，农村家庭在信息获取方面仍处于劣势。耐用消费品价值指标的贫困发生率则基本保持在 30%左右，并且城镇家庭的贫困发生率要高于农村，由此说明，虽然贫困家庭能够保障吃穿，但是在享受生活方面仍存在不足。

表 3.3　单一指标家庭相对贫困发生率　　单位:%

指标	2014 年		2016 年		2018 年		2020 年	
	城镇	农村	城镇	农村	城镇	农村	城镇	农村
食品支出	11.66	16.62	19.45	19.64	13.89	15.56	9.09	13.16
耐用消费品价值	30.46	27.46	35.64	34.62	39.58	34.15	36.64	37.04
家居整洁度	15.20	27.98	16.59	30.26	12.78	17.49	8.01	14.36
个人健康	27.82	39.10	31.14	42.12	35.01	45.10	30.97	38.57
医疗支出	16.91	19.19	21.89	21.39	20.48	20.83	16.54	17.19
养老保险	20.04	21.07	17.74	21.47	16.21	19.45	18.09	23.14
医疗保险	6.55	4.28	5.24	3.71	4.66	4.38	10.63	11.00

续表

指标	2014 年		2016 年		2018 年		2020 年	
	城镇	农村	城镇	农村	城镇	农村	城镇	农村
受教育年限	12.78	24.05	16.51	22.90	17.37	24.54	11.41	20.35
借贷经历	22.45	25.38	19.74	23.51	19.21	21.86	18.67	21.44
信息获取	42.65	63.18	31.03	43.28	27.11	40.33	12.52	22.65
幸福感	11.34	16.56	11.99	19.20	11.33	16.35	11.43	13.40
发展信心	46.96	48.82	52.53	62.35	42.87	43.17	41.81	41.71

在单一指标家庭相对贫困发生率中，食品支出、幸福感、医疗支出和医疗保险等指标均保持在较低的水平。这主要受益于脱贫攻坚战期间，中国政府大力普及新农合医疗保险、城镇居民医疗保险，并联合社会各界一起对低收入家庭开展帮扶，使他们吃穿有保障。在借贷经历指标方面，农村家庭的贫困发生率要高于城镇家庭，由此说明，普惠金融政策对农村家庭的惠及要落后于城镇家庭。家居整洁度指标主要考察了居民家庭住房安全，从测度情况来看，农村家庭在该指标下的贫困发生率下降较快，由此说明了脱贫攻坚战对农村居民家庭居住环境的改善非常明显，而城镇家庭家居整洁度的贫困发生率一直低于农村，并且下降幅度不大，这一方面说明城镇家庭的居住条件要高于农村，另一方面说明城镇家庭居住环境改善难度大于农村家庭。在养老保险方面，城镇家庭的贫困发生率要低于农村，并且下降明显，而农村家庭则基本保持不变。由此说明，城镇家庭的养老保障意识要高于农村家庭。特别值得注意的是受教育年限指标，本节设置的受教育年限临界值为家庭平均教育年限均值的50%，由此得到城镇家庭为 4 年、农村家庭为 3 年。但是在该临界值下，城镇家庭和农村家庭仍分别有 15%和 23%的贫困发生率，并且样本期内基本保持稳定。由此说明，有相当比例的家庭平均受教育年限非常低，这将会极大限制这些家庭未来的发展。

3.3.3 多维相对贫困的测度

在对各单一维度贫困发生率进行测度后，本节进一步考察城镇和农村居民在多个指标上的贫困情况，测度结果见表 3.4。

表 3.4　多指标相对贫困发生率

单位:%

g	2014 年		2016 年		2018 年		2020 年	
	城镇	农村	城镇	农村	城镇	农村	城镇	农村
0	10.79	4.74	8.47	4.63	11.77	6.22	14.05	8.82
1	20.18	12.93	17.76	12.89	19.67	15.70	22.80	17.13
2	21.08	19.83	22.35	20.25	20.96	20.60	23.95	22.41
3	18.02	19.43	19.34	19.28	18.49	20.39	17.99	20.81
4	13.53	16.62	14.15	16.63	13.61	16.02	10.90	14.69
5	8.55	12.15	9.54	11.75	8.27	10.83	6.05	9.25
6	4.80	7.78	5.13	7.76	4.11	6.18	2.83	4.28
7	2.00	4.08	2.36	4.34	2.04	2.95	1.04	2.02
8	0.69	1.82	0.73	2.10	0.92	0.88	0.36	0.53
9	0.34	0.50	0.13	0.29	0.15	0.17	0.02	0.04
10	0.02	0.09	0.04	0.05	0	0.06	0	0.02
11	0	0.03	0	0.02	0	0	0	0
12	0	0	0	0	0	0	0	0

注：g 代表家庭贫困指标。

表 3.4 中，$g=0$ 表示家庭在任何一个指标上均不存在贫困，$g=1$ 表示家庭仅存在 1 个指标上的相对贫困。从测算结果来看，首先，当 $g=0$ 时，即家庭不存在任何一个指标的贫困时，城镇家庭在 10%左右，而农村家庭仅为 6%，因此，农村家庭相比城镇家庭有较大差距。由于本节是基于当前已经全面建成小康社会的前提制定的多维相对贫困指标体系，相比于脱贫攻坚时期的样本数据，该指标体系标准相对较高，因此，测得的完全不存在贫困指标的家庭占比较小。其次，从占比 10%以上的指标来看，城镇家庭大多集中在 1~4 个指标上存在贫困，并且在 1~3 个指标上贫困发生率较高；农村家庭大多集中在 1~5 个指标上存在贫困，并且在 2~4 个指标上贫困发生率较高。因此，农村家庭相比城镇家庭在相对贫困指标个数上贫困发生率更高。最后，随着指标个数的增加，城镇和农村家庭的贫困发生率不断下降，城镇家庭不存在 11 个指标同时贫困的情况，农村家庭不存在 12 个指标同时贫困的情况。到 2018 年，城镇家庭下降为不存在 10 个及以上指标同时贫困的情况，农村

家庭下降为不存在 11 个及以上指标同时贫困的情况，并且城镇和农村家庭在各个指标上均不贫困的占比也有所增加，由此说明，中国政府在脱贫攻坚战期间实施的“两不愁三保障”策略对于消除家庭多维贫困具有一定的作用。

在对多指标下家庭贫困发生率进行测度后，本节对各家庭平均综合贫困程度 c_i 进行计算，进而计算出按照城乡分组的家庭平均综合贫困程度 $\bar{c}_i$。根据本节测算，2014—2020 年，家庭平均综合贫困程度较为稳定，其中城镇家庭为 0.22 左右，农村家庭为 0.25 左右（见表 3.5）。

表 3.5　家庭平均综合贫困程度及临界值设定

指标	2014 年		2016 年		2018 年		2020 年	
	城镇	农村	城镇	农村	城镇	农村	城镇	农村
平均综合贫困程度 $\bar{c}_i$	0.22	0.27	0.23	0.28	0.22	0.25	0.20	0.23
多维相对贫困临界值 u	0.33	0.41	0.35	0.42	0.33	0.38	0.30	0.35

由表 3.5 可知，根据各年度平均综合贫困程度 $\bar{c}_i$ 的 1.5 倍计算得出多维相对贫困临界值 u。根据计算，城镇家庭的多维相对贫困临界值在 0.33 左右，即城镇家庭综合贫困程度超过 0.33 即为相对贫困家庭。农村家庭的多维相对贫困临界值在 0.40 左右，即农村家庭综合贫困程度超过 0.40 即为相对贫困家庭。

按照表 3.5 中多维相对贫困临界值 u 测度多维相对贫困发生率 H_u、平均相对贫困剥夺份额 A_u 以及多维相对贫困指数 $M_{0,u}$，结果如表 3.6 所示。同时，本节还对临界值 u 上下浮动 20%，即按照 $0.8u$ 和 $1.2u$ 的标准计算了对应的多维相对贫困指标。测算结果表明：

第一，从时间维度上来看，使用 3 个临界值测算的贫困发生率、平均相对贫困剥夺份额以及多维相对贫困指数，虽然随着时间的推移略有波动，但是总体上相对稳定。

第二，从城乡家庭对比来看，虽然城镇家庭与农村家庭的多维相对贫困指数比较接近，但是两者呈现出不同的特点。城镇家庭的相对贫困发生率高于农村家庭。但是，农村家庭的平均相对贫困剥夺份额要高于城镇家庭。由此表明，同样是多维相对贫困家庭，农村家庭平均被剥夺的指标个数要高于城镇家庭。该特点与表 3.4 中的农村家庭同时存在贫困的指标数高于城镇家庭的现象相一致。因此，在未来相对贫困治理中，农村家庭的治理难度要高于城镇。由于城镇家庭平均剥夺份额低于农村家庭，但是相对贫困发生率高于农村家庭，因此在多维相对贫困指数方面，城乡家庭比较接近。

表 3.6　家庭多维相对贫困情况

阈值	指标	2014 年		2016 年		2018 年		2020 年	
		城镇	农村	城镇	农村	城镇	农村	城镇	农村
$0.8u$	贫困发生率 $H_{0.8u}$（%）	38.87	36.65	33.41	37.45	38.97	32.47	37.80	33.16
	平均剥夺份额 $A_{0.8u}$（%）	37.78	44.38	40.55	44.33	37.39	43.02	34.17	39.99
	贫困指数 $M_{0,0.8u}$	0.15	0.16	0.14	0.17	0.15	0.14	0.13	0.13
u	贫困发生率 H_u（%）	25.66	18.96	21.47	19.28	24.44	19.79	23.71	20.88
	平均剥夺份额 A_u（%）	42.83	51.94	45.47	51.92	43.03	48.38	39.46	44.95
	贫困指数 $M_{0,u}$	0.11	0.10	0.10	0.10	0.11	0.10	0.10	0.10
$1.2u$	贫困发生率 $H_{1.2u}$（%）	15.44	11.06	12.73	11.42	14.51	10.91	14.43	11.80
	平均剥夺份额 $A_{1.2u}$（%）	48.23	57.11	50.44	56.85	48.60	53.90	44.41	50.22
	贫困指数 $M_{0,1.2u}$	0.07	0.07	0.06	0.07	0.07	0.06	0.06	0.06

第三，从临界值的设置来看，各指标对于临界值的设置比较敏感。当多维相对贫困临界值从 $0.8u$ 提高到 u 时，历年城镇家庭的相对贫困发生率平均下降了 36%，农村家庭的相对贫困发生率平均下降了 43%。当贫困临界值从 u 提高到 $1.2u$ 时，历年城镇家庭的相对贫困发生率平均下降了 40%，农村家庭的相对贫困发生率平均下降了 43%。因此，多维相对贫困发生率的测度结果对于临界值的设定非常敏感，临界值设定得过低，会将大量相对不贫困的家庭纳入扶贫范围，从而增加了扶贫投入；而临界值设定得过高，则会遗漏大量相对贫困的家庭，从而使这些家庭得不到扶贫帮扶。从 3 个临界值的测算结果来看，本节设定的临界值 u 测算的贫困发生率规模相对适中，能够较为合理地识别相对贫困家庭。

3.3.4　多维相对贫困的分解

在测算得到多维相对贫困各项指标后，本节对多维相对贫困指数进行分解，可以得到多维相对贫困指标体系中各指标对多维相对贫困指数的贡献度，结果如表 3.7 所示。由测度结果可知：

表 3.7　各指标对多维相对贫困指数的贡献度

单位:%

指标	2014 年		2016 年		2018 年		2020 年	
	城镇	农村	城镇	农村	城镇	农村	城镇	农村
食品支出	2.99	3.24	3.90	4.03	3.54	3.28	3.17	3.46
耐用消费品价值	9.39	7.55	10.36	8.50	11.32	9.33	10.96	9.75
家居整洁度	5.02	7.47	5.34	7.82	4.09	4.86	3.17	3.99
个人健康	14.53	14.75	15.17	15.35	16.54	16.22	15.58	16.06
医疗支出	9.50	9.28	11.01	9.75	11.07	10.10	10.16	9.72
养老保险	8.60	7.18	7.78	7.02	8.34	7.62	10.31	9.72
医疗保险	3.58	2.26	3.06	2.08	2.91	2.72	6.68	6.89
受教育年限	5.01	6.93	5.84	6.97	5.95	7.57	4.89	6.34
借贷经历	5.36	4.91	4.23	4.44	4.76	4.49	5.16	4.33
信息获取	11.23	11.22	8.71	9.29	7.70	9.32	4.77	5.97
幸福感	6.97	9.74	7.12	8.95	7.51	9.50	7.81	8.65
发展信心	17.82	15.47	17.48	15.80	16.27	14.99	17.34	15.12

第一，从城镇家庭来看，2014 年家庭多维相对贫困贡献度高的 3 个指标分别是发展信心、个人健康、信息获取，这 3 个指标的贡献度均超过 10%。另外，医疗支出和耐用消费品价值的贡献度也接近 10%。贡献度低的 3 个指标分别是食品支出、医疗保险、受教育年限。2016 年家庭多维相对贫困贡献度超过 10%的指标变为发展信心、个人健康、医疗支出、耐用消费品价值，贡献度低的指标为医疗保险、食品支出、借贷经历。2018 年家庭多维相对贫困贡献度超过 10%的指标仍为个人健康、发展信心、耐用消费品价值、医疗支出 4 个指标，但是个人健康和耐用消费品价值的排名上升了，贡献度低的 3 个指标变为医疗保险、食品支出、家居整洁度。2020 年的情况与 2018 年相似。但是医疗保险指标的贡献度上升较快，而信息获取指标的贡献度有明显下降。

第二，从农村家庭来看，与城镇家庭比较类似，发展信心和个人健康指标始终占据贫困贡献度的前两位，两项合计贡献度超过 30%。食品支出、医疗保险、借贷经历 3 项指标的贡献度一直较低，3 项指标合计贡献度接近 10%。与城镇家庭不同的是，农村家庭除贡献度较高和较低的指标外，其他指标的贡献度比较接近。由此说明，影响农村相对贫困家庭的指标更多。另外，农村家庭的幸福感、信息获取指标的贡献度要高于城镇家庭，而耐用消费品价值指标的贡献度要低于城镇家庭。

随着中国脱贫攻坚战取得全面胜利，无论是城镇还是农村多维贫困家庭，生活水平和发展保障两大维度已经不再是多维相对贫困的主要维度。由此说明，中国脱贫攻坚过程中实际参考的"两不愁三保障"取得了显著的效果。但是，发展基础薄弱和发展动力不足已成为当前阻碍城镇和农村家庭摆脱相对贫困的两大障碍。多维相对贫困家庭存在发展信心不足、家庭中有不健康的成员、家庭医疗支出负担过重等现象。家庭中有不健康的家庭成员需要专人照料，这使得其他家庭成员要么雇佣他人要么放弃工作，从而加重家庭负担。医疗支出占比过高会挤占家庭其他方面的消费，从而影响家庭成员的幸福感。另外，受教育年限过低，信息获取渠道较少，制约了贫困家庭的发展能力，进而使得家庭成员对未来的发展信心不足。

当前，中国地区之间的发展不平衡是社会主要矛盾的表现之一。为了明晰地区间多维相对贫困的差异，检验是否存在低估经济较发达地区多维相对贫困情况而高估经济欠发达地区的多维相对贫困情况，本节将多维相对贫困指数按照三大经济地带进行了分解，分解结果见表 3. 8。

表 3. 8　三大经济地带多维相对贫困测度

地区	指标	2014 年		2016 年		2018 年		2020 年	
		城镇	农村	城镇	农村	城镇	农村	城镇	农村
东部地区	贫困发生率 H_u（%）	22. 90	18. 63	19. 99	18. 68	22. 98	20. 68	23. 56	22. 36
	平均剥夺份额 A_u（%）	42. 58	52. 79	45. 63	52. 64	43. 16	49. 22	39. 66	45. 70
	贫困指数 $M_{0,u}$	0. 0975	0. 0983	0. 0912	0. 0983	0. 0991	0. 1018	0. 0935	0. 1022
中部地区	贫困发生率 H_u（%）	28. 27	17. 56	21. 80	16. 49	26. 81	18. 43	22. 55	21. 22
	平均剥夺份额 A_u（%）	43. 16	51. 60	45. 56	51. 01	43. 17	48. 27	39. 43	44. 86
	贫困指数 $M_{0,u}$	0. 1220	0. 0906	0. 0993	0. 0841	0. 1157	0. 0889	0. 0889	0. 0952
西部地区	贫困发生率 H_u（%）	29. 65	20. 65	24. 97	22. 44	24. 62	19. 97	25. 73	18. 90
	平均剥夺份额 A_u（%）	42. 89	51. 24	45. 01	51. 85	42. 44	47. 49	38. 95	44. 03
	贫困指数 $M_{0,u}$	0. 1272	0. 1058	0. 1124	0. 1164	0. 1045	0. 0948	0. 1002	0. 0832

由分解结果可知：

首先，从城乡对比来看，各地区的城乡多维相对贫困特征基本与全国城乡的测度结果一致，即城镇多维相对贫困发生率要高于农村，而城镇的平均剥夺份额要低于农村。稍有差别的是，东部地区的城乡多维相对贫困指数比较接近，而中部和西部地区城镇多维相对贫困指数要显著高于农村。

其次，从地区对比来看，东部地区城镇多维相对贫困发生率最低，并且低于全国平均水平。中部地区次之，西部地区最高，并且两个地区的城镇多维相对贫困发生率均高于全国平均水平。而农村家庭多维相对贫困发生率则变化为中部地区最低，并且低于全国平均水平。东部地区次之，西部地区最高，并且两个地区的农村家庭贫困发生率均高于全国平均水平。而在平均剥夺份额方面，地区间差异很小，并且与全国平均水平比较接近。

最后，从时间对比来看，无论是城镇还是农村家庭，三个地区的贫困发生率呈上下波动、整体稳定的发展态势。2018—2020 年，西部地区农村贫困发生率明显下降。由此说明，在西部大开发、西部连片贫困地区精准扶贫等多重政策帮扶下，西部地区贫困状况有了明显好转。

总体来看，东部地区的多维相对贫困情况略好于中部和西部地区，但是三大地区的差别并不是非常大。因此，多维相对贫困指标体系能够较好地测度各地区的多维相对贫困状况。同时，根据本节的测度结果，当前中国城乡之间的多维相对贫困差异显著大于地区之间的多维相对贫困差异。

3.4 收入相对贫困与多维相对贫困的比较

收入相对贫困与多维相对贫困是当前两种主流相对贫困测度方法，为了深入比较两种测度方法在测度结果上的异同，本节将从静态和动态两个视角对两种方法的测度结果①进行比较。

3.4.1 两种相对贫困测度结果的静态比较

本节从静态的视角，聚焦同年度收入相对贫困和多维相对贫困两种测度方法的测度结果，从全国、城乡、地区三个角度对两种测度结果的覆盖重合

① 在对两种测度结果进行匹配过程中，本节删除了部分匹配过程中出现的缺失值，并且仅按照家庭贫困情况进行测度。因此，测度的收入相对贫困和多维相对贫困发生率与前文的测度结果存在部分差异。

率与分离情况进行比较，其中，收入相对贫困采用本书第 2 章中使用的高斯混合模型期望最大化聚类算法进行测度，比较结果如表 3.9 所示。

表 3.9　两种测度结果的静态比较

单位:%

年份	测度对象	收入相对贫困	多维相对贫困	收入和多维相对贫困并存	仅收入相对贫困	仅多维相对贫困	重合率
2014	全国	17.58	22.05	7.90	9.68	14.17	24.91
	城镇	18.80	25.31	9.63	9.17	15.68	27.93
	农村	16.43	18.93	6.25	10.17	12.68	21.48
	东部	13.77	20.69	5.97	7.80	14.73	20.94
	中部	17.89	22.97	8.83	9.07	14.14	27.55
	西部	24.40	23.48	10.42	13.98	13.05	27.83
2016	全国	19.15	20.24	7.68	11.46	12.56	24.23
	城镇	22.41	21.45	8.89	13.53	12.57	25.40
	农村	16.31	19.19	6.64	9.67	12.55	23.00
	东部	15.22	19.37	6.19	9.03	13.18	21.80
	中部	20.08	18.92	7.66	12.43	11.26	24.43
	西部	24.62	23.22	10.20	14.42	13.01	27.11
2018	全国	27.02	21.96	10.94	16.09	11.03	28.74
	城镇	35.25	24.40	14.50	20.75	9.91	32.11
	农村	19.80	19.82	7.81	11.99	12.01	24.55
	东部	23.21	21.93	10.62	12.60	11.32	30.75
	中部	29.67	22.45	11.87	17.80	10.58	29.48
	西部	30.38	21.48	10.43	19.95	11.05	25.19
2020	全国	16.29	22.40	7.25	9.04	15.15	23.06
	城镇	17.60	23.71	8.39	9.20	15.31	26.10
	农村	14.78	20.88	5.92	8.86	14.96	19.91
	东部	13.41	23.10	6.56	6.85	16.54	21.90
	中部	17.05	21.93	7.52	9.52	14.41	23.92
	西部	20.46	21.70	8.15	12.32	13.55	23.95

注：重合率计算方法为收入和多维相对贫困并存家庭数/收入相对贫困家庭与多维相对贫困家庭并集数。

首先，从全国来看，2014—2018 年收入相对贫困的家庭占比逐渐上升，并在 2018 年超过了多维相对贫困家庭占比。但是，2020 年收入相对贫困的家庭占比开始下降，并低于多维相对贫困发生率。而多维相对贫困家庭占比较为稳定，保持在20%左右。收入相对贫困和多维相对贫困并存的家庭占比在7%~11%，这些家庭占全部收入相对贫困家庭的40%~45%，占全部多维相对贫困家庭的35%~50%。因此，多维相对贫困家庭更容易陷入收入相对贫困。主要原因在于，2014—2020年中国人均收入增长越来越快，收入相对贫困标准也有较大幅度提升，多维相对贫困家庭人均收入增长缓慢，从而使得更多家庭同时陷入收入相对贫困，由此导致收入和多维相对贫困并存的家庭重合率从2014年的24.91%上升到2018年的28.74%。

其次，从城镇和农村家庭来看，无论是收入相对贫困还是多维相对贫困，城镇家庭的占比均大于农村。因此，未来在相对贫困治理中，城镇家庭相对贫困的监测与帮扶需要引起重视。2014—2020年，在城镇家庭中，同时陷入两种相对贫困的家庭占比分别为9.63%、8.89%、14.50%和8.39%，这一比例也高于农村家庭的6.25%、6.64%、7.81%和5.92%。在城镇和农村家庭中，双重相对贫困家庭占全部收入相对贫困家庭的比例较为稳定，在40%左右。但是，2014—2018年，城镇和农村家庭中，双重相对贫困家庭占多维相对贫困家庭的比例逐年上升，分别从38%和33%上升到59%和38%。这也印证了多维相对贫困家庭更容易陷入收入相对贫困。因此，从两种贫困的重合率来看，城镇家庭的重合率从2014年的27.93%上升到2018年的32.11%，2020年又下降到26.10%，农村家庭的重合率从2014年的21.48%上升到2018年的24.55%，2020年又下降到19.91%。

最后，从区域来看，东部地区家庭收入相对贫困占比最低，中部地区次之，西部地区家庭的占比最高，并且收入相对贫困发生率有上升趋势。西部地区家庭收入相对贫困发生率从2014年的24.40%上升到2018年的30.38%，2020年下降到20.46%。2014—2020年，东部地区和中部地区家庭同时陷入两种相对贫困的占比呈先升后降的趋势。东部地区从2014年的5.97%上升到2018年的10.62%，随后又下降到6.56%。中部地区从2014年的8.83%上升到2018年的11.87%，随后又下降到7.52%。而西部地区两种相对贫困并存的家庭占比2014—2018年基本稳定在10%，但2020年下降到8.15%。在双重相对贫困占收入相对贫困的比例方面，东部地区逐渐超过了中部和西部地区，最终达到45%左右。而中部和西部地区的比例逐渐下降。但是，在双重相对贫困占多维相对贫困的比例方面，三个地区均有所上升，其中，东部地区上升最快。这说明，虽然东部地区是中国经济发展速度最快的地区，但是对于多维相对贫困家庭来说，其收入增长速度并没有与地区发展速度保持同步。因此，东部地区双重相对贫困的重合率也从 2014 年的 20.94%上升到 2018 年的 30.75%，而中西部地区的重合率基本保持在 23%~30%。

3.4.2　两种相对贫困测度结果的动态比较

为了进一步分析收入相对贫困与多维相对贫困之间的关系，本节按照 2014—2016 年、2016—2018 年和 2018—2020 年 3 个时期，将贫困状态分为两期均非贫困、摆脱贫困、陷入贫困、两期均贫困 4 种状态，分析在收入相对贫困跨期变动时多维相对贫困的变化情况，分析结果如表 3.10 所示。

表 3.10　收入相对贫困和多维相对贫困的动态比较　　单位:%

时期	收入相对贫困跨期变化	人口份额	多维相对贫困跨期变化			
			两期均非贫困	摆脱贫困	陷入贫困	两期均贫困
2014—2016 年	两期均非贫困	71.39	77.59	8.47	7.34	6.61
	摆脱贫困	9.44	54.15	18.16	10.74	16.94
	陷入贫困	10.37	55.34	11.39	16.73	16.54
	两期均贫困	8.80	33.25	17.93	12.35	36.47
2016—2018 年	两期均非贫困	66.25	78.39	7.69	9.05	4.87
	摆脱贫困	6.89	53.21	19.08	14.13	13.58
	陷入贫困	14.38	53.91	11.52	19.09	15.48
	两期均贫困	12.48	36.88	16.72	18.03	28.37
2018—2020 年	两期均非贫困	66.92	76.29	6.75	11.27	5.69
	摆脱贫困	13.87	54.12	15.03	13.67	17.18
	陷入贫困	7.16	50.77	9.85	23.63	15.75
	两期均贫困	12.05	34.77	15.36	19.66	30.21

2014—2016 年，71.39%的家庭为非收入相对贫困，其中有 77.59%的家庭同时为非多维相对贫困，8.47%的家庭摆脱了多维相对贫困，7.34%的家庭陷入多维相对贫困，6.61%的家庭一直为多维相对贫困。摆脱收入相对贫困的家庭比例为 9.44%，其中同时摆脱多维相对贫困的家庭占 18.16%，而陷入多维相对贫困的家庭占 10.74%，没有摆脱多维相对贫困

的家庭占 16. 94%。陷入收入相对贫困的家庭占 10. 37%，其中同时陷入多维相对贫困的家庭占 16. 73%，摆脱多维相对贫困的家庭占 11. 39%。一直为收入相对贫困的家庭占 8. 80%，其中一直为多维贫困的家庭占 36. 47%，陷入多维相对贫困的家庭占 12. 35%，摆脱多维相对贫困的家庭占 17. 93%。

2016—2018 年，66. 25%的家庭为两期非收入相对贫困家庭，比上一时期略有下降，其中有 78. 39%的家庭同时为两期非多维相对贫困家庭，7. 69%的家庭摆脱了多维相对贫困，但是有 9. 05% 的家庭陷入了多维相对贫困。6. 89%的家庭摆脱收入相对贫困，其中有 19. 08% 的家庭摆脱了多维相对贫困，但是有 14. 13%的家庭陷入了多维相对贫困。14. 38%的家庭陷入收入相对贫困，其中有 19. 09%的家庭同时陷入了多维相对贫困，有 11. 52% 的家庭摆脱了多维相对贫困。两期均为收入相对贫困的家庭大约占 12. 48%，其中有 28. 37%的家庭同时存在两期均为多维相对贫困家庭，有 16. 72% 的家庭摆脱了多维相对贫困，18. 03%的家庭陷入了多维相对贫困。

2018—2020 年，66. 92%的家庭为两期非收入相对贫困家庭，比上一时期略有上升，其中有 76. 29%的家庭同时为两期非多维相对贫困家庭，6. 75%的家庭摆脱了多维相对贫困，但是有 11. 27%的家庭陷入了多维相对贫困。摆脱收入相对贫困的家庭占 13. 87%，其中有 15. 03%的家庭同时摆脱了多维相对贫困，但是有 13. 67%的家庭陷入了多维相对贫困。陷入收入相对贫困的家庭占 7. 16%，其中有 23. 63%的家庭同时陷入多维相对贫困，9. 85%的家庭摆脱了多维相对贫困。有 12. 05% 的家庭一直处于收入相对贫困状况，其中有 30. 21%的家庭一直处于多维相对贫困状况，有 19. 66% 的家庭在这一时期陷入多维相对贫困状况，两项合计有 49. 87% 的家庭在期末处于多维相对贫困状况。

综合来看，两期非收入相对贫困和摆脱收入相对贫困的家庭中，摆脱多维相对贫困的家庭比例要比陷入多维相对贫困的家庭高，而两期均为收入相对贫困和陷入收入相对贫困的家庭中，重新陷入多维相对贫困的家庭比例要比摆脱多维相对贫困的家庭高。为了能够更清晰地分析两种相对贫困之间共同变动的关系，本节进一步聚焦贫困状态有变化的家庭，分析两种相对贫困的入贫和脱贫之间的关系，具体分析结果见表 3. 11。

表 3. 11　收入相对贫困和多维相对贫困跨期变动关联分析

时期	收入相对贫困跨期变动	多维相对贫困跨期变动		皮尔逊卡方	相关系数
		陷入贫困	摆脱贫困		
2014—2016 年	陷入贫困	166	113	26. 92***	Cramér's V = 0. 2233 gamma = 0. 4259
	摆脱贫困	97	164		
2016—2018 年	陷入贫困	217	131	18. 94***	Cramér's V = 0. 1892 gamma = 0. 3822
	摆脱贫困	77	104		
2018—2020 年	陷入贫困	108	45	20. 43***	Cramér's V = 0. 2241 gamma = 0. 4502
	摆脱贫困	121	133		

注：***表示在 1%置信水平上显著。

表 3. 11 反映了 2014—2016 年、2016—2018 年、2018—2020 年 3 个时期内，家庭在收入相对贫困和多维相对贫困两个方面存在状态变动的家庭之间的关联。由表 3. 11 可知，3 个时期的皮尔逊卡方分别为 26. 92、18. 94 和 20. 43，且在 1%置信水平上显著，由此排除了两种相对贫困状态变动的独立性假设。进一步计算 Cramér's V 相关系数和 gamma 相关系数发现两种相对贫困的状态变动存在一定的相关性，即陷入收入相对贫困更有可能引发陷入多维相对贫困，摆脱收入相对贫困更有可能同时摆脱多维相对贫困。

3. 5　本章小结

当前，随着中国脱贫攻坚战的全面胜利，中国的贫困治理也从以满足人们基本需要为主的绝对贫困阶段转向了以满足人们全面发展为主的相对贫困阶段。促进人们的全面发展涉及多个维度，一方面要保障人们的生活质量，消除“贫”的方面，另一方面要夯实发展基础、提升发展能力、激发发展动力，消除“困”的方面。本章从多维相对贫困的视角出发，综合考虑人们发展的“贫”和“困”两个方面因素，构建了包含生活水平、发展基础、发展保障、发展能力、发展动力五大维度 12 个指标的多维相对贫困指标体系。相对贫困具有相对性、长期性、动态性的特点，本章在参照 A-F 多维贫困测度方法的基础上，将指标临界值和维度临界值设置为相对标准。随后，本章从单一维度、多维度、多维指标分解以及收入相对贫困与多维相对贫困等方面进行了测度与分析。测度结果主要包括：

（1）采用相对方法设定各指标的临界值后发现，无论是城镇家庭还是农村家庭，都存在多维相对贫困家庭的食品支出占比过高，家庭人均耐用消费品价值不高，养老保险和医疗保险参保率过低，家庭医疗支出负担较重以及家庭平均受教育年限较低等问题。这些问题的存在严重限制了家庭的全面发展。

（2）在单一维度的测度中发现，家庭发展信心、个人健康、信息获取和耐用消费品价值 4 个指标的贫困发生率较高，特别是发展信心指标的贫困发生率高达 47%，需要重点关注。而食品支出、幸福感、医疗支出和医疗保险等指标的贫困发生率均保持在较低水平。这一方面说明，随着中国脱贫攻坚战的全面胜利，居民家庭在“贫”的方面得到极大保障；另一方面也说明，当前对于多维相对贫困家庭应重点关注阻碍其全面发展的“困”的方面。

（3）在测度家庭多维相对贫困时发现，测度结果对维度临界值的设定非常敏感，即随着多维相对贫困维度临界值的提升，贫困发生率快速下降，平均剥夺份额则不断上升。综合比较后，本章认为，将多维相对贫困维度临界值设置为家庭平均综合贫困程度的 1.5 倍较为合适。在对比城镇和农村家庭多维相对贫困测度结果时发现，城镇多维相对贫困发生率总体上高于农村家庭，但是农村家庭的平均剥夺份额高于城镇。因此，同样是多维相对贫困家庭，农村家庭被剥夺的维度更多，帮扶难度也更大。

（4）通过对多维相对贫困指数按维度分解发现，城镇和农村贫困家庭中贡献度较高的指标为个人健康、发展信心、耐用消费品价值、医疗支出。同时，农村家庭的信息获取指标贡献度高于城镇家庭。在按照地区分解时发现，东部地区的多维相对贫困发生率最低，中部和西部地区的贫困发生率较高。同时，各地区均呈现城镇家庭贫困发生率高于农村家庭的现象。

（5）从静态和动态两个方面对收入相对贫困和多维相对贫困的测度结果进行比较后发现，收入相对贫困和多维相对贫困两种测度结果有较大差异，两者的重合率最高为 30%。但是，该重合率随着时间的推移有上升趋势。相对来说，多维相对贫困家庭更容易陷入收入相对贫困。进一步分析发现，两种相对贫困家庭的贫困状态的转换具有一定的关联性，即摆脱收入相对贫困的家庭更容易摆脱多维相对贫困，而陷入收入相对贫困的家庭同时陷入多维相对贫困的风险也较大。

基于上述研究结论，本章得到如下政策启示：

（1）从发展的视角重新设置多维相对贫困指标体系，并注重城乡间的差异。传统的多维贫困指标体系更多的是关注于保障人们的生活质量，而根据本章测度居民生活水平维度对多维相对贫困的贡献已经较低。在多维相对贫困指标体系中，应将当前阻碍家庭全面发展的因素纳入指标体系。同时，当前家庭的城乡差异仍然较大，在设置多维相对贫困标准时，应灵活地采取分城乡的多维相对贫困标准，避免采用“一刀切”的方式。

（2）教育扶贫仍然是未来相对贫困治理的重要手段。当前多维相对贫困家庭存在的主要问题在于发展信心不足、发展能力欠缺。这就需要对贫困家庭采取以下措施：一是开展职业教育，增加其谋生的手段，提升其就业的能力；二是通过开展政策宣讲等帮扶措施，激发其发展信心；三是提升其信息获取能力，强化互联网应用能力，使其在数字经济时代及时发现发展的机会。

（3）加大各项保障措施的普及力度，从而夯实家庭发展基础。在多维贫困家庭中，个人健康和医疗支出指标的贡献度较高，使得家庭因病致贫的风险较大。这就需要进一步加大医疗保险和养老保险的普及力度，有效缓解家庭的医疗和养老负担。

（4）采取收入相对贫困和多维相对贫困并存的相对贫困标准。在相对贫困治理阶段，贫困认定标准建议同时采用收入相对贫困和多维相对贫困两套标准。从历史上看，在绝对贫困治理阶段，虽然中国采取的贫困检测标准是收入贫困的标准，但是在帮扶和贫困退出认定时是采用“两不愁三保障”的多维贫困标准，从而使得中国家庭的脱贫质量较高，这是中国式扶贫的宝贵经验。从测度结果上来看，两种贫困的测度结果存在较大差异，但是两者之间又存在一定的相关性，因此，采用两套标准能够有效提高相对贫困家庭的覆盖度。

第 4 章 Chapter Four
经济增长、收入分配与相对贫困

在相对贫困治理的过程中，应该先明晰相对贫困的变动机制与影响因素。从宏观上来看，无论是学界的相关研究还是中国长期反贫困的实践，均证明了经济增长和收入分配是影响贫困的两大重要因素。然而，在相对贫困治理阶段，贫困线的设定逻辑与绝对贫困治理时期截然不同。因此，贫困线的设定对相对贫困变化的影响需要进一步分析。本章从宏观的角度出发，在对2011—2021 年中国农村和城镇相对贫困指数进行测度的基础上，从经济增长效应、收入分配效应、贫困识别效应三个方面对相对贫困指数变动进行分解，以分析三种效应对相对贫困指数变动的影响。

4.1 引言

2020 年，中国消除了绝对贫困，全面建成了小康社会，顺利实现了第一个百年奋斗目标，并全面开启了向第二个百年奋斗目标迈进的新征程。绝对贫困治理的全面胜利并不意味着贫困治理工作的结束，而是标志着贫困治理进入相对贫困治理阶段。党的十九届四中全会指出，未来中国一方面要巩固脱贫攻坚成果，另一方面要着手考虑建立解决相对贫困的长效机制。解决相对贫困的目标是实现全体人民的共同富裕。党的二十大报告指出，中国式现代化是全体人民共同富裕的现代化。这体现了中国特色社会主义的本质特征。实现共同富裕是一项长期工作，需要一部分人先富起来，然后先富帮助后富。其中的“后富”就是相对贫困人群。因此，解决相对贫困问题成为实现共同富裕的应有之义。

相对贫困的治理是一项复杂的工作，需要先明确影响相对贫困变化的因素。然而影响相对贫困变化的因素众多，既包含宏观因素，又包含微观因素。从宏观角度来看，主要包括经济增长因素、收入分配因素和贫困识别因素。经济增长对减缓贫困具有积极作用，从世界范围来看，发展中国家依靠经济增长的后发优势和增长优势极大地缓解了本国的贫困状况（Ravallion，2012）。经济的发展可以通过增加就业和提高劳动者收入来有效减缓贫困（冯亮 等，2019）。改革开放 40 多年来，中国消除绝对贫困的实践经验也证明了经济增长对消除绝对贫困的巨大作用（汪三贵，2008；王小林和冯贺霞，2020；汪三贵和孙俊娜，2021）。然而，经济增长的减贫效应是建立在经济增长模式的亲贫性基础之上的。经济增长模式的亲贫性，也称为经济增长的贫困人口受益性，是指经济在发展过程中能够使贫困人口获得更多好处。如果在经济增长过程中，由于收入差距的不断扩大导致贫困人口的收入不断衰退，甚至有可能出现经济增长与贫困发生率双升的现象（罗楚亮，2010）。因此，虽然经济增长能够有效减缓贫困，但是，伴随这一过程的收入不平等程度的变化同样具有重要作用（Kakwani and Pernia，2000）。如果收入不平等程度上升，会使得经济增长的好处更多地被非贫困人口获得，从而导致贫困发生率的上升。大量相关研究也证实了经济增长对贫困发生率的下降具有正向作用，而收入分配的恶化对贫困发生率的下降具有阻碍作用（Yao et al.，2004）。

影响贫困变动的另外一个因素是贫困识别因素。贫困识别因素主要是指由于贫困线设定的变化而对贫困发生率产生的影响。在绝对贫困的治理过程中，贫困线是基于人们的基本需要而设定的，一旦设定，其往往在一段时间内不变。例如，世界银行在 2008 年设定全球贫困线为每人每天 1.25 美元，直到 2015 年，世界银行才根据 2011 年购买力平价指数将全球贫困线上调到每人每天 1.9 美元。因此，在绝对贫困治理过程中，学者对于贫困识别因素的作用研究较少。而相对贫困治理阶段，相对贫困线制定的出发点不再是满足人们的基本需要，而是从人们发展的需要出发，使人们过上体面的生活（Ravallion and Chen，2019）。在这一阶段，相对贫困线的锚定对象变为社会中处于收入分布中段的人群，从而产生了按照全部人群收入平均数（或中位数）的一定比例设定相对贫困线的标准。本书第 2 章采用高斯混合模型期望最大化聚类算法测算的相对贫困线，也反映出相对贫困线与收入平均数的关系非常紧密。随着人们收入平均数（或中位数）的不断变化，相对贫困线也跟随变化，这时就不得不考虑贫困识别因素对贫困变化的影响。并且，基于相对贫困线的设置原则，其有可能抵消经济增长的减贫效应，并成为相对贫困发生率上升的重要因素（樊增增和邹薇，2021）。

在研究贫困变化中经济增长、收入分配和贫困识别所发挥的作用过程中，指标分解技术被广泛应用。例如，有学者使用能够在人口的子群体中分解的家庭指数对贫困水平进行测度（Foster et al.，1984；Grootaert，1995；Thorbecke et al.，1996）。该指数可以按照地理区域、家庭组成、劳动力市场特征或教育水平定义子群体并进行分解。还有学者使用动态分解方法用于检验随着时间的推移，经济增长如何有助于减少贫困，并评估收入不平等的变化在多大程度上加强或削弱了增长的影响（Ravallion et al.，1991；Datt et al.，1992）。尽管分解技术被广泛地应用，但是在分解过程中存在一些问题。首先，在分解过程中，有些特定因素不能直观地、有意义地解释。其次，分解结果往往需要加入残差项或交互项才能使分解前后的值相等。最后，随着影响因素的增多，特别是有些因素混合在一起时，很难清晰地分解出各因素的贡献。因此，本章在对相对贫困指数变动进行分解时，使用基于 Shapley 值的分解方法对相对贫困指数变动中的影响因素进行分析。Shapley 值分解法源于博弈论中解决共同参与者的利益分配问题，使用该方法对相对贫困指数变动的影响因素进行分解能够有效解决上述问题并获得较为精确的值（阮敬和詹婧，2010；Shorrocks，2013）。

本章将根据国家统计局公布的城镇和农村家庭收入分组数据，基于分组数据还原技术，在利用广义二次曲线模型估计各年度居民收入洛伦兹曲线的基础上，使用 FGT 指数测算各年度相对贫困发生率、相对贫困距指数和相对贫困平方距指数。随后，本章将利用 Shapley 值分解技术，对三类相对贫困指数变动中的经济增长效应、收入分配效应和贫困识别效应进行测算，并在此基础上进一步测算经济弹性、贫困受益指数、收入分配弹性以及贫困识别弹性以分析经济增长效应、收入分配效应和贫困识别效应对相对贫困指数变动的作用机制。

本章的边际贡献主要有以下两点：

（1）基于洛伦兹曲线的估计对三类相对贫困指数进行测算，并使用 Shapley 值分解法对三种效应的贡献进行精确分解。

（2）通过测算经济弹性、贫困受益指数、收入分配弹性以及贫困识别弹性对三种效应的作用机制进行了探讨。

本章后续部分安排如下：阐述本章所使用的洛伦兹曲线估计方法和相对贫困指数分解方法，分析本章所使用的数据以及对中国农村和城镇相对贫困指数的分解结果，在前文分析的基础上进一步分析经济增长效应、收入分配效应和贫困识别效应的作用机制，本章小结。

4.2　相对贫困指数的估计与动态分解

本节将在探讨洛伦兹曲线的基础上运用 FGT 指数构建相对贫困指数，并使用洛伦兹曲线估计相对贫困指数。然后，本节运用 Shapley 值分解法探讨相对贫困指数的动态分解。洛伦兹曲线通常用来研究一个国家或地区的财富分配问题，使用洛伦兹曲线来估计贫困指数的优势在于可以使用多个贫困标准估计多个贫困指标（Datt，1998），并且可以有效地将经济增长、收入分配与贫困标准统一在一个框架内进行分析。Shapley 值分解法是由诺贝尔经济学奖获得者沙普利提出的一种解决合作博弈问题的数学方法。该方法满足一系列公理化性质，在计算联盟中合作者的利益分配方案时具有一定的优越性和合理性（戴建华和薛恒新，2004）。因此，使用 Shapley 值分解法能够有效地计算出贫困变化过程中各影响因素的边际贡献。

4.2.1　洛伦兹曲线与相对贫困指数估计

洛伦兹曲线是一条按照收入从低到高排序，将收入的累计百分比与其对应的人口累计百分比连接而成的曲线。洛伦兹曲线能够表征国民收入的分配情况。计算收入不平等程度的基尼系数正是在洛伦兹曲线的基础上得到的。获得洛伦兹曲线后，可以非常方便地计算各种贫困标准下的贫困状况。洛伦兹曲线的估计常用的方法包括几何法、间接拟合法和曲线拟合法。本节综合参考了林伯强（2003）、胡联等（2021）、斯丽娟和郭海霞（2022）等的研究方法，采用广义二次曲线的方法对洛伦兹曲线进行估计。

设广义二次曲线模型为：

$$ax^2+bxy+dy^2+cx+ey+f=0 \tag{4-1}$$

式（4-1）中，当 $f=0$ 并且 $a+b+c+d+e=0$ 时，该模型满足洛伦兹曲线的必要条件（林伯强，2003）。假设已知整个人口的收入分布情况，设 L 为收入累计占比，P 为人口累计占比，$L(P)$ 表示占人口比例为 P 的人口所占的社会财富比例为 L。在式（4-1）中，用 P 替换 x，用 L 替换 y，再规范化令 $d=1$ 得到：

$$L^2+bPL+eL+aP^2+cP=0 \tag{4-2}$$

进一步合并相同项得到：

$$L(1-L)=a(P^2-L)+bL(P-1)+c(P-L) \tag{4-3}$$

利用调查数据和统计估计数据可以得到 L 和 P 的具体数值，由此可以利用线性回归的方法对式（4-3）中的参数进行估计，最终得到洛伦兹曲线：

$$L^2+L(bP+e)+(aP^2+cP)=0 \tag{4-4}$$

式（4-4）的解为 $L=\frac{-\alpha\pm\sqrt{\alpha^2-4\beta}}{2}$，其中 $\alpha=bP+e$，$\beta=aP^2+cP$。式（4-4）的解中，正根不满足洛伦兹曲线一致性条件，在将 α 和 β 进行替换后，得到：

$$L=-\frac{1}{2}\left(bP+e+\sqrt{(bP+e)^2-4aP^2-4cP}\right)=-\frac{1}{2}\left(bP+e+\sqrt{mP^2+nP+e^2}\right) \tag{4-5}$$

其中，$m=b^2-4a$，$n=2be-4c$。得到洛伦兹曲线后，求 L 关于 P 的一阶和二阶导数可得：

$$L'(P)=-\frac{b}{2}-\frac{2mP+n}{4\sqrt{mP^2+nP+e^2}} \tag{4-6}$$

$$L''(P)=\frac{r^2(mP^2+nP+e^2)^{-3/2}}{8} \tag{4-7}$$

其中，$r=\sqrt{n^2-4me^2}$。在估计得到洛伦兹曲线后，就可以根据不同的贫困标准计算各相对贫困指数。本节的相对贫困指数采用 FGT 指数进行计算，该指数满足相关性、单调性和连续性（斯丽娟和郭海霞，2022）以及加分可分解性（左停和贺莉，2019）。FGT 指数的连续形式计算公式为：

$$FGT_\alpha=\int_0^z\left[\frac{z-y}{z}\right]^\alpha f(y)\,\mathrm{d}y \tag{4-8}$$

其中，y 表示居民收入，$f(y)$ 表示收入的概率密度函数，z 表示相对贫困线，α 表示贫困厌恶系数。根据 α 的取值不同，式（4-8）可以表示不同的相对贫困指数。

当 $\alpha = 0$ 时，$FGT_0 = RPH = \int_0^z f(y)\,\mathrm{d}y$ 表示收入不高于相对贫困线 z 的人口占比，即相对贫困发生率。RPH 值越大，表明相对贫困人口的占比越高，相对贫困的覆盖面越大，相对贫困的现象越严重。

当 $\alpha=1$ 时，FGT_1 表示相对贫困距指数 RPG，代表了全部相对贫困人口的平均收入与相对贫困线的距离，通常 RPG 指数可以用来表示相对贫困的程度。RPG 指数越小，说明全部相对贫困人口的平均收入与相对贫困线的距离越小，相对贫困的程度越轻。RPG 指数越大，说明相对贫困人口的平均收入与相对贫困线的距离越大，相对贫困的程度越深。

当 $\alpha=2$ 时，FGT_2 表示相对贫困平方距指数 $RSPG$，由于其本质上是对相对贫困距指数进行了加权，即越贫困的人口其权重越大。因此，$RSPG$ 指数对相对贫困人群之间高收入者和低收入者收入的变化非常敏感，反映了相对贫困人口内部的不平等程度。$RSPG$ 指数越大，说明相对贫困治理工作的难度越大，工作强度越高。

假设全体居民收入的均值 μ 已知，即 $\mu = \int_0^\infty yf(y)\,\mathrm{d}y$，则令：

$$F(x) = \int_0^x f(y)\,\mathrm{d}y \tag{4-9}$$

$$F_1(x) = \frac{\int_0^x yf(y)\,\mathrm{d}y}{\mu} \tag{4-10}$$

式（4-9）可以理解为收入不高于 x 的人口所占总人口的比例，式（4-10）可以理解为收入不高于 x 的人口的平均收入与总人口的平均收入的比例。对式（4-9）和式（4-10）取反函数，可以得到：

$$L(P) = F_1(x) \tag{4-11}$$

其中，$P = F(x) = \int_0^x f(y)\,\mathrm{d}y$，且 $0 \leqslant P \leqslant 1$。$L(P)$ 表示按收入从低到高排序，占人口比例为 P 的人口所占的社会财富比例为 L。对式（4-11）求导可得：

$$\frac{\mathrm{d}L}{\mathrm{d}x} = \frac{\mathrm{d}L}{\mathrm{d}P}\frac{\mathrm{d}P}{\mathrm{d}x} = L'(P)f(x) = \frac{\mathrm{d}F_1(x)}{\mathrm{d}x} = \frac{xf(x)}{\mu} \tag{4-12}$$

由此可得：

$$L'(P)=\frac{x}{\mu} \tag{4-13}$$

现设相对贫困线为 z 时，相对贫困人口的比例为 H，则根据式（4-13）可得：

$$L'(H)=\frac{z}{\mu} \tag{4-14}$$

下面讨论洛伦兹曲线与相对贫困指数的关系。根据式（4-13）可得 $x=\mu L'(P)$，将其替代 y 代入式（4-8）中，并且由式（4-12）可知 $\mathrm{d}P=f(y)\mathrm{d}y$，由此可得：

$$FGT_{\alpha}=\int_0^H\left[\frac{z-\mu L'(P)}{z}\right]^{\alpha}dP=\int_0^H\left[1-\frac{\mu}{z}L'(P)\right]^{\alpha}\mathrm{d}P \tag{4-15}$$

式（4-15）中，积分上限为相对贫困人口比率 H，由此，当全部人口的平均收入 μ 和相对贫困线 z 确定后，可以通过洛伦兹曲线求解 FGT 相对贫困指数。特别地，

当 $\alpha=0$ 时，

$$FGT_0=RPH=\int_0^H\mathrm{d}P \tag{4-16}$$

当 $\alpha=1$ 时，

$$RPG=\int_0^H\left[1-\frac{\mu}{z}L'(P)\right]\mathrm{d}P=H-\frac{\mu}{z}L(H) \tag{4-17}$$

当 $\alpha=2$ 时，

$$\begin{aligned}RSPG&=\int_0^H\left[1-\frac{\mu}{z}L'(P)\right]^2\mathrm{d}P\\&=H-2\frac{\mu}{z}L(H)+\left(\frac{\mu}{z}\right)^2\int_0^H[L'(P)]^2\mathrm{d}P\end{aligned} \tag{4-18}$$

由此，一旦确定了洛伦兹曲线，就可以根据洛伦兹曲线估计 FGT 指数。当使用广义二次曲线模型估计洛伦兹曲线时，由式（4-6）和式（4-14）可得：

$$-\frac{b}{2}-\frac{2mH+n}{4\sqrt{mH^2+nH+e^2}}=\frac{z}{\mu} \tag{4-19}$$

求解式（4-19）可以得到 RPH 的解：

$$RPH=-\frac{1}{2m}\left[n+\frac{rq}{\sqrt{q^2-m}}\right] \tag{4-20}$$

其中，$q=b+2\dfrac{z}{\mu}$。根据式（4-5）、式（4-17）、式（4-18）以及式（4-20）可以计算得到其他相对贫困指数：

$$RPG=H-\frac{\mu}{z}L(H) \tag{4-21}$$

其中，$L(H)=-\dfrac{1}{2}\left[bH+e+\sqrt{mH^2+nH+e^2}\right]$。

$$RSPG=H-2\frac{\mu}{z}L(H)-\left(\frac{\mu}{z}\right)^2\left[aH+bL(H)-\frac{r}{16}\ln\left(\frac{1-H/s_1}{1-H/s_2}\right)\right] \tag{4-22}$$

其中，$s_1=\dfrac{r-n}{2m}$，$s_2=-\dfrac{r+n}{2m}$。

4.2.2　相对贫困变化的影响效应分解

前文使用洛伦兹曲线估计相对贫困指数时，由式（4-20）、式（4-21）、式（4-22）可知相对贫困指数的影响因素主要包括全体人口的平均收入 μ、洛伦兹曲线 $L(H)$ 以及相对贫困线 z。因此，t 时期的相对贫困指数 P_t 可以表示为：

$$P_t=P(\mu_t,\ L_t,\ z_t) \tag{4-23}$$

其中，μ_t、L_t、z_t 分别表示 t 时期的平均收入水平、收入分配情况以及相对贫困线。用 $t=0$ 表示初期，$t=1$ 表示末期，则两个时期的贫困指数变化情况可以表示为：

$$\Delta P=P_1-P_0=P(\mu_1,\ L_1,\ z_1)-P(\mu_0,\ L_0,\ z_0) \tag{4-24}$$

因此，相对贫困的变化受到平均收入水平、收入分配情况和相对贫困线设置的共同影响。当平均收入水平发生变化时，其对相对贫困指数变动的边际影响可以称之为经济增长效应。当收入分配发生变化时，其对相对贫困指数变动的边际影响可以称之为收入分配效应。同理，当相对贫困线发生变化时，其对相对贫困指数变动的边际影响可以称之为贫困识别效应。

为了分解各种因素对贫困变化的影响，在不考虑贫困标准变化的情况下，Datt 和 Ravallion（1992）及胡联等（2021）设置了一个假想的中间状态 $P_{10}=P(\mu_1,\ L_0)$ 和 $P_{01}=P(\mu_0,\ L_1)$ 用于表示只有某一个因素发生变化的状态，可采用如下方式进行分解：

$$\Delta P=P_1-P_0=(P_{10}-P_0)+(P_{01}-P_0)+R \tag{4-25}$$

其中，第二个等式的第一项表示在收入水平发生变化而分配状况不变的情况下的增长效应，第二项表示在分配状况发生变化而收入水平不变的情况下的分配效应。这种分解的代价是增长效应和分配效应的和并不等于总效应，存在一个无法解释的残差项 R。

为了解决这一问题，Kakwani（2000）、林伯强（2003）、Kolenikov 和 Shorrocks（2005）等提出了如下分解方式：

$$\Delta P=\frac{1}{2}[(P_{10}-P_0)+(P_1-P_{01})]+\frac{1}{2}[(P_1-P_{10})+(P_{01}-P_0)] \tag{4-26}$$

式（4-26）没有考虑贫困标准的识别效应，在相对贫困阶段，贫困标准是非常重要的影响因素。因此，樊增增和邹薇（2021）基于式（4-26）提出了包含贫困识别效应的分解框架：

$$\begin{aligned}\Delta P=&[P(\mu_2,\ L_2,\ z_2)-P(\mu_2,\ L_2,\ z_1)]+\\&\frac{1}{2}\{[P(\mu_2,\ L_1,\ z_1)-P(\mu_1,\ L_1,\ z_1)]+[P(\mu_2,\ L_2,\ z_1)-P(\mu_1,\ L_2,\ z_1)]\}+\\&\frac{1}{2}\{[P(\mu_1,\ L_2,\ z_1)-P(\mu_1,\ L_1,\ z_1)]+(P(\mu_2,\ L_2,\ z_1)-P(\mu_2,\ L_1,\ z_1)]\}\end{aligned} \tag{4-27}$$

式（4-27）中，等式右边第一项表示贫困标准变化带来的识别效应，第二项表示收入水平变化带来的增长效应，第三项表示分配状况变化带来的分配效应。然而，式（4-27）的分解过程存在路径依赖的问题，即某一因素的变化所带来的贫困变化受到其他因素是否变化的影响。因此，分解的结果受到参照期选择的影响。

为了更加准确地分解各因素的影响效应，本书参考阮敬和詹婧（2010）、Shorrocks（2013）等的方法，采用基于 Shapley 值的方法进行分解。该方法常用来解决合作博弈论中一定数量的产出如何在一组贡献者中进行利益分配的问题。Shapley 证明了对于任何有 n 个贡献者的合作博弈问题，Shapley 值是唯一的。使用 Shapley 分解方法能够有效分解各影响因素的贡献，并解决分解存在残差以及路径依赖等问题（Shorrocks，2013）。

现在假设某个统计指标 W 的值由包含 m 个因子的因子集 X_k 决定，即

$$W=f(X_1,\ X_2,\ \cdots,\ X_m) \tag{4-28}$$

其中，$f(\cdot)$ 为基本定量模型，在本节中 W 表示各类相对贫困指数，X_k

表示影响相对贫困指数的各项因素。当因子集中某些因素被剔除时，用 $F(S)$ 表示 X_k，$k \in S$ 表示被剔除后指标 W 的值。由于因子集每一个因素只有保留和剔除两种状态，因此可以定义一个模型结构 $\langle K, F\rangle$，其中 K 表示因子集，函数 F: $\{S \mid S \subseteq K\} \rightarrow \mathbb{R}$。并且，当全部因子剔除后可得 $F(\emptyset)=0$。

对于任何一个可能的模型 $\langle K, F\rangle$，用 C_k $(k \in K)$ 表示每一个因子对指标 W 的贡献。在构建分解规则时，分解规则必须满足以下两个条件，一是具有对称性，即任何一个因素的贡献不应取决于其出现的顺序或排列方式；二是具有精确可加性，即所有单个因子的贡献和等于总贡献，由此可得

$$\sum_{k \in K} C_k(K, F) = F(K) \tag{4-29}$$

根据式（4-29）可以有效计算出影响因素 k 对于指标 W 的贡献。为了准确地分解出影响因素 k 的贡献，需要计算影响因素 k 加入（或剔除）因子集 K 对指标 W 的边际贡献。设 $\boldsymbol{\sigma}=\{\boldsymbol{\sigma}_1, \boldsymbol{\sigma}_2, \cdots, \boldsymbol{\sigma}_m\}$ 为因子从因子集中剔除的顺序。设 $S(\boldsymbol{\sigma}_r, \boldsymbol{\sigma})=\{\boldsymbol{\sigma}_i \mid i>r\}$ 为因子 $\boldsymbol{\sigma}_r$ 被剔除后剩余因子的集合，由此可得因子 k 的边际贡献为：

$$C_k^{\sigma}=F(S(k, \sigma) \cup \{k\})-F(S(k, \sigma))=\Delta_k F(S(k, \sigma)),\ k \in K \tag{4-30}$$

进一步，定义：

$$\Delta_k F(S) \equiv F(S \cup \{k\})-F(S),\ S \subseteq K \backslash \{k\} \tag{4-31}$$

其中，$S \subseteq K \backslash \{k\}$ 表示因子集 K 中剔除因子 k 后的因子集为 S。由于式（4-31）中因子 k 边际贡献的值会受到因子 k 在序列 σ 中出现顺序的影响，因此存在路径依赖问题。为了解决该路径依赖问题，定义因子 k 在序列 σ 中出现 $m!$ 种可能顺序的集合为 Σ，并计算集合 Σ 中 C_k^{σ} 的期望。

基于以上规则，Shapley 分解的一般框架可以表示为：

$$\begin{aligned}
C_k^S(K, F) &= \frac{1}{m!}\sum_{\sigma \in \Sigma} C_k^{\sigma} = \frac{1}{m!}\sum_{\sigma \in \Sigma} \Delta_k F[S(k, \sigma)] \\
&= \sum_{s=0}^{m-1} \sum_{\substack{S \subseteq K \backslash \{k\} \\ |S| = s}} \frac{1}{m!} \sum_{\substack{\sigma \in \Sigma \\ S(k, \sigma) = S}} \Delta_k F(S) \\
&= \sum_{s=0}^{m-1} \sum_{\substack{S \subseteq K \backslash \{k\} \\ |S| = s}} \frac{(m-1-s)!\ s!}{m!} \Delta_k F(S)
\end{aligned} \tag{4-32}$$

其中，C_k^S (K, F) 表示因子 k 的边际贡献，$S \subseteq K \backslash \{k\}$ 表示因子集 K 中剔除因子 k 后的因子集为 S，$|S|=s$ 表示因子集 S 中的因子数为 s。

基于式（4-32）的分解规则，结合本节所关心的相对贫困变动中各因素的影响效应问题，本节将相对贫困变动分为经济增长效应 ΔP_{μ}、收入分配效应 ΔP_L 和贫困识别效应 ΔP_z，并得到如下分解规则：

$$\Delta P_{\mu}=\frac{1}{3}[P(\mu_1, L_0, z_0)-P(\mu_0, L_0, z_0)]+\frac{1}{6}[P(\mu_1, L_1, z_0)-P(\mu_0, L_1, z_0)]+\frac{1}{6}[P(\mu_1, L_0, z_1)-P(\mu_0, L_0, z_1)]+\frac{1}{3}[P(\mu_1, L_1, z_1)-P(\mu_0, L_1, z_1)] \tag{4-33}$$

$$\Delta P_{L}=\frac{1}{3}[P(\mu_0, L_1, z_0)-P(\mu_0, L_0, z_0)]+\frac{1}{6}[P(\mu_1, L_1, z_0)-P(\mu_1, L_0, z_0)]+\frac{1}{6}[P(\mu_0, L_1, z_1)-P(\mu_0, L_0, z_1)]+\frac{1}{3}[P(\mu_1, L_1, z_1)-P(\mu_1, L_0, z_1)] \tag{4-34}$$

$$\Delta P_{z}=\frac{1}{3}[P(\mu_0, L_0, z_1)-P(\mu_0, L_0, z_0)]+\frac{1}{6}[P(\mu_1, L_0, z_1)-P(\mu_1, L_0, z_0)]+\frac{1}{6}[P(\mu_0, L_1, z_1)-P(\mu_0, L_1, z_0)]+\frac{1}{3}[P(\mu_1, L_1, z_1)-P(\mu_1, L_1, z_0)] \tag{4-35}$$

同时，可以发现，基于式（4-32）的分解规则，在贫困标准不变的情况下得到的分解表达式与 Kakwani（2000）、林伯强（2003）、Kolenikov 和 Shorrocks（2005）等得出的分解结果式（4-26）是一致的。因此，式（4-26）也可以看作基于式（4-32）分解规则在两个影响因素下的分解结果。

4.3 城乡相对贫困指数变动影响效应分解

从宏观角度来看，相对贫困指数的变动受到经济增长、收入分配以及相对贫困标准的影响，准确分解各影响因素对相对贫困指数变动的贡献有助于了解各影响因素在相对贫困指数变动过程中所发挥的作用，从而帮助在相对贫困治理过程中制定更加有针对性的宏观经济政策。本节将基于 Shapley 分解规则，从城镇和农村两个角度对相对贫困指数变动的影响效应进行分析。

4.3.1　数据与测度说明

使用广义二次曲线模型拟合洛伦兹曲线需要先获得居民收入数据，国家统计局近年来只公布了居民收入的五等份数据，过少的样本数据使得在估计时存在偏差（沈扬扬，2012）。针对这一问题，本章参考 Shorrocks 和 Wan（2008）提出的将分组进行还原的方法，对 2011—2021 年中国城镇和农村家庭相对贫困发生率进行测度。该方法以官方公布的收入分组数据为目标，在预先设定的收入分布假设下随机生成一组模拟数据，并采用迭代的方法使模拟数据各分组的均值不断靠近真实收入分组数据的各分组均值。该方法能够较好地逼近真实的收入分布。使用该方法计算的贫困发生率和基尼系数与政府机构和组织使用大规模调研数据测算的结果非常接近（Wan and Sebastian，2011；万广华，2013；Wang and Wan，2015）。

分组数据还原方法的具体算法如下：

首先，假设现有被分成 m 组的真实数据，已知各组的均值为 μ_k^*，其中 $k=1，2，\cdots，m$。p_k^* 表示分组数据的累计人口占比，L_k^* 表示分组数据的累计收入占比。然后，在一定的分布假设下，随机生成数量为 n 的模拟数据。模拟数据被分成 m 组后，每组包含 $m_k=n\ (p_k^*-p_{k-1}^*)$ 个模拟数据，用 x_{ki}（$k=1，2，\cdots，m$；$i=1，2，\cdots，m_k$）表示第 k 组中第 i 个模拟数据。在生成模拟数据的过程中，Shorrocks 和 Wan（2008）综合对比了对数正态分布、广义二次项分布、Beta 分布、广义 Beta 分布和 Singh-Maddala 分布等对真实数据的拟合结果，发现对数正态分布对收入分组数据的还原效果最好。因此，本节在实际模拟过程中使用对数正态分布生成随机模拟数据。在生成模拟数据并分组后，假设每组的均值为 μ_k，此时 μ_k 往往不等于 μ_k^*，因此需要采用以下方法进行调整直到 μ_k 充分接近 μ_k^* 为止：

$$\hat{x}_j=\mu_k^*+\frac{\mu_{k+1}^*-\mu_k^*}{\mu_{k+1}-\mu_k}(x_j-\mu_k)，\text{当 } k=1，2，\cdots，m-1，\text{且 } x_j\in[\mu_k，\mu_{k+1}) \tag{4-36}$$

$$\hat{x}_j=\frac{\mu_1^*}{\mu_1}x_j，\text{当 } x_j<\mu_1；\text{或 } \hat{x}_j=\frac{\mu_m^*}{\mu_m}x_j，\text{当 } x_j\geqslant\mu_m \tag{4-37}$$

当得到模拟数据后，本节利用广义二次曲线模型对洛伦兹曲线进行估计，并计算各年度中国城镇和农村家庭各相对贫困指数以及基尼系数（Gini）。需要说明的是，由于数据来源的统计口径和测度方法不同，本节测算的相对贫困指数与本书第 2 章中测算的结果存在不一致的现象。

在测算相对贫困各类指数以及进行分解时还需确定相对贫困的识别标准。根据本书第 2 章使用高斯混合模型分布期望最大化算法测算的相对贫困线结果，城镇相对贫困线采用城镇居民人均可支配收入的 35%线，农村相对贫困线采用农村居民人均可支配收入的 30%线。同时，本书在测算过程中还使用了城镇居民人均可支配收入的 45%线和农村居民人均可支配收入的 40%线以保证分析结果的稳健性。2011—2021 年相对贫困线设定如表 4. 1 所示。

表 4. 1　2011—2021 年城镇和农村相对贫困线

单位：元

贫困线		2011 年	2012 年	2013 年	2014 年	2015 年	2016 年	2017 年	2018 年	2019 年	2020 年	2021 年
城镇	35%	8139	9156	9945	10834	11651	12581	13602	14596	15736	16334	17568
	45%	10465	11772	12787	13929	14979	16176	17488	18767	20232	21001	22588
农村	30%	2288	2599	3025	3376	3670	3970	4312	4608	5027	5351	5954
	40%	3051	3465	4034	4502	4893	5293	5750	6144	6703	7135	7939

在相对贫困指标的选择方面，本节基于 FGT 指数分别计算了相对贫困发生率（*RPH*）、相对贫困距指数（*RPG*）以及相对贫困平方距指数（*RSPG*），并对三类指数进行分解，以更加全面地分析经济增长效应、收入分配效应和贫困识别效应对相对贫困指数变动的边际贡献。

根据前文分析，相对贫困的变动受到经济增长效应、收入分配效应和贫困识别效应三种因素的影响。图 4. 1 展示了相对贫困发生率受三种效应影响的变化情况。图 4. 1 中展示了两个时期三种收入分布（假设为正态分布），分别是初期收入分布、末期收入分布，以及从初期到末期变化过程中的一个虚拟收入分布。从初期收入分布到虚拟收入分布主要表现为收入的整体增长，用以反映经济增长效应。从虚拟收入分布到末期收入分布主要表现为收入分配状况的变化，用以反映收入分配效应。另外，图 4. 1 中还绘制了初期和末期两条相对贫困线，用以反映贫困识别效应。

如图 4. 1 所示，当收入分布从初期变化到虚拟收入分布时，在以初期贫困线作为识别标准的情况下，随着人们收入的整体提高，相对贫困发生率不断下降。图 4. 1 中斜线区域 μ 展示了相对贫困人口的下降情况，同时也反映了经济增长效应。因此，随着经济的增长，其对相对贫困发生率具有负向影响，有助于缓解相对贫困状况。

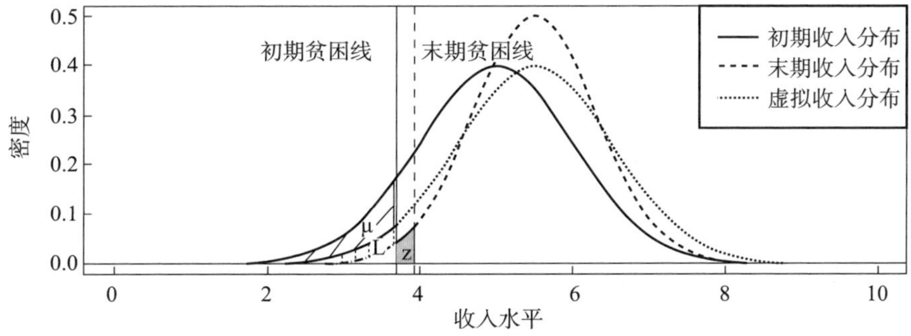

图 4.1　三种效应影响相对贫困变化示意图

当收入分配状况得到较大改善时，[①] 收入分布从虚拟收入分布变化到末期收入分布，由于收入分配状况得到较大改善，相对贫困发生率下降。图 4.1 中点状竖线区域 L 展示了相对贫困发生率的下降情况。如果收入分配状况恶化，从末期收入分布反向变动到虚拟收入分布，则相对贫困发生率会上升。因此，相对贫困指标变动的收入分配效应具有不确定性，取决于社会收入分配状况的变化情况。

当相对贫困线提高时，相对贫困发生率会上升，图 4.1 中灰色阴影区域 z 展示了相对贫困发生率的上升情况。因此，贫困识别效应对相对贫困发生率具有正向效应。同时，跨期相对贫困指标变动情况受经济增长效应、收入分配效应以及贫困识别效应三者的变化情况和相对强弱的共同影响。

4.3.2　中国农村相对贫困指数变动分解

在对中国农村相对贫困指数变动进行分解之前，需要对农村居民收入的洛伦兹曲线进行估计。本节利用分组数据还原的方法，根据 2011—2021 年国家统计局公布的农村居民收入五等份数据对农村居民收入进行模拟还原，并使用式（4-3）分别对各年度洛伦兹曲线参数进行估计，在估计得到历年农村居民收入洛伦兹曲线参数后，使用式（4-20）、式（4-21）、式（4-22）分别测算农村居民相对贫困发生率（*RPH*）、相对贫困距指数（*RPG*）和相对

① 从简化角度考虑，参考阮敬和詹婧（2010）的做法，图 4.1 以正态分布的方差作为衡量收入分配状况的标准，方差越小，收入越集中，则收入分配状况越好。

贫困平方距指数（*RSPG*）。同时，本节还测算了 2011—2021 年农村基尼系数。需要说明的是，本节测算的农村基尼系数是根据分组数据还原法得到的还原数据进行测算的，测算结果与国家统计局公布的基尼系数稍有差异。测算结果见表 4.2。

表 4.2　2011—2021 年农村居民相对贫困指数测算

单位：%

年份	30%相对贫困线			40%相对贫困线			基尼系数
	RPH	*RPG*	*RSPG*	*RPH*	*RPG*	*RSPG*	
2011	11.75	3.94	1.81	18.48	6.72	3.37	0.3846
2012	11.64	3.72	1.62	18.53	6.55	3.17	0.3827
2013	10.10	3.15	1.34	16.45	5.66	2.69	0.3618
2014	11.96	4.91	2.78	17.85	7.39	4.27	0.3731
2015	11.60	4.48	2.38	17.61	6.99	3.86	0.3707
2016	12.45	5.80	3.77	18.06	8.14	5.18	0.3800
2017	12.65	5.46	3.26	18.60	7.98	4.79	0.3841
2018	12.92	4.97	2.62	19.43	7.76	4.28	0.3912
2019	11.62	4.52	2.43	17.66	7.03	3.91	0.3762
2020	11.25	4.11	2.07	17.44	6.65	3.53	0.3761
2021	11.95	4.88	2.76	17.93	7.38	4.25	0.3800

30%相对贫困线下测算的农村相对贫困三类指数如表 4.2 所示。同时，图 4.2 绘制了在 30%相对贫困线下农村三类相对贫困指数的变化情况。由表 4.2 和图 4.2 可知，在 30%贫困标准下，农村相对贫困发生率在 12%上下波动，在 2018 年时达到最高，随后有所降低，但在 2021 年又有所上升。相对贫困距指数和相对贫困平方距指数的变化趋势基本一致，两类指数在 2016 年时达到最高，随后逐渐降低，但是在 2021 年时又有所上升。

40%相对贫困线下测算的农村相对贫困三类指数如表 4.2 所示。由表 4.2 可知，当贫困线由平均可支配收入的 30%提高到 40%时，相对贫困发生率平均增长了 52%，相对贫困距指数平均增长了 57%，相对贫困平方距指数平均增长了 61%，说明相对贫困指数对于相对贫困线的调整非常敏感，并且这种敏感程度随着相对贫困厌恶系数的上升而上升，即随着相对贫困线的提高，相对贫困的贫困深度和治理强度将大幅上升。

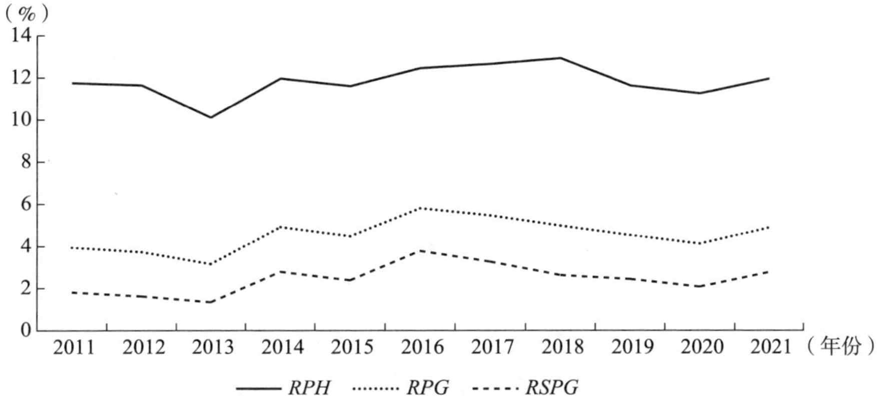

图 4.2　30%相对贫困线下农村相对贫困指数变化趋势

图 4.3 绘制了 40%相对贫困线下农村相对贫困三类指数的变化趋势。由图 4.3 可知，40%相对贫困线下农村相对贫困三类指数的变化趋势与图 4.2 中三类指数的变化趋势基本一致。这种相同的变化趋势，一方面说明了 2011—2021 年精准扶贫和脱贫攻坚工作在消除了绝对贫困的同时，对于相对贫困也具有一定的缓解作用。另一方面说明在新冠疫情的影响下，农村相对贫困发生率有上升趋势。按照 30%相对贫困线计算，2021 年相对贫困发生率增加了 0.7 个百分点，即大约 348 万农村人口陷入了相对贫困。因此，在当前乃至未来一段时间内，防范脱贫人口大规模返贫将成为贫困治理工作的重点任务之一。

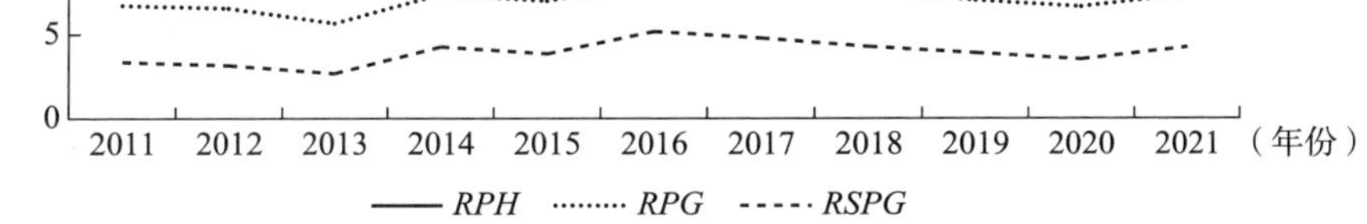

图 4.3　40%相对贫困线下农村相对贫困指数变化趋势

在测算得到三类相对贫困指数后，本节使用式（4-33）、式（4-34）和式（4-35）对影响相对贫困指数变动的经济增长效应、收入分配效应和贫困识别效应进行测算。同时，为了进一步衡量三种效应在相对贫困指数变动过程中的贡献，参考樊增增和邹薇（2021）的做法，本节对三种效应的贡献度（Contribution Degree，CD）进行了测算，具体测算公式为：

$$CD_{effect}=\frac{effect}{ab(\mu)+ab(L)+ab(z)}\times 100\% \tag{4-38}$$

其中，*effect* 表示任意一种效应，$ab(\cdot)$ 表示取绝对值，μ、L、z 分别表示经济增长效应、收入分配效应和贫困识别效应，式（4-38）的符号则代表了各效应对相对贫困变化的影响方向。为了增加对比的区分度，本节按照 2 年的时间跨度进行分解。三种效应的分解结果及贡献度见表 4.3、表 4.4 和表 4.5。

表 4.3　2011—2021 年农村相对贫困发生率变动分解　　单位：%

相对贫困标准	时期	相对贫困发生率变动	经济增长效应		收入分配效应		贫困识别效应	
			边际效应	贡献	边际效应	贡献	边际效应	贡献
30%相对贫困线	2011—2013 年	-1.65	-5.29	-43.22	-1.65	-13.50	5.30	43.28
	2013—2015 年	1.50	-3.39	-40.94	1.49	18.00	3.40	41.05
	2015—2017 年	1.05	-2.73	-41.98	1.04	16.03	2.73	41.99
	2017—2019 年	-1.03	-2.60	-41.77	-1.03	-16.51	2.60	41.72
	2019—2021 年	0.33	-2.87	-47.26	0.33	5.47	2.88	47.27
40%相对贫困线	2011—2013 年	-2.03	-7.91	-44.37	-2.02	-11.33	7.89	44.30
	2013—2015 年	1.16	-5.13	-44.92	1.15	10.05	5.15	45.04
	2015—2017 年	0.98	-4.13	-44.68	0.98	10.62	4.13	44.70
	2017—2019 年	-0.94	-3.95	-44.74	-0.93	-10.58	3.94	44.68
	2019—2021 年	0.27	-4.39	-48.50	0.27	3.00	4.39	48.50

表 4.3 反映了在两种相对贫困标准下相对贫困发生率变动的分解结果。两种贫困标准下，经济增长效应、收入分配效应和贫困识别效应对贫困发生率变动产生的影响非常相似。因此，本节主要对 30%相对贫困线下的测度结果进行说明。

2011—2021 年，无论相对贫困发生率是上升还是下降，经济增长效应对相对贫困发生率的变化始终具有负向效应。由表 4. 1 可知，2011—2021 年相对贫困线始终处于上升状态，这意味着居民人均可支配收入始终处于上升状态，因此，经济的增长对缓解相对贫困具有积极的作用，并且由经济增长效应的贡献度可知，经济增长对相对贫困发生率变化的贡献非常大，保持在 40%以上。

对相对贫困发生率变化具有重要影响的另外一种效应是贫困识别效应。由表 4. 3 可知，贫困识别效应对相对贫困发生率的变化始终具有正向效应，即相对贫困线的提高对相对贫困发生率的上升具有推动作用。贫困识别标准的这种推动作用对相对贫困发生率变化的贡献度同样非常大，一直保持在 40%以上。

从贡献度方面来看，收入分配效应虽然在相对贫困发生率变化过程中的贡献度远远小于经济增长效应和贫困识别效应，但是收入分配效应起到了决定相对贫困发生率变化方向的关键作用。由表 4. 3 可知，收入分配效应与相对贫困发生率的变化方向具有一致性。当相对贫困发生率降低时，收入分配效应对相对贫困发生率的变化具有负向作用；而当相对贫困发生率上升时，收入分配效应对相对贫困发生率的变化具有正向作用。进一步分析发现，收入分配效应对相对贫困发生率的影响与收入分配状况的变化具有一致性。由表 4. 2 可知，2011—2013 年和 2018—2020 年，基尼系数均出现了下降，即收入分配状况得到了改善，同一时期相对贫困发生率也同样出现了下降。而在其他年份变化期间，基尼系数均出现了上升现象，相对贫困发生率也出现了上升。因此，收入分配状况改善时，其对相对贫困发生率的上升具有负向作用；而当收入分配状况恶化时，其对相对贫困发生率的上升具有正向作用。

综合来看，2011—2021 年，经济增长效应在减缓相对贫困发生率方面发挥了重要的积极作用。贫困识别效应对减缓相对贫困发生率具有负向作用。而收入分配效应则具有不确定性，需要综合考虑同一时期的收入分配状况的变化情况。

表 4.4　2011—2021 年农村相对贫困距指数变动分解　　单位:%

相对贫困标准	时期	相对贫困距指数变动	经济增长效应		收入分配效应		贫困识别效应	
			边际效应	贡献	边际效应	贡献	边际效应	贡献
30%相对贫困线	2011—2013 年	-0.80	-2.11	-41.96	-0.80	-15.96	2.12	42.07
	2013—2015 年	1.33	-1.37	-33.68	1.32	32.47	1.38	33.85
	2015—2017 年	0.98	-1.16	-35.16	0.98	29.65	1.16	35.19
	2017—2019 年	-0.94	-1.10	-35.13	-0.94	-29.77	1.10	35.10
	2019—2021 年	0.35	-1.21	-43.62	0.35	12.73	1.21	43.65
40%相对贫困线	2011—2013 年	-1.06	-3.23	-42.90	-1.06	-14.14	3.23	42.95
	2013—2015 年	1.33	-2.09	-37.92	1.32	24.01	2.10	38.07
	2015—2017 年	0.99	-1.73	-38.86	0.99	22.26	1.73	38.88
	2017—2019 年	-0.95	-1.64	-38.82	-0.95	-22.41	1.64	38.77
	2019—2021 年	0.34	-1.81	-45.69	0.34	8.59	1.81	45.71

表 4.4 反映了 2011—2021 年农村相对贫困距指数变动的分解结果。在两种贫困标准下，经济增长效应、收入分配效应和贫困识别效应对相对贫困距指数的影响非常相似。因此，本节以 30%相对贫困标准下的分解结果进行说明。

经济增长效应、收入分配效应和贫困识别效应对相对贫困距指数的影响与对相对贫困发生率的影响非常相似。经济增长效应对相对贫困距指数的上升具有显著的负向作用，贫困识别效应对相对贫困距指数的上升具有显著的正向作用。当收入分配状况得到改善时，收入分配效应对相对贫困距指数的上升具有负向作用；当收入分配状况恶化时，收入分配效应对相对贫困距指数的上升具有正向作用。与对相对贫困发生率的影响不同的是，三种效应对相对贫困距指数影响的贡献度发生了变化，其中，经济增长效应和贫困识别效应的贡献度均有所下降，而收入分配效应的贡献度显著上升，因此，收入分配效应对相对贫困距指数的影响效应大于对相对贫困发生率的影响效应。

综合来看，相对贫困距指数代表了相对贫困人口的平均收入与相对贫困线之间的距离，相对贫困距指数变小，意味着相对贫困的程度较轻。在相对贫困距指数的跨期变动过程中，经济增长效应对于相对贫困距指数的下降具有正向作用，并且作用明显。贫困识别效应对于相对贫困距指数的上升具有显著的正向作用。收入分配效应的作用则根据跨期收入分配状况的变化而变化，并且对相对贫困距指数的影响贡献度显著上升。

表 4.5　2011—2021 年农村相对贫困平方距指数变动分解　单位:%

相对贫困标准	时期	相对贫困平方距指数变动	经济增长效应		收入分配效应		贫困识别效应	
			边际效应	贡献	边际效应	贡献	边际效应	贡献
30%相对贫困线	2011—2013 年	-0.47	-1.13	-41.25	-0.47	-17.31	1.13	41.43
	2013—2015 年	1.04	-0.76	-29.71	1.03	40.39	0.77	29.91
	2015—2017 年	0.88	-0.70	-30.61	0.88	38.73	0.70	30.66
	2017—2019 年	-0.83	-0.66	-30.75	-0.83	-38.54	0.66	30.71
	2019—2021 年	0.32	-0.72	-40.82	0.32	18.33	0.72	40.86
40%相对贫困线	2011—2013 年	-0.67	-1.81	-42.05	-0.68	-15.78	1.81	42.17
	2013—2015 年	1.17	-1.19	-33.51	1.16	32.80	1.20	33.69
	2015—2017 年	0.93	-1.03	-34.43	0.93	31.10	1.03	34.47
	2017—2019 年	-0.88	-0.98	-34.47	-0.88	-31.09	0.98	34.43
	2019—2021 年	0.33	-1.07	-43.23	0.33	13.50	1.07	43.27

表 4.5 反映了 2011—2021 年农村相对贫困平方距指数变动的分解结果。在两种贫困标准下，经济增长效应、收入分配效应和贫困识别效应对相对贫困平方距指数的影响非常相似。因此，本节以 30%相对贫困标准下的分解结果进行说明。

相对贫困平方距指数表征了相对贫困人口内部的不平等程度。相对贫困平方距指数减小，表明相对贫困人口内部不平等程度减弱，治理相对贫困的工作难度减小。通过对相对贫困平方距指数的跨期变化分解发现，经济增长效应对相对贫困平方距指数的上升具有显著的负向作用。贫困识别效应对相对贫困平方距指数的上升具有显著的正向作用。收入分配效应在跨期收入分配变化的影响下，对相对贫困平方距指数的变化产生不同影响。当收入分配状况改善时，其对相对贫困平方距指数的上升具有负向作用；当收入分配状况恶化时，其对相对贫困平方距指数的上升具有正向作用。在贡献度方面，经济增长效应和贫困识别效应的贡献度进一步下降，而收入分配效应的贡献度进一步提升。

4.3.3 中国城镇相对贫困指数变动分解

随着中国脱贫攻坚战全面胜利，中国的贫困治理进入相对贫困治理阶段，而在相对贫困治理阶段，中国城镇的相对贫困状况引起了越来越多的关注。通过本书前面章节的测算发现，中国城镇相对贫困发生率要高于农村，并且呈上升趋势。因此，分析中国城镇相对贫困指数变动的影响因素对于未来治理城镇相对贫困具有重要意义。

在对中国城镇相对贫困指数变动进行分解之前，需要对城镇居民收入的洛伦兹曲线进行估计。本节同样利用分组数据还原的方法，对国家统计局公布的 2011—2021 年城镇家庭五等份人均可支配收入数据进行模拟还原，并使用式（4-3）分别对各年度城镇居民收入洛伦兹曲线参数进行估计。在估计得到历年城镇居民收入洛伦兹曲线参数后，使用式（4-20）、式（4-21）、式（4-22）分别对城镇居民相对贫困发生率（*RPH*）、相对贫困距指数（*RPG*）和相对贫困平方距指数（*RSPG*）以及城镇基尼系数进行测算。需要说明的是，本节测算的城镇基尼系数是根据分组数据还原法得到的还原数据进行测算的，测算结果与国家统计局公布的基尼系数稍有差异。测算结果如表 4.6 所示。

表 4.6 2011—2021 年城镇居民相对贫困指数测算

单位:%

年份	35%相对贫困线			45%相对贫困线			基尼系数
	RPH	*RPG*	*RSPG*	*RPH*	*RPG*	*RSPG*	
2011	7.58	1.22	0.27	15.21	3.47	1.08	0.3252
2012	6.45	0.96	0.19	13.65	2.96	0.88	0.3115
2013	9.61	2.36	0.80	16.35	4.70	1.88	0.3342
2014	8.57	1.84	0.54	15.34	4.07	1.49	0.3221
2015	8.29	1.79	0.53	14.83	3.94	1.45	0.3145
2016	8.72	2.09	0.68	15.05	4.24	1.67	0.3169
2017	9.30	2.31	0.79	15.75	4.56	1.84	0.3241
2018	10.27	2.30	0.70	17.67	4.88	1.85	0.3385
2019	10.20	2.25	0.67	17.65	4.83	1.81	0.3389
2020	10.95	2.58	0.82	18.41	5.25	2.05	0.3444
2021	10.78	2.61	0.86	18.01	5.22	2.07	0.3404

按照城镇人均可支配收入 35%和 45%相对贫困线测算的中国城镇相对贫困发生率、相对贫困距指数和相对贫困平方距指数以及城镇基尼系数如表 4.6 所示。从相对贫困发生率的测算结果来看，城镇相对贫困发生率与农村的测算结果比较接近，说明从测算规模的角度来看，本节设置的相对贫困线比较适合中国当前的实际情况。从相对贫困距指数和相对贫困平方距指数的测算结果来看，城镇的测算结果要低于农村，说明农村的相对贫困深度和相对贫困治理工作强度高于城镇。

图 4.4 绘制了 2011—2021 年中国城镇按 35%相对贫困线测算的相对贫困三类指数的变化趋势。由图 4.4 可知，城镇相对贫困发生率具有明显的上升趋势，最低点为 2012 年的 6.45%，最高点为 2020 年的 10.95%，上涨了 4.5 个百分点。相对贫困距指数和相对贫困平方距指数在样本期内也出现了不同程度的上升。

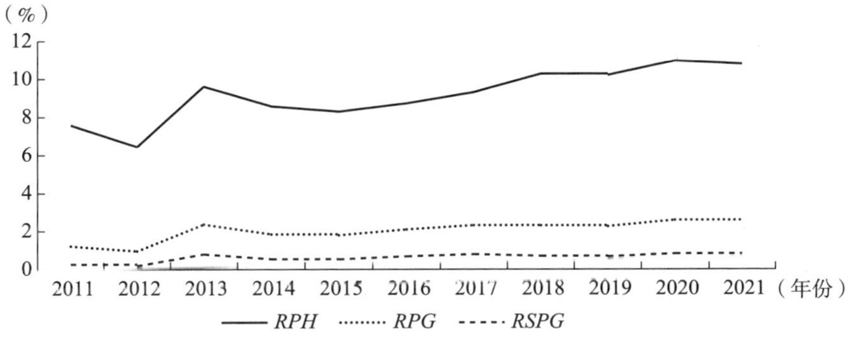

图 4.4　35%相对贫困线下城镇相对贫困指数变化趋势

图 4.5 反映了按 45%贫困线测算的城镇相对贫困指数的变化趋势。由图 4.5 可知，城镇相对贫困指数在 2011—2021 年呈上升趋势。从表 4.6 测度结果来看，当相对贫困线从城镇人均可支配收入的 35%上升到 45%时，相对贫困发生率平均增长了 78.4%，相对贫困距指数平均上升了 124%，相对贫困平方距指数平均增长了 186.4%。由此可见，城镇相对贫困指数对相对贫困线的调整非常敏感，并且这种敏感度随着贫困厌恶系数的上升而上升。

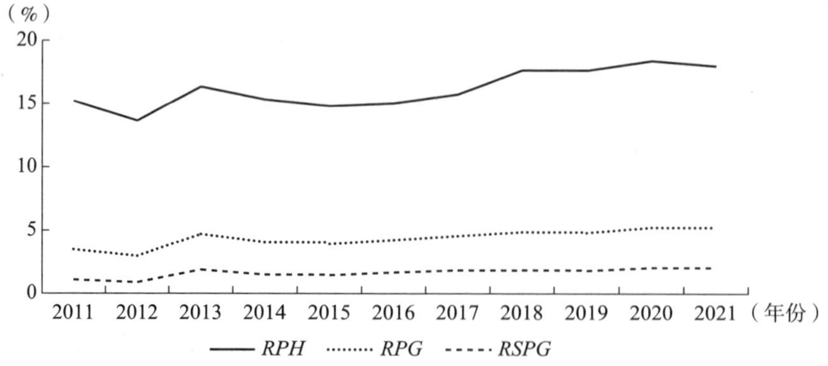

图 4.5 45%相对贫困线下城镇相对贫困指数变化趋势

为了进一步分析农村和城镇相对贫困的变化情况，本节将农村和城镇在两种相对贫困识别标准下测算的相对贫困发生率进行了对比分析（见图 4.6）。

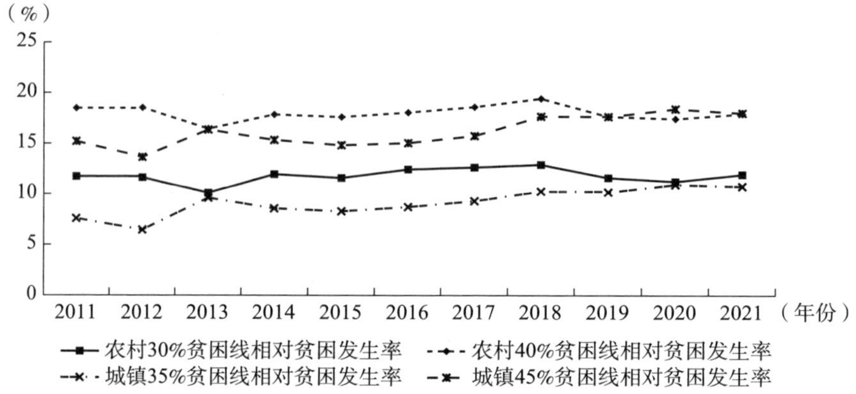

图 4.6 2011—2021 年农村和城镇相对贫困发生率对比

由图 4.6 可知，2011—2021 年两种相对贫困标准测度的农村相对贫困发生率始终高于城镇相对贫困发生率，农村相对贫困发生率从 2018 年开始下降，到 2020 年时又有所上升。而城镇相对贫困发生率始终处于上升趋势，并逐渐接近农村相对贫困发生率，在 2020 年前后，城镇与农村相对贫困发生率已经相差无几。因此，2020 年中国在进入相对贫困治理阶段后，城镇相对贫困应纳入相对贫困治理体系。

在测算得到三类相对贫困指数后，本节同样使用式（4-33）、式（4-34）、式（4-35）和式（4-37）按照 2 年的时间跨度对影响相对贫困指数变动的经济增长效应、收入分配效应和贫困识别效应的边际效应和贡献度进行测算，测算结果见表 4. 7、表 4. 8 和表 4. 9。

表 4. 7　2011—2021 年城镇相对贫困发生率变动分解　单位：%

相对贫困标准	时期	相对贫困发生率变动	经济增长效应		收入分配效应		贫困识别效应	
			边际效应	贡献	边际效应	贡献	边际效应	贡献
35%相对贫困线	2011—2013 年	2. 03	-4. 74	-41. 18	2. 01	17. 46	4. 77	41. 36
	2013—2015 年	-1. 32	-3. 42	-41. 87	-1. 33	-16. 22	3. 43	41. 91
	2015—2017 年	1. 00	-3. 27	-43. 35	1. 00	13. 28	3. 28	43. 37
	2017—2019 年	0. 90	-3. 35	-44. 07	0. 91	11. 94	3. 34	44. 00
	2019—2021 年	0. 58	-2. 69	-45. 10	0. 58	9. 76	2. 69	45. 14
45%相对贫困线	2011—2013 年	1. 14	-7. 02	-46. 25	1. 13	7. 42	7. 03	46. 32
	2013—2015 年	-1. 52	-5. 15	-43. 54	-1. 53	-12. 90	5. 15	43. 56
	2015—2017 年	0. 93	-4. 93	-45. 71	0. 92	8. 55	4. 94	45. 74
	2017—2019 年	1. 90	-4. 87	-41. 85	1. 89	16. 19	4. 89	41. 95
	2019—2021 年	0. 36	-3. 83	-47. 75	0. 36	4. 48	3. 83	47. 78

表 4. 7 反映了 2011—2021 年使用两种相对贫困线测算的城镇相对贫困发生率变化情况以及三种效应对相对贫困发生率变化的影响。两种相对贫困线测算的结果具有一致性。因此，本节以 35%相对贫困线的测算结果进行说明。

在 2011—2021 年所划分的五个时间段内，经济增长效应对相对贫困发生率的变化始终具有显著的负向作用。因此，经济的增长有助于缓解相对贫困。贫困识别效应对相对贫困发生率的变化始终具有显著的正向作用。收入分配效应对相对贫困发生率的影响则需要视情况而定。通过分析基尼系数变化、收入分配效应和相对贫困发生率变化三者之间的关系发现，2013—2015 年，基尼系数从 0. 33 减小到 0. 31（见表 4. 6），收入分配状况得到改善，此时收入分配效应对相对贫困发生率的变化具有负向作用，并最终使得相对贫困发生率下降。而在其他时间段内，基尼系数均出现不同程度的上升，收入分配状况恶化，此时收入分配效应对相对贫困发生率的变化具有正向作用。在贡献度方面，经济增长效应和贫困识别效应的贡献度最高，收入分配效应的贡献度最低。

表 4.8　2011—2021 年城镇相对贫困距指数变动分解

单位：%

相对贫困标准	时期	相对贫困距指数变动	经济增长效应		收入分配效应		贫困识别效应	
			边际效应	贡献	边际效应	贡献	边际效应	贡献
35%相对贫困线	2011—2013 年	1.14	-1.38	-35.39	1.11	28.51	1.40	36.10
	2013—2015 年	-0.57	-1.10	-39.77	-0.57	-20.48	1.10	39.76
	2015—2017 年	0.52	-1.05	-40.10	0.52	19.68	1.06	40.21
	2017—2019 年	-0.06	-1.10	-49.07	-0.05	-2.33	1.09	48.60
	2019—2021 年	0.36	-0.89	-41.54	0.36	16.84	0.89	41.63
45%相对贫困线	2011—2013 年	1.24	-2.37	-39.67	1.21	20.23	2.40	40.09
	2013—2015 年	-0.76	-1.80	-41.31	-0.76	-17.36	1.80	41.32
	2015—2017 年	0.62	-1.73	-42.39	0.62	15.14	1.73	42.46
	2017—2019 年	0.27	-1.77	-46.49	0.27	7.23	1.76	46.29
	2019—2021 年	0.39	-1.42	-43.98	0.39	11.98	1.42	44.04

表 4.8 反映了 2011—2021 年使用两类贫困识别标准测算的城镇相对贫困距指数变化情况，以及三种效应对相对贫困距指数变化的影响。由表 4.8 可知，城镇相对贫困距指数在大部分的时间段内呈上升趋势。按两种贫困识别标准测算的结果具有一致性。因此，本节主要以 35%相对贫困标准下的测度结果进行说明。

在整个样本期内，经济增长效应对相对贫困距指数的变化具有负向作用，具有缓解相对贫困深度的作用。贫困识别效应对相对贫困距指数的变化具有正向作用，具有加深相对贫困的作用。收入分配效应则与相对贫困距指数的变化方向具有一致性。当收入分配效应对相对贫困距指数具有负向作用时，相对贫困距指数的变化方向为负；当收入分配效应对相对贫困距指数具有正向作用时，相对贫困距指数的变化方向为正。在贡献度方面，经济增长效应和贫困识别效应对相对贫困距指数变化的贡献度最大，收入分配效应的贡献度最低。但是，与对相对贫困发生率的贡献度相比，收入分配的贡献度有所上升。

综合来看，城镇相对贫困距指数的上升主要是受到贫困识别效应和收入分配效应的影响，这两种效应使得城镇相对贫困人口的贫困深度不断加大。

表 4.9　2011—2021 年城镇相对贫困平方距指数变动分解

单位:%

相对贫困标准	时期	相对贫困平方距指数变动	经济增长效应		收入分配效应		贫困识别效应	
			边际效应	贡献	边际效应	贡献	边际效应	贡献
35%相对贫困线	2011—2013 年	0.53	−0.52	−33.27	0.52	33.21	0.53	33.52
	2013—2015 年	−0.27	−0.46	−38.64	−0.27	−22.62	0.46	38.75
	2015—2017 年	0.26	−0.44	−38.56	0.26	22.86	0.44	38.58
	2017—2019 年	−0.12	−0.46	−44.94	−0.11	−10.71	0.46	44.35
	2019—2021 年	0.19	−0.37	−39.87	0.19	20.21	0.37	39.92
45%相对贫困线	2011—2013 年	0.80	−1.06	−36.37	0.78	26.83	1.08	36.81
	2013—2015 年	−0.43	−0.85	−39.99	−0.43	−19.99	0.85	40.03
	2015—2017 年	0.39	−0.82	−40.46	0.38	19.02	0.82	40.52
	2017—2019 年	−0.03	−0.85	−49.55	−0.02	−1.32	0.84	49.13
	2019—2021 年	0.26	−0.68	−41.89	0.26	16.15	0.68	41.96

表 4.9 反映了 2011—2021 年使用两类贫困识别标准测算的城镇相对贫困平方距指数变化情况，以及三种效应对相对贫困平方距指数变化的影响。因此，本节以 35%相对贫困识别标准下的测算结果为例进行说明。

2011—2021 年所划分的 5 个时间段内，经济增长效应对相对贫困平方距指数的变化具有负向作用，经济的增长能够降低相对贫困人口内部的不平等程度。贫困识别效应对相对贫困距指数的变化具有正向作用，即贫困识别线上升倾向于加大相对贫困人口内部的不平等程度。收入分配效应与相对贫困平方距指数的变化方向具有一致性。当收入分配效应对相对贫困平方距指数具有负向影响时，相对贫困平方距指数的变化方向为下降。当收入分配效应对相对贫困平方距指数具有正向影响时，相对贫困平方距指数的变化方向为上升。在贡献度方面，经济增长效应和贫困识别效应对相对贫困平方距指数的变化贡献最大，但是与对相对贫困距指数的贡献度相比有所下降，而收入分配效应的贡献度进一步上升。

综上所述，经济增长效应对城镇相对贫困指数的变化始终具有负向作用，即经济增长有利于相对贫困状况的缓解。贫困识别效应对城镇相对贫困指数的变化始终具有正向作用，即相对贫困标准的提高会加大相对贫困指数。收入分配效应则根据收入分配状况的变化情况，对相对贫困指数具有不同的影响。当收入分配状况改善时，其对相对贫困指数具有负向作用；当收入分配状况恶化时，其对相对贫困指数具有正向作用。同时，收入分配效应的贡献度随着相对贫困厌恶系数的上升而上升。

4.4 相对贫困指数变动的影响机制分析

上述研究表明，相对贫困指数的变动可以分解为经济增长效应、贫困识别效应和收入分配效应。其中，经济增长效应对相对贫困指数的上升具有负向作用，对于缓解相对贫困发挥了重要作用；贫困识别效应对相对贫困指数的上升具有正向作用，趋向于加大相对贫困的广度、深度和强度；收入分配效应对相对贫困指数变动的影响具有不确定性，当收入分配状况改善时，其有助于减小相对贫困指数，而当收入分配状况恶化时，其又成为相对贫困指数上升的助推剂。本节将在上述研究的基础上，进一步分析经济增长效应、贫困识别效应和收入分配效应对相对贫困指数的作用机制，以为相对贫困治理提供参考。

4.4.1 经济增长的作用机制分析

亲贫式经济增长是指贫困人口在参与经济活动的过程中的收获会更多。在绝对贫困治理时期，中国的实践经验表明，经济增长是中国打赢脱贫攻坚战的重要因素之一（汪三贵，2008；冯亮 等，2019）。然而，经济增长发挥减贫效应的前提是在经济增长过程中低收入人群能够获益，特别是在相对贫困治理时期，由于相对贫困的本质是相对贫困人口不能公平地获得各项资源和享受经济发展成果，因此，经济增长的亲贫性对相对贫困治理显得尤为重要。

通过对相对贫困指数变动的分解，经济增长效应对相对贫困指数的下降发挥着重要作用。但是，这并不意味着经济增长直接有利于相对贫困人口脱贫，而是有可能相对贫困人口只是通过经济增长的扩散效应而获得了一些好处（Kakwani and Pernia，2000）。根据前文对相对贫困指数的动态分解可知，无论是农村还是城镇，随着 FGT 指数的贫困厌恶系数的增加，经济增长效应对相对贫困指数的减小作用逐渐减弱。贫困厌恶系数的增加意味着赋予更低收入人群的权重更大，对低收入人群的收入变动更加敏感。因此，需要考虑经济增长效应的这种递减现象，是否意味着经济增长无法惠及收入更低的人群。这就需要对经济增长的亲贫性作进一步分析。

关于经济增长的亲贫性测度，主要有两种思路：

一种思路是基于当期收入分布数据，采用模拟的方式计算经济增长的减贫弹性（罗楚亮，2012）。该方法的基本思路是，在当期收入分布不变的情况下，假设所有人的收入都增长 1%后测度贫困指数的变化情况。具体计算方法为：

$$EG=\frac{P[\mu(\hat{Y}_i), L, z]-P[\mu(Y_i), L, z]}{P[\mu(Y_i), L, z]} \tag{4-39}$$

其中，$\hat{Y}_i=Y_i\times(1+1\%)$ 表示全部个体收入均增长 1%，EG 表示收入增长 1%后贫困指数的变化，由于该弹性是基于当期收入分布数据，因此本节称之为静态经济弹性。

另一种思路是测度贫困指数在跨期变动过程中经济增长所发挥的作用。Kakwani 和 Pernia（2000）基于这种思路定义了贫困受益指数。林伯强（2003）对该指数进一步修改，提出了贫困减少指数。由于上述两个指数没有考虑贫困识别效应，因此在加入贫困识别效应后，本节提出相对贫困受益指数。如前文所述，相对贫困指数的变动可分解为经济增长效应、收入分配效应和贫困识别效应，即 $\Delta P=G+L+z$。为了测算经济增长的亲贫性，Dollar 等（2016）使用全部人群中分位数为 20%以下人群的平均收入增长率计算贫困的经济增长弹性。现设该增长率为 g，可得：

$$\eta=\frac{\Delta P}{g}=\frac{G}{g}+\frac{L}{g}+\frac{z}{g}=\eta_G+\eta_L+\eta_z \tag{4-40}$$

其中，η 为贫困弹性，表示低收入人群平均收入增长 1%所引起的相对贫困指数的变化。式（4-40）等号两边同时除以 η_G 可得：

$$I=\frac{\eta}{\eta_G}=\frac{\eta_G+\eta_L+\eta_z}{\eta_G}=1+\frac{\eta_L+\eta_z}{\eta_G} \tag{4-41}$$

其中，I 为相对贫困受益指数，若 $I>1$，说明经济的增长使得低收入人群获益更多，是绝对亲贫的。若 $I=1$，说明经济的增长使得所有人平等获益，经济增长也具有亲贫性。若 $0<I<1$，说明经济增长主要使得非相对贫困人口获益，但是依靠经济增长的扩散效应能够惠及相对贫困人口，因此也具有亲贫性。若 $I<0$，说明经济增长会恶化相对贫困。

根据式（4-39），本节分别按照农村人均可支配收入的 30%和城镇人均可支配收入的35%两类相对贫困识别标准计算2011—2021年中国农村和城镇相对贫困发生率（*RPH*）、相对贫困距指数（*RPG*）和相对贫困平方距指数（*RSPG*）的静态经济弹性，测算结果见表4.10。

由表4.10可知，无论是农村还是城镇测算的各类相对贫困指数的静态经济弹性均为负值，说明经济增长总是能够减缓相对贫困。但是，从静态经济弹性的测度结果来看，中国农村和城镇的静态经济弹性存在一定差异。

在中国农村，从各年度截面测算结果来看，各年度静态经济弹性随着贫困厌恶系数的增加不断上升。贫困厌恶系数的增加会使得相对贫困指数对低收入人群收入状况的变动更加敏感。因此，静态经济弹性随着贫困厌恶系数的增加而变大，说明经济增长能够有效使低收入人群获益，改善了低收入人群的收入状况。从时间发展趋势方面来看，三类相对贫困指数的静态经济弹性的变化虽有波动，但是总体呈不断下降的趋势。静态经济弹性随着时间的推移不断下降的趋势使得农村低收入人群越来越难以在经济增长中获益。

表4.10　2011—2021年相对贫困指数的静态经济弹性　单位：%

年份	农村30%相对贫困线			城镇35%相对贫困线		
	RPH	*RPG*	*RSPG*	*RPH*	*RPG*	*RSPG*
2011	-1.61	-1.95	-2.33	-3.24	-5.09	-6.94
2012	-1.67	-2.10	-2.56	-3.55	-5.63	-7.72
2013	-1.74	-2.18	-2.65	-2.23	-3.03	-3.86
2014	-1.37	-1.42	-1.51	-2.52	-3.60	-4.72
2015	-1.44	-1.57	-1.74	-2.50	-3.57	-4.67
2016	-1.24	-1.13	-1.06	-2.30	-3.13	-4.02
2017	-1.31	-1.30	-1.33	-2.21	-2.97	-3.78
2018	-1.42	-1.58	-1.77	-2.36	-3.41	-4.48
2019	-1.44	-1.55	-1.70	-2.39	-3.48	-4.58
2020	-1.52	-1.72	-1.95	-2.25	-3.20	-4.18
2021	-1.38	-1.43	-1.52	-2.19	-3.08	-3.99

从中国城镇各年度截面测算结果来看，静态经济弹性同样具有随着贫困厌恶系数的增加不断上升的特点，说明经济的增长使得城镇低收入人群获益。

从时间维度方面来看，三类相对贫困指数静态经济弹性随着时间的推移总体呈下降趋势。这说明，经济增长对城镇相对贫困的减缓作用在逐渐减弱。众所周知，中国的精准扶贫工作重点在农村，较少关注城镇居民的贫困问题。长期以来，对于城镇困难居民的帮扶主要依靠低保制度。而低保制度只能惠及城镇户籍人口，且有诸多条件限制，无法顾及城镇流动人口。随着城镇化进程的加快，城镇流动人口逐渐构成了城镇相对贫困人口的主要组成部分。城镇流动人口一方面无法获得政策的帮扶，另一方面又大多从事劳动密集型工作并与城镇户籍人口形成竞争，收入增长缓慢。在这双重因素影响下，城镇流动人口与非贫困人口的收入差距逐渐拉大。

另外，通过对比农村和城镇的测算结果发现，城镇三类相对贫困指数的静态经济弹性均大于农村。因此，经济的增长对城镇相对贫困的缓解作用高于农村，即在经济增长的过程中，城镇低收入人群的获益更多。

本节测算的静态经济弹性是在洛伦兹曲线和贫困识别标准线不变的假设下的模拟。表 4. 10 中的测算结果全部为负值，只能说明经济增长确实能够有效缓解相对贫困状况，但是不能完全说明经济增长的亲贫性。因为，由图 4. 1 可以看出，在其他条件不变的情况下，经济增长总是能够减缓贫困。而经济增长的亲贫性，则需要进一步综合考虑收入分配状况和贫困标准设定的影响。因此，本节根据式（4-41）对各类贫困识别标准下的相对贫困受益指数进行了测算，以考察在相对贫困指数跨期变动中经济增长的亲贫性。具体测算结果见表 4. 11。

表 4. 11　2011—2021 年相对贫困受益指数测算

时期	农村 30%相对贫困线			城镇 35%相对贫困线		
	RPH	*RPG*	*RSPG*	*RPH*	*RPG*	*RSPG*
2011—2013 年	0. 31	0. 38	0. 42	−0. 43	−0. 83	−1. 01
2013—2015 年	−0. 44	−0. 97	−1. 37	0. 39	0. 52	0. 58
2015—2017 年	−0. 38	−0. 84	−1. 27	−0. 31	−0. 49	−0. 59
2017—2019 年	0. 40	0. 85	1. 25	−0. 27	0. 06	0. 25
2019—2021 年	−0. 12	−0. 29	−0. 45	−0. 22	−0. 41	−0. 51

表 4. 11 为中国农村和城镇不同相对贫困指数下的相对贫困受益指数。在中国农村，相对贫困发生率的贫困受益指数仅在 2011—2013 年和 2017—2019

年两个时间段内大于0，但是均小于1，说明在这两个时间段内，经济增长虽然具有亲贫性，但是主要依靠经济增长的扩散效应使得相对贫困人口受益。在其他时间段内，贫困受益指数均小于0，即经济增长不具备亲贫性。相对贫困距指数和相对贫困平方距指数的贫困受益指数与相对贫困发生率的贫困受益指数的测算结果基本一致。稍有区别的是，在2017—2019年，相对贫困平方距的贫困受益指数大于1，说明在这个时间段内，经济的增长使得极端贫困人口收入获益更多，从而有效改善了相对贫困人口内部的收入不平等状况。从横向对比来看，随着相对贫困厌恶系数的上升，贫困受益指数有增大的趋势。因此，当经济增长具有亲贫性时，极端贫困人口将获益更多，从而有效改善相对贫困深度和相对贫困治理强度。当经济增长不具有亲贫性时，极端贫困人口受到的损失更多，这将会加大相对贫困深度并提高相对贫困治理强度。

在中国城镇，相对贫困发生率的贫困受益指数仅在2013—2015年大于0，并且小于1，说明经济增长虽然具有亲贫性，但是主要是通过扩散效应使贫困人口获益。在其他时间段内，经济增长均不具备亲贫性。相对贫困距指数和相对贫困平方距指数的贫困受益指数与相对贫困发生率的贫困受益指数的测算结果基本一致，稍有区别的是在2017—2019年，相对贫困距指数和相对贫困平方距指数的贫困受益指数大于0，说明在这一时间段内，虽然经济增长没有使得相对贫困发生率下降，但是改善了相对贫困人口中极端贫困人口的收入状况，使得相对贫困深度和相对贫困治理强度得到改善。从横向对比来看，与农村贫困受益指数的变化规律相似，城镇贫困受益指数随着相对贫困厌恶系数的上升，具有增大的趋势。

综合来看，在样本期内，仅有个别时间段的经济增长具有亲贫性，并且这种亲贫性主要依靠经济增长的扩散效应使得相对贫困人口受益。在其他时间段内，经济增长不具备亲贫性。

4.4.2 收入分配的作用机制分析

通过对相对贫困指数的分解发现，经济增长效应和贫困识别效应对相对贫困指数的变动发挥了主要作用，而收入分配效应的贡献度较低。樊增增和邹薇（2021）通过对比同时期绝对贫困和相对贫困的变化，发现收入分配效应对相对贫困变化的贡献度明显小于对绝对贫困变化的贡献度。斯丽娟和郭海霞（2022）通过对多种相对贫困标准下的相对贫困变动进行分析，发现收入水平和贫困标准对相对贫困变动的贡献更大。因此，收入分配对相对贫困变化的作用机制需要进一步分析。

本节参考罗楚亮（2012）的做法，通过测算收入分配弹性来分析收入分配对相对贫困变化的作用机制，具体测算公式为：

$$EI=\frac{P[\mu,\ L(\tilde{Y}_i),\ z]-P[\mu,\ L(Y_i),\ z]}{P[\mu,\ L(Y_i),\ z]} \qquad (4-42)$$

其中，$\tilde{Y}_i=Y_i+1\%\times(Y_i-\mu)$ 表示全部人口中每个个体收入 Y_i 的改变量。当个体收入变为 $\tilde{Y}_i$ 时，人口的平均收入不发生变化，但是不平等程度上升了 1%。因此，收入分配弹性 EI 表示当收入不平等程度上升 1%时，相对贫困的变化情况。

利用式（4-42），本节对 2011—2021 年中国农村和城镇相对贫困指数变化的收入分配弹性进行测算，具体测算结果见表 4. 12。

表 4. 12 反映了 2011—2021 年中国农村在 30%相对贫困识别标准和城镇在 35%相对贫困识别标准下测度的各类相对贫困指数的收入分配弹性。需要说明的是，本节测度的收入分配弹性是在不改变平均收入水平和贫困识别标准，仅改变收入分配状况情况下的模拟。通过测度发现，中国农村和城镇的收入分配弹性表现出共同的特征。首先，全部收入分配弹性均大于 0，说明收入不平等程度的上升与相对贫困指数的上升具有正向作用。其次，随着贫困厌恶系数的上升，收入分配弹性呈上升趋势，并且差距非常大。无论是农村还是城镇，相对贫困距指数的收入分配弹性平均为相对贫困发生率收入分配弹性的 2. 1 倍，而相对贫困平方距指数的收入分配弹性平均为相对贫困发生率收入分配弹性的 3. 3 倍。这说明，虽然收入不平等程度仅上升了 1%，但是对于相对贫困人口中更低收入人群的影响非常大。最后，与农村收入分配弹性相比，城镇三类相对贫困指数的收入分配弹性更大，说明城镇相对贫困指数对于收入分配状况的变化更加敏感。

综合来看，收入分配效应在相对贫困指标变动中虽然贡献度小于经济增长效应和贫困识别效应，但是通过测算收入分配的弹性发现，当收入不平等程度下降时，其加速助推了相对贫困指数的上升，并且越是低收入人群，受到的影响越大。

表 4.12　2011—2021 年相对贫困指数的收入分配弹性　　单位:%

年份	农村 30%相对贫困线			城镇 35%相对贫困线		
	RPH	*RPG*	*RSPG*	*RPH*	*RPG*	*RSPG*
2011	3.73	7.96	12.44	5.95	12.56	19.68
2012	3.79	8.08	12.62	6.57	13.79	21.62
2013	4.14	8.74	13.64	4.36	9.17	14.29
2014	3.13	6.56	10.20	4.67	9.75	15.18
2015	3.29	6.90	10.73	4.53	9.40	14.62
2016	2.94	6.16	9.57	4.34	9.03	14.04
2017	3.02	6.34	9.85	4.16	8.67	13.48
2018	3.34	7.18	11.24	4.43	9.50	14.89
2019	3.41	7.20	11.21	4.55	9.80	15.38
2020	3.65	7.72	12.03	4.08	8.77	13.75
2021	3.25	6.83	10.61	4.06	8.69	13.61

4.4.3　贫困识别的作用机制分析

在相对贫困治理时期，相对贫困线的设定是各项工作的前提和基础。相对贫困线的设定是为了识别相对贫困人口，而相对贫困线的变化是与居民整体收入水平相关的。一方面，相对贫困线的提高代表了居民收入水平提高后需要一个更高的标准来识别相对贫困人口；另一方面，也反映了满足低收入人群对更高生活质量的需求。通过对相对贫困指数变动的分解发现，贫困识别效应对相对贫困指数的上升具有重要作用。

为了进一步分析贫困识别效应的作用，本节测算了贫困识别弹性用以分析在相对贫困线增长 1%的条件下相对贫困指数的变化情况，具体测算方法为：

$$EZ=\frac{P(\mu,\ L,\ z')-P(\mu,\ L,\ z)}{P(\mu,\ L,\ z)} \tag{4-43}$$

其中，$z'=z\times(1+1\%)$ 表示相对贫困线上升 1%。与静态经济弹性一样，贫困识别弹性是在保持经济收入水平和收入不平等程度不变情况下的模拟，具体测算结果见表 4.13。

表 4.13 为 2011—2021 年中国农村和城镇贫困识别弹性的测算结果。首先，通过测算发现，农村和城镇各类相对贫困指数的贫困识别弹性都大于 1，这也意味着当贫困线上升 1%时，相对贫困指数的上升超过 1%，说明相对贫困指数对贫困线的变化非常敏感。其次，伴随着贫困厌恶系数的上升，贫困识别弹性也有所上升，说明贫困识别弹性对相对贫困人口中更低收入的人群更加敏感。最后，通过综合对比农村和城镇各类相对贫困指数的贫困识别弹性发现，城镇相对贫困指数的贫困识别弹性要显著高于农村，说明城镇相对贫困人口对相对贫困线的调整更加敏感。当相对贫困线上调时，城镇相对贫困发生率、相对贫困深度和相对贫困强度的上升幅度要远高于农村。

表 4.13　2011—2021 年相对贫困指数的贫困识别弹性　　单位:%

年份	农村 30%相对贫困线			城镇 35%相对贫困线		
	RPH	*RPG*	*RSPG*	*RPH*	*RPG*	*RSPG*
2011	1.63	1.98	2.36	3.29	5.24	7.27
2012	1.69	2.13	2.60	3.61	5.81	8.13
2013	1.77	2.22	2.70	2.27	3.09	3.97
2014	1.38	1.44	1.53	2.56	3.68	4.87
2015	1.46	1.59	1.76	2.54	3.65	4.81
2016	1.26	1.15	1.08	2.33	3.20	4.13
2017	1.32	1.32	1.35	2.24	3.03	3.88
2018	1.44	1.60	1.80	2.39	3.48	4.61
2019	1.46	1.57	1.72	2.43	3.55	4.72
2020	1.54	1.74	1.98	2.28	3.27	4.30
2021	1.40	1.45	1.54	2.23	3.14	4.09

4.5　本章小结

2020 年后，中国庄严地向世界宣布现行标准下的贫困人口全部脱贫，中国摆脱了绝对贫困，全面建成了小康社会。然而，这并不意味着贫困治理工作的结束，而是贫困治理进入巩固拓展脱贫攻坚成果和治理相对贫困的新阶段。治理相对贫困应先从宏观角度把握相对贫困的本质及其演变规律，从而更有效地制定扶贫政策。如果说人均居民收入水平和收入不平等状况是影响绝对贫困治理的两大重要因素，那么在相对贫困治理时期则需要额外考虑相对贫困识别标准设定的影响。本章从宏观因素的角度出发，利用分组数据还原法对2011—2021年中国农村和城镇五等份收入分组数据进行模拟还原，在使用广义二次曲线模型估计各年度中国农村和城镇居民收入洛伦兹曲线的基础上，从经济增长效应、收入分配效应和贫困识别效应三个方面，利用Shapley值分解的方法对各年度相对贫困发生率、相对贫困距指数和相对贫困平方距指数三类相对贫困指数的跨期变动进行分解，并对三种效应的作用机制进行分析。本章的研究发现：

（1）农村相对贫困发生率的变化具有波动性，在2018年之后有明显下降，但是2020年后又出现上升。城镇相对贫困发生率在2011—2021年具有上升趋势，并且逐渐与农村相对贫困发生率接近。

（2）通过理论分析和对农村与城镇三类相对贫困指数的跨期分解发现，经济增长效应对相对贫困指数的上升具有负向作用，贫困识别效应对相对贫困指数的上升具有正向作用，收入分配效应对相对贫困指数变化的作用具有不确定性，即当收入不平等程度上升时，收入分配效应促进了相对贫困指数的上升，而当收入不平等程度下降时，其对相对贫困指数的上升具有负向作用。

（3）虽然经济增长效应对三类相对贫困指数的上升具有一定减缓作用，但是在测算期内，贫困识别效应抵消了经济增长的减贫效应，此时收入分配效应对相对贫困指数的变化起到了关键作用。

（4）通过对经济增长的静态经济弹性测算发现，相对贫困指数的静态经济弹性均为负值，说明经济增长能够有效缓解相对贫困指数的上升。但是，通过对相对贫困受益指数的测算发现，在大部分时间段内，经济增长不具备亲贫性，即经济增长的成果更多被非贫困人口获得。在个别时间段内，虽然经济增长具有亲贫性，但是这种亲贫性更多是由于经济增长的扩散效应形成的。

（5）通过对收入分配弹性的测算发现，收入分配状况的恶化显著提高了相对贫困指数，并且，随着贫困厌恶系数的增加，收入分配弹性具有上升的趋势。因此，相对贫困指数对收入不平等程度的下降非常敏感，特别是对相对贫困人口中更低收入的人群更加敏感。通过横向比较发现，城镇收入分配弹性显著高于农村。因此，城镇相对贫困人群对收入分配状况的变化更加敏感。

（6）通过对贫困识别弹性的测算发现，各类相对贫困指数的贫困识别弹性均大于 1，伴随相对贫困厌恶系数的上升，贫困识别弹性也有所上升。因此，相对贫困线的提高将显著提高相对贫困发生率、相对贫困深度和相对贫困强度。通过横向对比发现，城镇贫困识别弹性远高于农村。因此，城镇相对贫困人群对相对贫困线的提高更加敏感。

基于以上研究结论，本书得到如下政策启示：

（1）在相对贫困治理阶段，除了继续关注农村相对贫困人口之外，亟须将城镇相对贫困人口纳入到贫困治理的框架中。根据本书的测算，三类相对贫困识别标准下城镇相对贫困发生率、相对贫困距指数和相对贫困平方距指数在测算期内均出现上升，在这一过程中贫困识别效应发挥了重要作用。当前城镇经济的增长速度远远高于农村，城镇居民的整体平均收入迅速上升，按照相对贫困线的设置原则，相对贫困线将随着收入的上升而上升，从而进一步激发贫困识别效应的作用。虽然城镇比农村拥有更加完善的社会保障制度，但是一方面城镇流动人口可能无法享受到城镇的社会保障，另一方面这些保障制度仅能保障城镇低收入人群的基本生活，而无法促进其发展。因此，立足面向共同富裕的社会主义本质要求，应尽快建立城镇居民的相对贫困帮扶机制。

（2）防止脱贫人口再次返贫应成为当前贫困治理工作的重中之重。本章测算发现，2020 年之后农村相对贫困发生率出现上升，而城镇相对贫困发生率则一直处于上升趋势。虽然经济增长对减缓相对贫困具有重要作用，但是在大多数时间段内，经济增长不具备亲贫性，使得经济增长的减贫效应被收入分配效应和贫困识别效应抵消。即便如此，保持一定速度的经济增长对于缓解相对贫困仍具有积极的作用。但是，当前中国经济一方面正由经济高速增长阶段转向高质量发展阶段，经济增速有所放缓；另一方面自 2020 年新冠疫情以来中国经济的发展也受到了严重影响。经济增速在这双重影响下势必放缓，经济增长的减贫效应无法有效发挥，这使得脱贫人口的再次返贫风险凸显。因此，在现阶段的贫困治理过程中，需要重点关注脱贫人口的再次返贫。

（3）进一步完善收入分配体系，建立包容式经济发展模式，体现经济增长的亲贫性和对低收入人群的关怀性。根据本章对相对贫困指数变动的分解发现，虽然收入分配效应在相对贫困指数变动中的贡献度低于经济增长效应和贫困识别效应，但是收入分配效应起到了“稳定器”和“助推剂”的作用。当收入不平等程度下降时，其能够有效减缓相对贫困的上升，但是当收入不平等程度上升时，其在贫困识别效应对相对贫困上升的正向作用的基础上进一步助推了相对贫困的上升。当前，中国政府已经提出要构建初次分配、再分配和第三次分配协调发展的分配制度，这对构建亲贫式的收入分配体系具有重要意义。

第 5 章 Chapter Five
经济高质量发展与相对贫困

当前，中国经济已经进入高质量发展阶段。在这一阶段，中国经济的发展出现了一些新的特征。一方面，伴随着中国经济发展进入新阶段，中国的产业结构也在经历新旧动能转换和升级。根据“结构红利”理论，产业结构在升级的过程中往往能够产生结构红利，从而促进经济增长。另一方面，数字经济已经成为支撑中国经济发展的重要经济新业态，数字经济在国民经济中的比重也越来越高。那么以产业结构优化升级和数字经济快速发展为主要特征的经济高质量发展，能否对相对贫困的治理产生积极的影响？本章将从中观的视角出发，基于省级面板数据，分析在经济高质量发展阶段产业结构优化、数字经济发展对相对贫困的影响机制。

5.1 引言

2020 年，中国实现了农村贫困人口全部脱贫，这比世界银行制定的到 2030 年在全球范围内消除绝对贫困提前了整整 10 年。这一成就充分展示了中国特色社会主义制度和国家治理体系的巨大优越性与强大生机活力。消除绝对贫困并不是终点，而是中国反贫困进程中的阶段性成就（黄征学 等，2019）。未来，随着国家治理体系和治理能力现代化的不断推进，中国将进入巩固脱贫成效、解决相对贫困、逐步实现共同富裕的反贫困新阶段。新阶段的扶贫是以经济高质量发展为支撑，以人的全面发展为目的的发展型贫困治理阶段（杨菊华，2020）。其中，经济高质量发展是一切工作的抓手与关键，而产业结构的升级与优化又是经济向高质量发展演进的重要推动力量（刘伟和蔡志洲，2018）。当前，中国经济进入全面深化改革阶段，产业结构的调整在转变经济发展方式、提升经济发展质量过程中发挥着重要作用，由于在要素禀赋、产业政策等方面的差异，中国各地区的产业发展水平也呈现非均衡的特点（杨骞和秦文晋，2018），并体现为在各地区经济发展水平以及相对贫困程度上的差异。

当前，贫困人口的贫困特征与以往相比有较大差异。在以往的大规模扶贫开发阶段，贫困人口的主要致贫原因在于社会整体的经济机会不足。依靠经济的飞速增长，大量贫困人口快速摆脱贫困（陈飞和卢建词，2014）。而随着中国进入后工业化时期，劳动要素自由流动的障碍已被扫除，当前贫困人口的致贫原因已经不是面临的经济机会不足，而是相比于非贫困人口，其面临经济机会时把握能力不足，面临风险冲击时抗压能力不够。因此，当面临经济机会时，贫困人口的稳妥策略是保持原有的状态不变，即所谓的“稳妥贫困”（单德朋 等，2017）。另外，随着 2020 年全面脱贫工作的完成，如何防止脱贫人口的再次返贫，构建可持续的脱贫机制成为各地方政府亟须考虑的问题。因此，在未来的相对贫困治理中，贫困治理的逻辑与以往相比发生了较大变化，除了要考虑如何加强扶贫资金的精准投入、精准帮扶之外，还应在一个更长远的范围内考虑如何通过调整产业结构，缩小收入差距，提高低收入群体抵抗风险的能力。

在产业结构对贫困减缓的作用方面，学者研究发现，农业部门的持续增长在中国贫困减缓的过程中发挥了重要作用（李小云 等，2010）。如果农业的增长速度能够与工业和服务业保持一致，那么中国贫困减缓的进程将缩减一半（Montalvo and Ravallion，2011）。也有学者认为，农村家庭非农收入的增长对于摆脱贫困具有重要贡献（岳希明和罗楚亮，2010）。综合来看，以往的研究认为，贫困减缓一方面来自农业的增长，另一方面来自劳动密集型非农产业的增长。但是，这些研究在分析时要么使用三次产业占比分开计算减贫效应，要么对三次产业占比进行简单加权综合，而忽视了产业之间的协调，也忽视了资源在产业之间的有效利用以及产业结构本身对贫困的减缓作用。产业之间并不是孤立存在的，而是具有密切的关联性。产业结构的调整往往伴随就业结构的调整，并在调整过程中通过改变贫困人口收入结构，提高收入水平进而促使贫困人口脱贫。同时，产业结构调整与贫困治理还能够有效促进区域协调发展（冯亮 等，2021）。

经济高质量发展过程中还应考虑产业结构的调整方向问题。关于产业结构调整的方向及过程，当前存在的一种共识是随着经济的发展第一产业比重持续下降，第二产业比重在发展初期逐渐上升，到达顶点后逐渐下降，第三产业比重则持续上升。但是，这种共识不能很好地解释各个地区乃至各个国家在发展过程中出现的异质性特点，例如，现实中一些发达国家在工业化后期，第二产业比重仅略微下降甚至有所上升（黄群慧，2017）。从国际经验来看，产业转型失败的经济体往往伴随着第二产业的垂直下行和第三产业的快速上升（张辉 等，2019）。另外，服务经济的过快发展还有可能造成初次收入分配差距的持续拉大（黎晓寅，2018）。当前，从三次产业结构占比来看，虽然中国已经进入后工业化时代，但是农业生产率水平仍然较低，工业化尚未完成，服务业的发展仍需加强。因此，产业结构调整方向应是综合考虑产业结构、劳动力结构之间的关系，使产业之间能够均衡发展，并使社会资源在产业之间能够得到有效利用。

当前，随着中国经济进入高质量发展阶段，中国经济的增长模式也从传统的“要素驱动”转向“创新驱动”发展模式。以数字经济为代表的新经济已经成为当今中国经济中最活跃、最重要的领域。数字经济是将人工智能、大数据、新一代通信等新兴技术融入经济发展中，发挥新兴技术在信息传递、资源配置与共享等方面的优势，从而促进经济高质量发展的新经济形态。发展数字经济对改变资源配置方式、生产与消费方式，促进产业结构和就业结构升级具有重要的作用（田鸽和张勋，2022）。发展数字经济能够有效突破传统地理环境和地域空间的限制，创造新的就业岗位，提升生产效率，从而缩小收入差距（陈飞 等，2022；龚新蜀 等，2023）。因此，发展数字经济不仅可以促进经济的高质量发展，也会对相对贫困产生积极的影响。当前，关于数字经济与贫困治理的相关研究较多地从信息技术、电子商务等方面分析对经济包容性增长以及绝对贫困缓解的影响，而较少地从综合的数字经济发展角度分析对相对贫困的影响机制。

本章将从中观视角出发，基于省级面板数据，将产业结构优化、数字经济发展和相对贫困治理放入一个统一的框架进行分析，以探寻经济高质量发展对相对贫困治理的影响机制。本章将在对产业结构优化和数字经济发展的反贫困机制进行分析的基础上，对本章分析所需的几个核心指标进行测度及分析。在实证分析部分，本章将综合使用个体固定效应面板模型以及面板门槛模型，以期较为全面地分析产业结构优化和数字经济发展对相对贫困的影响。

本章的边际贡献主要有以下三点：

（1）将数字经济发展、产业结构合理化、产业结构高级化以及相对贫困纳入统一的分析框架，在省级层面对各核心指标进行测度并分析各核心指标之间的相互关系。

（2）基于中国城乡二元结构的差异性，多角度分析产业结构优化和数字经济发展对农村和城镇相对贫困治理的非线性影响机制；基于当前中国地区发展不平衡的现状，综合分析产业结构优化、数字经济发展对缓解相对贫困的地域异质性。

（3）实证分析绝对贫困和相对贫困治理逻辑的差异性，为相对贫困治理政策的制定提供决策支持。

本章后续部分的安排如下：对产业结构优化、数字经济发展的反贫困机制进行分析，阐述省级相对贫困发生率、收入不平等程度、产业结构优化、数字经济发展等几个核心指标的测度方法并对测度结果进行比较分析，在使用固定效应面板模型分析产业结构优化、数字经济发展对相对贫困影响的基础上，使用面板门槛模型进一步分析产业结构优化、数字经济发展对相对贫困的非线性影响，本章小结。

5.2 经济高质量发展的反贫困机制分析

当前，产业结构优化和数字经济发展是经济高质量发展的两大特征。本节将从理论上对产业结构优化和数字经济发展的反贫困机制进行分析。产业结构在调整过程中会获得额外劳动生产率的提高，即所谓的“结构红利”，从而有效促进经济增长。经济的快速增长能够有效提高就业人口的收入，从而对贫困减缓产生积极作用。但是，如果在经济快速发展过程中，社会群体之间收入差距拉大，则会对贫困减缓产生显著的阻碍作用（万广华 等，2008；沈扬扬，2012）。因此，产业结构在调整过程中需要把控方向，协调产业结构与就业结构之间的关系，在促进经济增长的同时，有效缓解分配不平等，从而使得贫困人口从经济增长中获益。发展数字经济的目的是推动人工智能、大数据技术等新兴技术与传统产业的融合，通过数字产业化和产业数字化发挥数字要素的作用。在发展数字经济的过程中可以提升产业全要素生产力、提升创新能力、创造新兴就业岗位、推动产业升级，进而缓解相对贫困的状况。

5. 2. 1　产业结构优化与相对贫困缓解

根据本书前面章节的分析结果发现，经济持续增长和缩小收入差距是缓解相对贫困的两大重要因素。产业结构在优化过程中，一方面具有“结构红利”作用，直接促进经济的增长，另一方面通过促使劳动力在不同产业之间流动，促使产业结构与就业结构在三次产业之间达到均衡，从而提升了低收入人群的收入，缩小了收入差距。因此，产业结构的优化对相对贫困减缓具有重要作用。

2010—2021 年，中国的产业结构处于持续调整过程中。2012 年，第三产业增加值占比首次超过第二产业，并持续上升，第一、第二产业占比则持续下降，截至 2023 年，三次产业增加值占比分别为 6. 9%、36. 8%和 56. 3%（见图 5. 1）。从三次产业从业人员占比来看，2011 年第三产业从业人员占比首次超过第一产业，2014 年第二产业从业人员占比首次出现下降，截至 2023 年，第一、第二、第三产业就业人员占比分别为 22. 8%、29. 06%、48. 14%（见图 5. 2）。从产业结构来看，当前中国已经进入后工业化阶段，而从就业结构来看，中国则具有刚进入工业化后期的特征，中国就业结构的演进速度明显落后于产业结构。

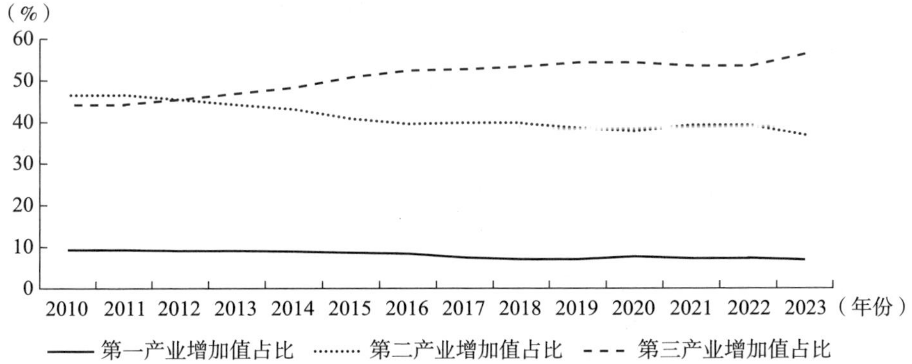

图 5. 1　2010—2023 年中国三次产业增加值占比

资料来源：历年《中国统计年鉴》。

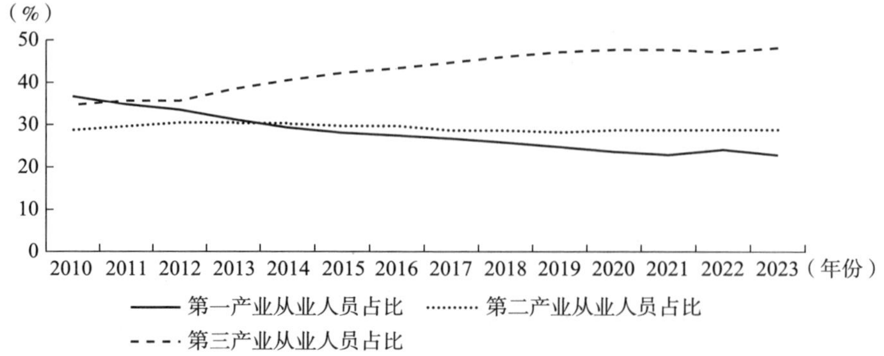

图 5.2　2010—2023 年中国三次产业从业人员占比

当前，中国农业就业人口占比达 22.8%，而若发展到后工业化时期，农业就业人口占比一般为 10%以下（张辉 等，2019），未来，中国将有大量农业人口向工业以及服务业转移。当劳动力从农业向工业及服务业转移时，一方面，由于工业、服务业边际报酬较第一产业高，劳动力的转移会引起社会平均劳动生产率的提高，从而促进经济增长；另一方面，由劳动力转移所引起的结构变化还能带来额外的经济增长，即所谓的“结构红利”。为了说明该问题，本节将姚洋（2018）的两部门模型扩展到包含农业、工业和服务业的三部门模型：

$$Y=Y_A\cdot(1-L_I-L_S)+Y_I\cdot L_I+Y_S\cdot L_S \tag{5-1}$$

其中，Y 表示社会平均劳动生产率，Y_A、Y_I、Y_S 分别表示农业、工业和服务业劳动生产率，L_I、L_S 分别表示工业和服务业就业人员占比。对式（5-1）中各项关于时间 t 求导可得：

$$\begin{aligned}\frac{\mathrm{d}Y}{\mathrm{d}t}=&\frac{\mathrm{d}Y_A}{\mathrm{d}t}-\frac{\mathrm{d}Y_A}{\mathrm{d}t}\cdot L_I-Y_A\cdot\frac{\mathrm{d}L_I}{\mathrm{d}t}-\frac{\mathrm{d}Y_A}{\mathrm{d}t}\cdot L_S-Y_A\frac{\mathrm{d}L_S}{\mathrm{d}t}+\\&\frac{\mathrm{d}Y_I}{\mathrm{d}t}\cdot L_I+Y_I\cdot\frac{\mathrm{d}L_I}{\mathrm{d}t}+\frac{\mathrm{d}Y_S}{\mathrm{d}t}\cdot L_S+Y_S\cdot\frac{\mathrm{d}L_S}{\mathrm{d}t}\end{aligned} \tag{5-2}$$

在式（5-2）中，令 $\dot{Y}=\frac{\mathrm{d}Y}{\mathrm{d}t}$，表示社会平均劳动生产率随时间的变化，其他各项也作类似处理，并加以整理可得：

$$\dot{Y}=\dot{Y}_A\cdot(1-L_I-L_S)+\dot{Y}_I\cdot L_I+\dot{Y}_S\cdot L_S+(Y_I-Y_A)\cdot\dot{L}_I+(Y_S-Y_A)\cdot\dot{L}_S \tag{5-3}$$

式（5-3）右侧第四、第五项代表劳动力转移引起的结构变化带来的劳动生产率的变化，当劳动力由农业转向工业和服务业时，$\dot{L}_I$，$\dot{L}_S>0$，又由于工业和服务业的劳动生产率高于农业，可得（Y_I-Y_A）·$\dot{L}_I>0$ 和（Y_S-Y_A）·$\dot{L}_S>0$，意味着劳动力转移过程中必将对经济增长作出贡献。

当前，衡量产业结构的优化主要从产业结构合理化和产业结构高级化两个方面衡量。产业结构合理化主要测度了三次产业之间投入与产出的耦合程度。最理想状态是三次产业之间的经济结构与就业结构达到均衡。从直观上解释，当达到均衡时，三次产业的劳动生产率将协调一致。一般来说，在三次产业中，工业、服务业的劳动报酬高于农业，劳动力的转移方向一般是从低劳动报酬的农业转向高劳动报酬的工业和服务业。在劳动力能够自由流动的假设下，当劳动力市场达到均衡状态时，各产业劳动报酬将会收敛。在产业结构向合理化方向发展过程中，社会各群体的劳动收入将会逐步提高，特别是低收入人群获益最多，最终各产业间群体收入将趋向一致。产业结构的合理化伴随劳动力结构的均衡以及劳动报酬的收敛，其对各群体之间收入差距的缩小具有积极作用。因此，产业结构合理化无论是对农村相对贫困的缓解还是对城镇相对贫困的缓解均具有积极作用。

产业结构高级化主要衡量了以经济服务化为方向的发展趋势。随着 20 世纪 70 年代以来信息技术的快速发展，世界各国尤其是工业化后期国家均出现经济服务化的发展趋势。进入 21 世纪以来，以人工智能、大数据技术为代表的新兴技术与经济的融合更加深入。服务业，特别是生产性服务业对工业发展的支持力度大大加强。工业与服务业的界限也越加模糊。产业结构高级化正是衡量了这一发展趋势。在产业结构高级化过程中，一方面能够促使工业与服务业相互支撑共同快速发展，另一方面在工业和服务业快速发展中，劳动者报酬也快速提高。根据《2022 年中国统计年鉴》，2021 年信息传输、软件和信息技术服务业，金融业，科学研究和技术服务业排在各行业就业人员平均工资的前三位。所以，产业结构高级化能够提高从业人员特别是高技术人员的劳动报酬，缓解相对贫困。但是，由于当前中国城乡二元经济结构仍然存在，工业和服务业主要布局在城市中，对城市经济的发展和促进作用更加明显，而对农村经济的作用则较弱。因此，产业结构高级化对城镇相对贫困的作用更加明显，对农村相对贫困的作用较弱或影响不显著。

综合来看，产业结构的优化过程伴随着劳动力在不同产业、不同地区间流动。其流动方向往往是从低劳动生产率部门向高劳动生产率部门以及从低收入地区向高收入地区流动。在流动过程中，劳动报酬也相应得到提高，帮助劳动者家庭摆脱贫困。所以，产业结构的优化对相对贫困减缓具有直接效应。同时，产业结构在优化过程中能够提高劳动生产率，促进经济发展，而经济发展对于相对贫困减缓具有积极的正向效应。因此，产业结构优化通过经济发展水平提升对减贫效应具有间接正向作用。

5.2.2 数字经济发展与相对贫困缓解

随着数字时代的来临，数字经济的发展规模在中国国民经济中的比重越来越高，已经成为中国经济的重要组成部分和保持中国经济稳定增长的重要驱动力。同时，数字经济在发展过程中能够促进经济包容性增长（张勋 等，2019），提升制造业生产效率（黄群慧 等，2019），提升创业活跃度（赵涛 等，2020），创造新的就业岗位并提高非农收入（田鸽和张勋，2022），促进企业创新效率的提高（刘强 等，2022），从而促进经济增长，缩小收入差距，进而有效缓解相对贫困。本节将从定性角度对数字经济缓解相对贫困的理论机制进行分析。

（1）发展数字经济能够有效拉动投资促进经济稳定增长。在中国经济高速增长的阶段，基础设施建设投资对经济增长的带动作用明显。同时，“要想富先修路”的实践经验也表明，基础设施建设投资对于消除绝对贫困发挥了重要作用。随着中国经济由高速增长阶段转向高质量发展阶段，传统的基础设施建设已经基本完成，其对经济增长的边际效应逐渐减弱，而数字经济的发展则成为中国经济进入新常态后的重要投资领域。无论是 21 世纪初的“宽带中国”战略，还是 2020 年后中国政府提出的新基建计划，都凸显了以高新技术为特点的战略性新兴产业的投资价值。以新一代通信网络、大数据服务与交易中心为代表的新型基础设施建设的快速推进，实现了数字要素的产业化，并对保持经济稳定增长、促进经济结构快速升级发挥了重要作用。新基建在拉动投资、促进经济增长的同时，也拉近甚至消除了人们之间的距离，提升了沟通效率，创造出更多的商业机会，对缓解相对贫困起到一定的作用。

（2）发展数字经济能够促进产业结构转型升级。产业数字化是数字经济的重要特征。数字经济在发展过程中，一方面促进了传统产业的升级改造，提升了传统产业的生产效率，降低了生产成本；另一方面带动了新兴产业的发展，促进了产业的转型升级。根据中国信息通信研究院发布的《全球数字经济白皮书（2022）》，2021 年，全球 47 个国家中，产业数字化成为数字经济发展的主引擎，占数字经济 85%的比重，其中，第三产业数字化引领了产业转型升级，三次产业数字经济占产业增加值的比重分别为 8.6%、24.3%和 45.3%。

（3）数字经济的发展创造了新的就业岗位。数字经济创造了许多新兴职业，吸引了大量人员从事与数字经济相关的工作。据统计，人力资源和社会保障部发布的新兴职业中，有超过 20 个岗位与数字经济有关，预计到 2025 年，数字经济带动的就业人数将达到接近 3.8 亿人。[①] 作为数字经济重要组成部分的消费互联网的蓬勃发展使得处于农村的低收入人群借助电子商务平台对接全国的消费者，从而增加了就业机会，增加了收入来源（邢小强 等，2021）。消费互联网的发展加速了快递业、外卖业的发展，使得大量低技能劳动者获得了就业机会（刘皓琰和李明，2017）。数字经济的发展还促进了共享经济、粉丝经济的快速发展，创造了数字消费的新消费模式以及“网红”等新职业（江小娟，2017）。

（4）数字经济的发展促进了就业结构的升级。以腾讯、阿里巴巴、京东等企业为代表的消费互联网是早期数字经济快速发展的重要驱动力。随着新基建项目的加快推进，工业互联网将成为数字经济发展新的增长点。工业互联网在发展过程中将大量人工智能技术、自动化技术、机器人技术应用到生产的各环节，从而提高了生产效率，但同时也会对就业产生替代效应。这种替代效应对中等技能人群影响最为显著（Autor and Dorn，2013），并促使就业结构出现两极分化（蔡跃洲和陈楠，2019）。一方面低技能劳动岗位被自动化、智能化生产技术替代，另一方面工业互联网的发展增加了对高技术人才的需求，促进了就业结构的升级（王文，2020）。随着以工业互联网为代表的数字经济快速发展，其对从业者的知识和技能要求逐渐提高。同时，人力资本的不断积累，又会反向助推数字经济发展。由于工业互联网更多的是促进了城市经济的发展，因此，数字经济对农村相对贫困和城镇相对贫困有可能产生不同的影响，并且根据“梅特卡夫法则”，这种影响可能是非线性的。

① 光明网．数字经济催生更多新职业　到 2025 年带动就业人数将达 3.79 亿［EB/OL］．［2022-03-31］．https：//m.gmw.cn/baijia/2022-03/31/35627147.html.

综合来看，数字经济已经成为当前乃至未来中国经济发展的重要驱动力。数字经济的发展能够促进产业结构转型升级，创造新的就业岗位并促进就业结构的升级。对于农村来说，数字经济的发展促进了非农收入的增加，扩大了农民收入来源，从而有助于缓解相对贫困。对于城市来说，数字经济创造了更多就业岗位，并促进了对高技能人才的需求，提升了从业人员的劳动报酬，从而缓解了城镇相对贫困。但是，数字经济在发展过程中对中低技能劳动者存在替代效应，因此，数字经济对相对贫困的缓解可能存在非线性的影响，并且对农村和城镇相对贫困的影响可能存在差异。

5.3 指标测度与描述性分析

本节将对本章实证分析中所使用的各类指标的测度方法进行介绍并对各指标测度结果进行描述性分析。测度相对贫困和产业结构的数据来自《中国统计年鉴》和各省份历年统计年鉴；测度数字经济发展水平的数据来自《中国统计年鉴》、《中国工业经济统计年鉴》和《中国第三产业统计年鉴》。由于统计口径的变化，个别年度数据存在缺失，本节采用插值法进行处理。

5.3.1 省级层面相对贫困测度

对省级层面相对贫困状况进行测度是本章实证分析的基础。本章实证分析的时间跨度为2010—2018年，这期间中国正在开展大规模脱贫攻坚工作，反贫困的目标在于消除绝对贫困，从公开数据来看，只公布了各省份的绝对贫困发生率，没有相对贫困发生率的相关数据。同时，当前学界仍在对相对贫困的识别标准进行探讨，中国政府也没有公布关于相对贫困的标准，因此，研究期内需要对各省份的相对贫困状况进行测度。

本章测度省级相对贫困发生率的思路是使用政府公布的收入分组数据进行分布拟合检验并计算贫困发生率。本章参考 Shorrocks 和 Wan（2008）提出的将分组进行还原的方法测度省级层面相对贫困发生率。以各省公布的收入分组数据为基础，在预先设定的收入分布假设下随机生成一组模拟数据，并采用迭代的方法使模拟数据各分组的均值不断靠近真实收入分组数据的各分组均值。分组数据还原方法的具体算法在本书第 4 章中已经进行了介绍，这里不再赘述。

当得到最终的模拟数据后，本章利用模拟数据拟合对数正态分布，并利用拟合后的分布计算相对贫困发生率。在相对贫困识别标准的选择方面，根据本书第 2 章使用高斯混合模型期望最大化算法测算的相对贫困线结果，农村相对贫困线采用农村居民人均可支配收入的 30%线，城镇相对贫困线采用城镇居民人均可支配收入的 35%线。在得到各省份农村和城镇相对贫困发生率后，本章采用按农村和城镇人口占比加权平均的方式测算得到省级层面的相对贫困发生率。在具体测算过程中，由于模拟数据是随机产生，为保持测算结果的稳健性，本章对模拟数据模拟了 100 次，最终结果为 100 次模拟结果的均值。需要特别说明的是，受统计口径变化的影响，大多数省份在 2019 年之后不再公布省级层面城镇和农村家庭收入分组数据，同时，部分省份一直没有公布收入分组数据，部分省份只公布了城镇居民收入分组数据，没有公布农村居民收入分布数据。因此，本章测度时间选择 2010—2018 年，并且受数据所限，农村相对贫困只测度了北京、山西、上海、江苏、浙江、福建、江西、河南、广东、广西、重庆、四川、贵州和甘肃 14 个省（自治区、直辖市）；城镇相对贫困只测度了北京、河北、山西、内蒙古、辽宁、上海、江苏、浙江、安徽、福建、江西、河南、湖北、广东、广西、海南、重庆、四川、贵州、山西、甘肃和宁夏 22 个省（自治区、直辖市）。

通过测度发现，中国各省份相对贫困发生率有较大差异。从总体上来看，东部地区的相对贫困发生率明显低于中部和西部地区。北京、上海、江苏、浙江和福建等东部地区省份的 3 条相对贫困发生率趋势线基本重合，并一直保持在较低的水平。中西部地区省份的相对贫困发生率也存在差异，中部地区的相对贫困发生率要低于西部地区，并且相对贫困发生率的变化趋势较为平稳，而西部地区的甘肃和贵州两省的相对贫困发生率有明显的上升趋势。

从 3 条相对贫困发生率趋势线之间的关系来看，北京、上海、重庆、广东、江苏、浙江等省份的 3 条相对贫困发生率趋势线基本重合，四川、山西两省的城镇相对贫困发生率明显高于省级和农村相对贫困发生率。福建、江西的城镇相对贫困发生率在前期低于省级和农村相对贫困发生率，随后逐渐上升并接近省级和农村相对贫困发生率。河南和广西的城镇相对贫困发生率虽然一直高于省级和农村相对贫困发生率，但是差距并不明显。贵州和甘肃两省在前期时，3 条相对贫困发生率趋势线差距并不明显，但是在

2015 年之后，农村相对贫困发生率迅速上升，并高于省级和城镇相对贫困发生率。

综合来看，在相对贫困治理时期，城镇相对贫困发生率对各省份相对贫困发生率的影响逐渐加大。通过对各省份城镇相对贫困的发展趋势进一步分析发现，东部地区的相对贫困发生率明显低于中西部地区，中部地区的相对贫困发生率要低于西部地区。从变化趋势来看，除了北京、上海、浙江 3 个省份的相对贫困发生率变化不明显外，其他省份的城镇相对贫困发生率均有较大变化。其中，广东、江苏、福建和陕西等省份的城镇相对贫困发生率呈现上升后略有下降的趋势。其他省份则呈现在波动中不断上升的趋势。

5.3.2　收入不平等的测度与分解

通过本书第 4 章中对收入不平等与相对贫困的关系分析发现，收入不平等对相对贫困的变化具有“稳定器”和“助推剂”的作用。因此，在分析省级层面的相对贫困变化影响因素时，收入不平等是一个重要的因素，本章的实证分析结果也证实了收入不平等对相对贫困的上升具有显著的正向作用。然而，从已知的公开数据来看，各省份的基尼系数并没有公布，这就需要自行测度。

在测度各省份基尼系数时，面临的一个问题是城乡基尼系数的混合与分解。在中国城乡二元经济结构的约束下，一方面城镇与农村居民的收入结构相差较大，收入分布的特点也有差异；另一方面城镇与农村居民的收入区间是混合的，虽然从全省范围来看，农村居民中低收入者居多，城镇居民中高收入者居多，但是两个群体的收入区间是有交叉的。因此，计算混合的基尼系数时，明确城镇和农村两个群体在混合时的权重以及定义两个群体之间的差距十分重要。

本章在计算省级基尼系数时参考艾小青（2015）提出的基尼系数混合与分解方法。该方法从收入分布函数的角度对城乡混合基尼系数进行计算和分解，能够较好地解决混合基尼系数分解中的约束条件严格、分解结果存在难以解释项等问题。该方法的具体计算过程是，设各个群体内部的基尼系数为：

$$G_i=\int_{a_i}^{b_i}F_i(x)(1-F_i(x))\mathrm{d}x/\mu_i \tag{5-4}$$

其中，$F_i(x)$ 和 μ_i 分别表示群体 i 的收入分布函数和收入均值，a_i 和 b_i 分别表示群体 i 收入区间的下限和上限。此时，可以定义混合的基尼系数为：

$$G=\int_{a}^{b}F(x)(1-F(x))\mathrm{d}x/\mu \tag{5-5}$$

其中，$F(x)$ 和 μ 分别表示混合的收入分布函数和收入均值，a 和 b 分别表示混合后群体的收入区间的下限和上限。设 P_i 为群体 i 的人口占比，则令 $w_i=P_i\mu_i/\mu$ 表示群体 i 的收入比重。同时可得：

$$F(x)=\sum_{i=1}^{n}P_iF_i(x),\ x\in[a,\ b] \tag{5-6}$$

当 $x\in[a,\ a_i]$ 时，$F_i(x)=0$；当 $x\in[b_i,\ b]$ 时，$F_i(x)=1$，因此式（5-4）也可表示为：

$$G_i=\int_{a_i}^{b_i}F_i(x)(1-F_i(x))\mathrm{d}x/\mu_i=(\int_{a}^{a_i}F_i(x)(1-F_i(x))\mathrm{d}x+\int_{a_i}^{b_i}F_i(x)(1-F_i(x))\mathrm{d}x+\int_{b_i}^{b}F_i(x)(1-F_i(x))\mathrm{d}x)/\mu_i=\int_{a}^{b}F_i(x)(1-F_i(x))\mathrm{d}x/\mu_i \tag{5-7}$$

当只有两个群体时，将式（5-6）和式（5-7）代入式（5-5）可得：

$$\begin{aligned}G&=\int_{a}^{b}F(x)(1-F(x))\mathrm{d}x/\mu=\int_{a}^{b}\sum_{i=1}^{2}P_iF_i(x)(1-\sum_{i-1}^{2}P_iF_i(x))\mathrm{d}x/\mu\\&=\left(\int_{a}^{b}\sum_{i=1}^{2}(P_iF_i(x)-P_i^2F_i^2(x)\mathrm{d}x-\int_{a}^{b}2P_1P_2F_1(x)F_2(x)\mathrm{d}x\right)/\mu\\&=(\sum_{i=1}^{2}P_i^2\int_{a}^{b}F_i(x)(1-F_i(x)\mathrm{d}x+\int_{a}^{b}(P_1P_2F_1(x)+P_1P_2F_2(x)-\\&\quad 2P_1P_2F_1(x)F_2(x))\mathrm{d}x)/\mu\\&=P_1^2\mu_1G_1/\mu+P_2^2\mu_2G_2/\mu+P_1P_2\int_{a}^{b}(F_1(x)+F_2(x)-2F_1(x)F_2(x))\mathrm{d}x/\mu\\&=P_1w_1G_1+P_2w_2G_2+P_1P_2G_{12}\end{aligned} \tag{5-8}$$

其中，$G_{12}=\int_a^b(F_1(x)+F_2(x)-2F_1(x)F_2(x))\mathrm{d}x/\mu$ 表示城乡之间的收入差距。G_1 和 G_2 分别表示城镇和农村居民内部的基尼系数。

本章利用式（5-8）测算了 2010—2018 年样本省份的省级基尼系数、农村基尼系数和城镇基尼系数。从基尼系数的数值大小来看，东部地区省份的基尼系数小于中西部地区的省份。其中，上海市的省级基尼系数最小，甘肃和贵州的省级基尼系数最大。从基尼系数的发展趋势来看，浙江省的基尼系数呈下降趋势，而其他省份的基尼系数呈现出在波动中上升的趋势，其中甘肃和贵州两省的上升趋势最明显。从农村和城镇基尼系数之间的关系对比来看，上海和北京的城镇基尼系数高于农村基尼系数，其他省份则是农村基尼系数高于城镇。这说明，农村内部的收入不平等程度要高于城镇。从省级合成基尼系数与农村和城镇两个群体的基尼系数之间的关系来看，大多数省份的省级基尼系数明显高于农村和城镇基尼系数，只有上海、北京、浙江、四川和江西等省份的省级基尼系数与农村或城镇基尼系数比较接近。这说明，对于大多数省份而言，在合成省级基尼系数的过程中，城乡收入差距起到了重要的作用。

2010—2018 年大部分省份的城乡收入差距在波动中呈现上升趋势，其中甘肃和贵州两省的城乡收入差距上升趋势明显。在所有样本省份中仅有广东、浙江和重庆 3 个省份的城乡收入差距有下降趋势。从城乡收入差距的程度来看，东部地区城乡收入差距低于中西部地区，贵州和甘肃两省的城乡收入差距最为严重。

5.3.3 产业结构优化的测度

当前，学界对于产业结构变迁与优化主要从产业结构合理化和产业结构高级化两个维度进行衡量（干春晖 等，2011；吴万宗 等，2018）。产业结构合理化是指产业之间在资源利用程度和产业协调程度方面的质量，是一种衡量全部产业资源投入结构与产业产出结构耦合程度的方法。因此，在衡量产业结构合理化时，需要考虑产业结构与就业结构的耦合程度。另外，根据均衡理论，当经济处于均衡状态时，各产业劳动生产率与社会平均劳动生产率趋于一致，产业间劳动力流动也趋于平稳。因此，产业结构合理化的发展方向应该是使经济达到均衡。在已有的衡量指标中，干春晖等（2011）、杨骞和秦文晋（2018）使用了泰尔指数来评价产业结构合理化。其计算公式为：

$$TL = \sum_{i=1}^{3}\left(\frac{Y_i}{Y}\right)\ln\left(\frac{Y_i}{L_i}\Big/\frac{Y}{L}\right) \tag{5-9}$$

其中，Y、L 分别表示社会总产值与总就业人数，Y_i、L_i 分别表示第 i 产业的增加值和就业人数。当经济处于均衡状态时，有 $TL=0$。然而，该方法在衡量产业结构均衡水平时可能存在的一个问题是各产业距离均衡状态的偏离有正负之分。一般来说，农业生产率低于社会平均生产率，因此产生负向偏离，而工业、服务业生产率一般高于社会平均生产率，从而为正向偏离。这种情况下，计算总指标时，在求和过程中会产生正负抵消现象，从而对产业结构均衡水平的估计产生误差。为此，本书提出一种新的产业结构均衡水平测度方法——均衡距离法，其计算公式为：

$$RIS = \sqrt{\sum_{i=1}^{n}\left(\frac{Y_i/L_i}{Y/L} - 1\right)^2} = \sqrt{\sum_{i=1}^{n}\left(\frac{Y_i/Y}{L_i/L} - 1\right)^2} \tag{5-10}$$

式（5-10）中第一个等式反映各产业劳动生产率与社会平均劳动生产率的耦合程度，第二个等式反映产业结构和就业结构的耦合程度。式（5-10）的数学意义为空间中两个向量的欧氏距离，经济意义为产业结构与均衡状态的距离，式（5-10）中的每一个平方项可以看成是对第一、第二、第三产业与均衡状态距离的衡量。同样，当经济均衡时，有 $RIS=0$，因此 RIS 数值越接近 0，表示经济越均衡，RIS 数值越大，表示经济偏离均衡状态越远。同时，该方法还避免了计算过程中正负抵消问题。

评估产业结构优化程度的另一个维度是产业结构高级化。产业结构高级化是在综合考虑产业升级发展趋势的基础上，对产业结构升级程度进行测度的指标。因此，在衡量产业结构高级化时，需要先明晰产业结构升级的方向。当前，产业之间，特别是第二、第三产业之间融合发展的趋势日益明显。一方面，自 20 世纪 70 年代以来，以计算机技术、互联网技术为代表的技术革命给处于工业化后期的国家产业结构带来极大冲击，第二、第三产业之间的界限越来越模糊，世界主要经济体出现了经济服务化或制造业服务化趋势并逐渐成为产业结构升级的重要特征。另一方面，进入 21 世纪以来，中国经济由高速增长转向高质量发展的新常态阶段，以大数据技术、人工智能技术为代表的新兴技术和以数字金融、供应链金融、绿色金融为代表的金融新业态与各产业的发展深度融合，生产性服务业成为支撑第二、第三产业发展的重要引擎，生产性服务业在整个服务业中的比值也不断提升。因此，本书借鉴吴万宗等（2018）、冯亮和陆小莉（2021）的做法，将产业结构高级化定义为第三产业与第二产业的比值，具体计算公式为：

$$OIS = Y_3 / Y_2 \qquad (5-11)$$

其中，Y_2 和 Y_3 分别表示第二产业和第三产业产值。根据式（5-10）和式（5-11），本节计算了 2010—2018 年样本省份的产业合理化指数和产业高级化指数，并与各省份人均生产总值和基尼系数进行了对比分析。

总体来看，东部地区的产业合理化指数低于中西部地区，说明东部地区产业结构更加合理与均衡。从数值上来看，贵州、甘肃和广西等西部地区的产业合理化指数最高。从发展趋势来看，各省份的产业合理化指数大多呈下降趋势，特别是西部地区的贵州、甘肃、广西和重庆下降趋势最为明显，说明各省份的产业结构正在向产业结构均衡的趋势发展。

从发展趋势上来看，各省份的产业结构高级化指数均呈现上升的趋势，其中北京、上海两市上升趋势最为明显。产业结构高级化指数衡量了产业升级的程度，各省份所呈现出的上升趋势说明各省份均已找准了产业升级的方向，并逐渐调整产业结构。从产业高级化程度来看，北京市产业高级化程度最高，上海市次之，而其他省份与北京和上海的差距较为明显。

图 5.3 展示了产业结构合理化与省级相对贫困发生率、省级人均生产总值、省级基尼系数、城乡收入差距之间的散点图以及相关系数。从图 5.3 中可以看出，产业结构合理化程度越高的省份，其相对贫困发生率越低，产业结构合理化程度越低的省份，其相对贫困发生率越高，两者具有正相关关系，相关系数达到 0.51。产业结构合理化指数与人均生产总值具有负相关关系，产业结构越合理的省份，其人均生产总值越高，代表了经济越发达，产业结构越不合理的省份，其人均生产总值越低。产业结构合理化指数与基尼系数和城乡收入差距均呈正相关关系，即产业结构合理化程度越高的省份，其收入不平等程度越低，产业结构合理化程度较低的省份，不平等程度相对较高。特别是产业结构合理化指数与城乡收入差距的相关系数要高于省级基尼系数，说明产业结构合理化对城乡收入差距的影响更大。这主要是因为产业结构合

理化衡量的是三次产业之间投入与产出的均衡关系，而第一产业主要在农村，第二、第三产业主要在城镇，因此，产业结构越合理，代表三次产业间的生产效率越均衡，城乡之间的收入差距就越小。另外，从图 5.3 中还可以看出，产业结构合理化指数与相对贫困发生率、人均生产总值以及城乡收入差距之间呈现一种非线性的关系。

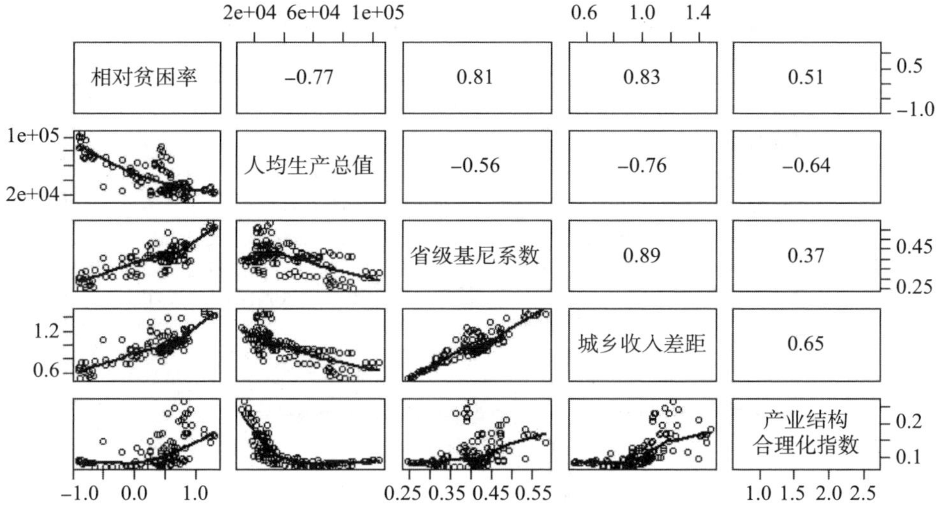

图 5.3　产业结构合理化与各指标散点图

图 5.4 展示了产业结构高级化与省级相对贫困发生率、省级人均生产总值、省级基尼系数、城乡收入差距之间的散点图以及相关系数。产业结构高级化指数与各指标之间的关系和产业结构合理化指数的表现略有不同。从相关系数来看，产业结构高级化指数与相对贫困发生率呈负相关关系，相关系数为-0.59；与人均生产总值呈正相关关系，相关系数为 0.62；与省级基尼系数呈负相关关系，相关系数为-0.44；与城乡收入差距呈负相关关系，相关系数为-0.45。然而，相关系数只是衡量了两个随机变量的线性相关程度，如果从图 5.4 中观察，能够发现产业结构高级化指数与各指标的协同变化趋势并非完全一致。从图 5.4 中描绘的趋势线可以看出，产业结构高级化指数与相对贫困发生率之间呈现一种正“U”形关系。图 5.4 绘制的是面板数据的散点图，图中每个点代表的是某个省份在某个时间点上的情况。图 5.4 表明，产业结构高级化程度高的省份，在某些时间点上的相对贫困发生率并没有降低。

同样，产业结构高级化与城乡收入差距的关系也具有这种非线性的正“U”形关系，产业结构高级化程度的升高，在某些时刻并没有使得城乡收入差距缩小。因此，在分析产业结构高级化与相对贫困的关系时，需要进一步分析各省份所处的发展阶段以及对相对贫困的影响。

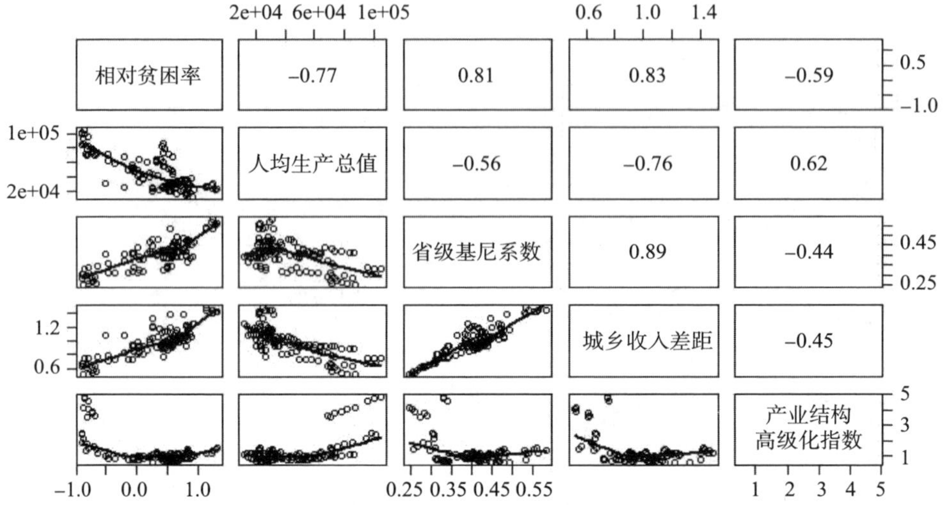

图 5.4　产业结构高级化与各指标散点图

5.3.4　数字经济发展的测度

当前，虽然数字经济发展已经引起诸多国际组织、政府机构、企事业单位以及学者的关注与重视，但是对于如何测度数字经济尚未形成统一的标准，学者们纷纷从不同角度对数字经济进行测度。

Tapscott（1996）最早提出“数字经济”这一概念，其在 *The Digital Economy: Promise and Peril in the Age of Networked Intelligence* 一书中提出，数字经济是信息和通信技术（ICT）与经济系统深度融合的产物，主要包含信息技术基础设施建设以及各类电子商务交易模式。后来，学者和政府机构大多沿着这一思路从不同角度构建指标体系，并对数字经济进行测度。许宪春和张美慧（2020）从数字化基础设施、数字化交易、数字化交易产品以及数字化媒体四大维度对数字经济发展程度进行了测算。刘军等（2020）从互联网发展程度和数字化交易情况角度构建了测算指标体系。赵涛等（2020）从互联网发展程度和数字普惠金融发展程度两大维度进行测度。刘强等（2022）从数字产业化和产业数字化两个维度对数字经济发展情况进行测度。

党的十九届五中全会明确提出，要着力促进数字经济发展，推进数字产业化和产业数字化。鉴于此，本章参考刘强等（2022）的测算方法，以数字产业化和产业数字化 2 个一级指标和 6 个二级指标以及 15 个三级指标构建数字经济测算框架，并采用熵权法对最终的数字经济发展指数进行合成，具体指标体系见表 5.1。

表 5.1　数字经济发展指标体系

一级指标	二级指标	三级指标
数字产业化	电信业务发展	互联网宽带接入端口（万个）
		电信业务总量/第三产业增加值（%）
		固定电话普及率（部/百人）
	计算机产业发展	计算机通信及电子设备制造业从业人数（人）
		计算机通信及电子设备制造业主营业务收入/规模以上工业企业主营业务收入（%）
	软件产业发展	软件业务收入/第三产业增加值（%）
		信息传输、软件和信息技术服务业从业人数（万人）
		当年度计算机软件企业数量（个）
产业数字化	数字人力资本	当年度高校毕业人数（万人）
		当年度高校教师人数（万人）
	数字基础设施建设	ICT 企业固定资产投资（亿元）
		长途光缆线路铺设里程（千米）
	数字化交易规模	规模以上工业企业新产品销售收入/规模以上工业企业主营业务收入（%）
		快递业务揽件量（万件）
		原保费收入/第三产业增加值（%）

根据表 5.1 所构建的指标体系，本章对 2010—2018 年样本省份数字经济发展情况进行了测度。从发展水平上看，东部地区省份的数字经济发展水平明显高于中西部地区的省份，特别是广东省，数字产业化和产业数字化的测度结果非常接近并且领先于其他省份，说明广东省的数字产业化和产业数字化发展均衡、良好。西部地区甘肃、贵州两省的数字经济发展水

平相对较低。从 3 个指数之间的关系来看，北京、上海、福建 3 省份的数字产业化水平要高于产业数字化水平，其他省份则是产业数字化水平高于数字产业化水平。

图 5.5 展示了各省份数字经济发展水平与相对贫困发生率、人均生产总值、省级基尼系数、城乡收入差距的散点图，用以分析数字经济发展与各指标之间的关系。从图 5.5 中可以看出，数字经济发展水平较高的省份，相对贫困发生率相对较低，两者具有负相关关系，相关系数为-0.44。数字经济发展水平与人均生产总值呈正相关关系，说明数字经济发展较好的省份经济发展水平也相对较高。同时，数字经济与省级基尼系数和城乡收入差距均呈负相关关系，说明数字经济发展较好的省份收入不平等程度相对较低。

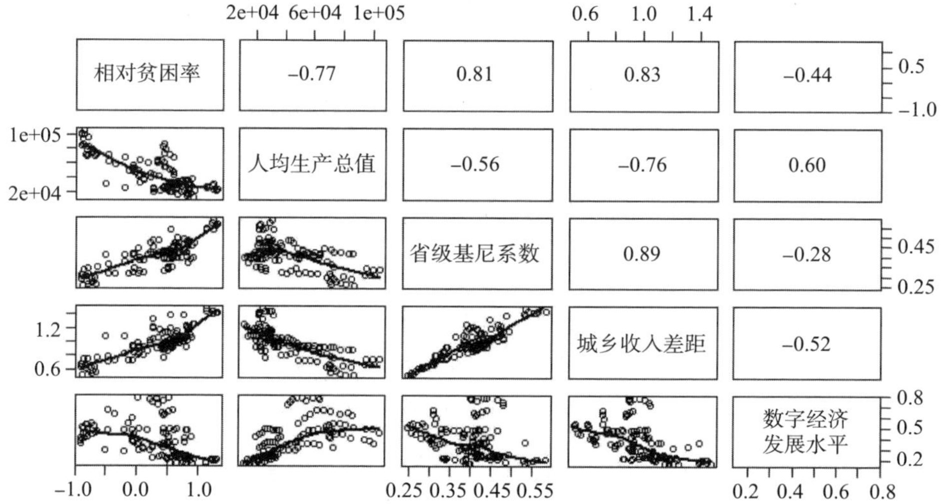

图 5.5　数字经济发展水平与各指标散点图

图 5.6 展示了各省份产业结构合理化、产业结构高级化和数字经济发展水平散点图。从图 5.6 中可以发现，数字经济发展水平与产业结构合理化呈负相关关系，相关系数为-0.62。由此说明，数字经济发展水平高的省份，其产业结构也较为合理。数字经济发展水平与产业结构高级化之间虽然呈正相关关系，但是相关性较弱。

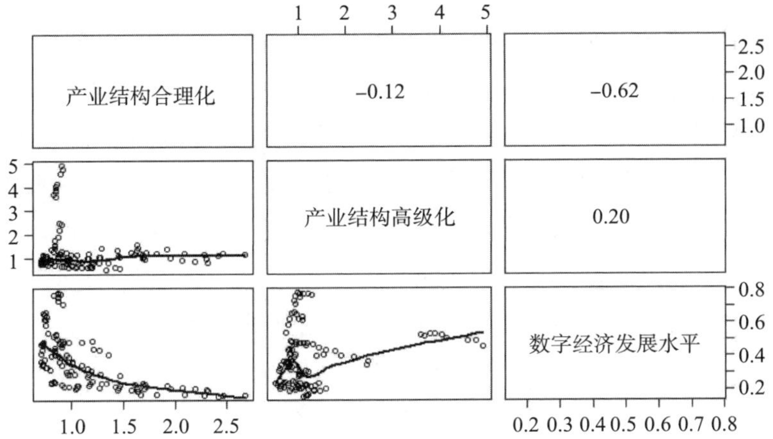

图 5.6　产业结构合理化、产业结构高级化和数字经济发展水平散点图

5.4　产业结构优化、数字经济发展对相对贫困的影响分析

本节将分别针对农村相对贫困、城镇相对贫困两个研究对象，分析产业结构优化与数字经济发展的减贫效应以验证本章前文提出的理论机制。在具体分析的过程中，本节将首先进行基础回归分析，其次进一步探讨产业结构优化和数字经济发展的非线性效应和地域异质性。

5.4.1　模型设计与变量说明

本节利用 2010—2018 年省级面板数据实证分析产业结构优化、数字经济发展对相对贫困的影响。在分析过程中，本节构建如下面板数据回归基础模型：

$$RPov_{it}=\beta_1 RIS_{it}+\beta_2 OIS_{it}+\beta_3 Dig_{it}+\beta_4 RIS_{it}^2+\beta_5 OIS_{it}^2+\beta_6 Dig_{it}^2+X^T\Theta+u_i+\varepsilon_{it} \tag{5-12}$$

式（5-12）为本节构建的基础回归模型，测度了产业结构优化、数字经济发展对相对贫困影响的直接效应。其中，i 表示各样本省份，t 表示时间，X 表示由一系列控制变量所组成的向量，u_i 表示各省份固定效应，ε_{it} 表示模型的随机误差项。式（5-12）中的各变量含义说明如下：

（1）被解释变量。本节实证的被解释变量为使用分组数据模拟测算的各省份相对贫困发生率（$RPov$）。在实证过程中，本节将分别讨论解释变量对农村相对贫困发生率、城镇相对贫困发生率两个指标的影响。需要说明的是，本节在测度各省份相对贫困发生率时发现各省份相对贫困发生率的离散程度非常高。例如，北京、上海测得的个别年份农村相对贫困发生率接近0值，有些西部省份测得的相对贫困发生率则较大，对于这种情况，一般的处理方法是对相对贫困发生率取对数以避免回归结果受异常值影响，而由于有些相对贫困发生率接近0值，因此，本书参考Kremer等（2013）、Feng等（2022）使用的方法，对相对贫困发生率采用一种半对数的处理方法。

$$RPov=\begin{cases}RPov-1, & RPov<1\\ \ln(RPov), & RPov\geqslant 1\end{cases} \tag{5-13}$$

（2）解释变量。本节实证的解释变量包括使用式（5-12）测度的各省份产业结构合理化指标（RIS）；使用式（5-13）测度的各省份产业结构高级化指标（OIS）；使用表5.1构建的指标体系所测度的各省份数字经济发展水平（Dig）。由于产业结构合理化指标数值越小，代表产业结构越合理，属于负向指标，因此，本节对测度的产业结构合理化指标使用取负数的方式处理。同时，考虑有可能出现的非线性影响效应，在实证模型中，还分别加入了产业结构合理化指标平方项（RIS^2）、产业结构高级化指标平方项（OIS^2）以及数字经济发展水平平方项（Dig^2）。

（3）控制变量。在控制变量中，本节实证时着重分析了使用式（5-9）分别测度的农村收入不平等程度（$\ln G_1$）、城镇收入不平等程度（$\ln G_2$）。本节实证中其余的控制变量包括各省份城镇化水平（$\ln Urban$），用各省份城镇常住人口数与本省份全部常住人口的比值表示；各省政府行为（$\ln Fin$），用各省份财政支出与本地区生产总值的比值表示；各省份对外开放水平（$\ln Open$），用各省份进出口总额表示。为了防止异常值对回归结果的影响，本节实证中的所有控制变量均采用了对数的形式。

5.4.2 基础模型回归分析

表5.2和表5.3分别为各变量对农村相对贫困发生率和城镇相对贫困发生率的回归结果。由于本节所使用的面板数据属于短面板（个体数据大于时间），因此可以不考虑自相关问题。本节在进行回归分析之前，分别进行了混合效应面板回归模型与固定效应面板回归检验、固定效应面板回归模型和随

机效应面板回归模型的检验，最终检验结果表明，应使用固定效应面板回归模型。

表 5.2 为农村相对贫困发生率回归结果。模型（1）和模型（2）反映了产业结构合理化及数字经济发展对相对贫困的影响。当仅存在一次项时，产业结构合理化和数字经济发展对相对贫困的影响均不显著。但是，当加入产业结构合理化和数字经济发展的平方项时，一次项和二次项的回归系数均显著。这说明，产业结构合理化和数字经济发展对相对贫困具有非线性的影响。模型（3）和模型（4）反映了产业结构高级化和数字经济发展对相对贫困的影响。根据回归结果可知，无论是一次项还是平方项，产业结构高级化对相对贫困缓解的作用均不显著。而数字经济发展在加入平方项后，一次项和平方项的系数均显著。模型（5）反映了加入全部解释变量后的回归结果。产业结构合理化和数字经济发展对相对贫困的非线性影响仍然显著，产业结构高级化对相对贫困的影响仍然不显著。

表 5.2　农村相对贫困发生率回归结果

变量	模型（1）	模型（2）	模型（3）	模型（4）	模型（5）
RIS	0.004	1.129**	—	—	0.997*
OIS	—	—	0.149	0.258	0.171
Dig	0.938	−7.103**	1.441	−0.027	−5.964*
RIS^2	—	0.291**	—	—	0.268*
OIS^2	—	—	—	−0.027	−0.015
Dig^2		8.100**	—	6.292**	7.229**
$\ln G_1$	1.813***	1.868***	1.762***	1.829***	1.849***
控制变量	是	是	是	是	是
个体固定效应	是	是	是	是	是

注：***、**、* 分别表示回归结果在 1%、5%和 10%置信水平上显著。

由表 5.2 的回归结果可知，产业结构合理化和数字经济发展对相对贫困具有非线性的影响，并且根据平方项的系数说明，产业结构合理化与数字经济发展对相对贫困具有正“U”形的影响，即在开始阶段产业结构合理化与数字经济发展对缓解农村相对贫困具有积极影响，但随着产业结构合理化与数字经济的发展，两者对缓解农村相对贫困的作用逐渐不显著，甚至有可能加重农村相对贫困状况。产业结构高级化对农村相对贫困的作用不显著，这主要是由于产业结构高级化更多的是作用于城市经济，对农村经济的发展影响较小。另外，农村收入不平等状况对相对贫困具有正向作用，并且这种作用非常显著，说明在相对贫困治理阶段，解决收入不平等问题对缓解农村相对贫困具有重要作用。

表5.3为城镇相对贫困发生率回归结果。模型（6）和模型（7）反映了产业结构合理化与数字经济发展对城镇相对贫困的影响。根据模型（6）的结果可知，产业结构合理化对城镇相对贫困具有显著的缓解作用，而数字经济对相对贫困的作用不显著。在模型（7）中，当加入数字经济发展、产业结构合理化两个解释变量的平方项后，数字经济发展和产业结构合理化的一次项、平方项系数均显著。这说明，产业结构合理化和数字经济发展对城镇相对贫困仍然具有非线性的影响。模型（8）和模型（9）反映了数字经济发展和产业结构高级化对城镇相对贫困的影响。产业结构高级化对城镇相对贫困的缓解具有显著的作用，在加入平方项后，发现平方项不显著，因此，产业结构高级化对相对贫困的缓解不具有非线性作用。数字经济的发展对城镇相对贫困仍然具有非线性作用。模型（10）反映了全部变量对城镇相对贫困的影响。结果显示，产业结构高级化对相对贫困的缓解具有积极作用，但不具有非线性作用。产业结构合理化和数字经济发展对城镇相对贫困的缓解具有非线性作用。

表5.3　城镇相对贫困发生率回归结果

变量	模型（6）	模型（7）	模型（8）	模型（9）	模型（10）
RIS	−0.131**	0.665***	—	—	0.928***
OIS	—	—	−0.186***	−0.262**	−0.339***
Dig	0.115	−2.724**	−0.227	−3.749***	−3.532***
RIS^2	—	0.232***	—	—	0.291***
OIS^2	—	—	—	0.015	0.024
Dig^2	—	3.015***	—	4.124***	3.619**
$\ln G_2$	2.296***	2.323***	2.282***	2.333***	2.379***
控制变量	是	是	是	是	是
个体固定效应	是	是	是	是	是

注：***、**分别表示回归结果在1%、5%置信水平上显著。

由表 5.3 的回归结果可知，产业结构合理化和数字经济发展对缓解城镇相对贫困具有非线性作用，根据平方项的系数，这种非线性作用呈正“U”形。产业结构高级化对缓解城镇相对贫困具有显著的作用，说明随着产业结构向高级化方向升级，其能够有效缓解城镇相对贫困。另外，通过对各模型的回归发现，城镇收入不平等程度对相对贫困的上升具有显著的作用。

5.4.3　稳健性检验

本节采用更换解释变量的方式来检验产业结构优化、数字经济发展对相对贫困的影响是否可靠。具体方法为使用产业数字化（*Dera*）指标代替数字经济发展指标进行重新回归分析。回归结果如表 5.4 所示。

表 5.4 中模型（11）和模型（12）为农村相对贫困的稳健性估计。当只包含一次项时，产业结构合理化、产业结构高级化和产业数字化的系数均不显著。当加入平方项后，产业结构合理化、产业数字化的一次项和平方项系数显著，表现为对农村相对贫困具有非线性的影响，而产业结构高级化的系数仍然不显著，表现为对农村相对贫困的影响不显著。这与表 5.2 中的回归结果一致。模型（13）和模型（14）为对城镇相对贫困的稳健性估计。当只包含一次项时，产业结构合理化与产业数字化的系数不显著，产业结构高级化的系数显著，表现为对缓解城镇相对贫困具有积极作用。当加入平方项后，产业结构合理化、产业数字化的一次项和平方项的系数均显著，表现为对城镇相对贫困具有非线性影响。当产业结构高级化的一次项系数显著、平方项系数不显著，表现为对缓解城镇相对贫困具有积极作用，但不具有非线性作用。这与表 5.3 中的回归结果一致。

表 5.4　稳健性检验结果

变量	农村		城镇	
	模型（11）	模型（12）	模型（13）	模型（14）
RIS	0.016	1.097**	−0.097	0.885***
OIS	0.084	0.131	−0.186***	−0.324***
Dera	0.065	−7.627***	−0.479	−2.918**
RIS^2	—	0.314**	—	0.289***
OIS^2	—	−0.027	—	0.014

续表

变量	农村		城镇	
	模型（11）	模型（12）	模型（13）	模型（14）
$Dera^2$	—	8.046***	—	2.691**
$\ln G_1$（$\ln G_2$）	1.823***	1.763***	2.331***	2.339***
控制变量	是	是	是	是
个体固定效应	是	是	是	是

注：***、**分别表示回归结果在1%、5%置信水平上显著。

5.4.4 产业结构优化、数字经济发展的区域异质性分析

当前，在发展的不平衡问题中，首先表现为区域发展的不平衡。从本章对各省份相对贫困发生率、收入不平等程度、产业结构优化程度以及数字经济发展程度的测度可以发现，东部地区与中西部地区之间的差距非常明显。因此，本节对产业结构优化、数字经济发展对相对贫困缓解的区域异质性进行了分析。

表5.5反映了东部地区和中西部地区产业结构优化和数字经济发展对农村相对贫困的回归结果。模型（15）和模型（16）为东部地区的回归结果。当仅有产业结构合理化、产业结构高级化和数字经济发展3个变量的一次项时，回归系数均不显著。当加入产业结构合理化和数字经济发展的平方项时①，发现产业结构合理化与产业结构高级化的系数仍然不显著，但是数字经济发展对相对贫困的非线性影响显著。

模型（17）和模型（18）反映了产业结构优化与数字经济发展对中西部省份农村相对贫困的回归结果。当仅有产业结构合理化、产业结构高级化和数字经济发展3个变量的一次项时，回归系数均不显著。当加入产业结构合理化和数字经济发展的二次项后，发现产业结构高级化对农村相对贫困的影响仍然不显著，但是产业结构合理化对中西部地区农村相对贫困存在显著的非线性影响。数字经济发展对中西部地区农村相对贫困发生率具有显著的负向作用，但是不存在非线性影响。

---

① 根据本节基础回归结果和稳健性检验，发现产业结构高级化的平方项对农村和城镇相对贫困的影响均不显著。因此，在进行区域异质性分析时，鉴于对样本省份按区域进行划分后样本量大量减少，为保证回归结果的稳健性，本节没有加入产业结构高级化的平方项进行分析。

表 5.5 农村相对贫困异质性分析

变量	东部地区		中西部地区	
	模型（15）	模型（16）	模型（17）	模型（18）
RIS	2.453	7.081	−0.149	1.254**
OIS	0.233	0.075	0.059	−0.199
Dig	0.356	−13.749**	0.205	−8.196*
RIS^2	—	2.858	—	0.355***
Dig^2	—	13.488**	—	9.356
$\ln G_1$	0.948**	0.889**	2.338***	2.449***
控制变量	是	是	是	是
个体固定效应	是	是	是	是

注：***、**、* 分别表示回归结果在 1%、5%和 10%置信水平上显著。

综合来看，对于东部地区的省份来说，产业结构合理化水平已经达到了一定程度，其对农村相对贫困的影响已经不显著，对于中西部地区的省份来说，产业结构的调整与升级仍在进行，在调整过程中，其对农村相对贫困的影响仍然显著。而数字经济是当前中国经济最具活力的领域之一。因此，无论对于东部地区还是中西部地区的省份来说，其对农村相对贫困的影响均显著，但是对东部地区农村相对贫困具有非线性影响，对中西部地区农村相对贫困的非线性影响不显著。

表 5.6 反映了东部地区和中西部地区产业结构优化和数字经济发展对城镇相对贫困的回归结果。模型（19）和模型（20）反映了东部地区城镇相对贫困的回归结果。当仅加入产业结构合理化、产业结构高级化和数字经济发展 3 个变量的一次项时，发现产业结构高级化对城镇相对贫困发生率具有显著的负向作用，而产业结构合理化和数字经济发展对城镇相对贫困的作用不显著。当加入产业结构合理化和数字经济发展的平方项时，产业结构高级化仍然对城镇相对贫困的缓解具有显著的正向作用。产业结构合理化和数字经济发展对城镇相对贫困呈现显著的非线性影响。但是不同的是，产业结构合理化对东部地区城镇相对贫困的影响由原来的正“U”形变为倒“U”形。这种变化说明，在东部地区随着产业结构越来越合理，产业结构合理化的减贫效应将逐渐增强。

模型（21）和模型（22）反映了中西部地区城镇相对贫困回归结果。当仅加入产业结构合理化、产业结构高级化和数字经济发展 3 个变量的一次项时，发现产业结构高级化对城镇相对贫困发生率具有显著的负向作用，而产业结构合理化和数字经济发展对城镇相对贫困的作用不显著。当加入产业结构合理化和数字经济发展平方项后，发现产业结构高级化对城镇相对贫困发生率的负向作用仍然显著，产业结构合理化对城镇相对贫困具有显著的正“U”形非线性作用，而数字经济发展对城镇相对贫困的作用不显著。

表 5.6　城镇相对贫困异质性分析

变量	东部地区		中西部地区	
	模型（19）	模型（20）	模型（21）	模型（22）
RIS	0.026	−3.302*	0.003	1.397***
OIS	−0.214***	−0.299***	−0.247*	−0.353***
Dig	−0.284	−4.116**	−1.542	0.740
RIS^2	—	−1.533*	—	0.399***
Dig^2	—	3.922**	—	−4.018
$\ln G_2$	2.902***	2.886***	2.139***	2.078***
控制变量	是	是	是	是
个体固定效应	是	是	是	是

注：***、**、*分别表示回归结果在 1%、5%和 10%置信水平上显著。

综合来看，产业结构合理化对东部和中西部地区城镇相对贫困均具有显著的非线性影响，但是非线性影响的特点并不相同。东部地区产业结构合理化对城镇相对贫困具有倒“U”形的影响，而中西部地区则存在正“U”形影响。产业结构高级化对东部和中西部地区城镇相对贫困发生率均存在显著的负向影响。从回归结果看，产业结构高级化对中西部地区的影响更大。数字经济发展对东部地区城镇相对贫困具有显著的非线性影响，而对中西部地区的城镇相对贫困的影响不显著。

通过对农村相对贫困和城镇相对贫困的区域异质性分析发现，产业结构合理化和数字经济发展对相对贫困的影响是呈阶段性的。在中国农村，当产业结构合理化水平提高到一定程度时，其对农村相对贫困的影响将不再显著。根据产业结构合理化的测算公式，理想状态是三次产业之间的劳动生产率相等，从而达到均衡。但是，一方面当前中国农村的劳动生产率远远无法与第二、第三产业相比，另一方面农村大量人口受自身能力素质限制，无法进入城镇从事中高技能的工作，这使得产业结构的进一步合理化受到阻碍，从而使其对农村相对贫困的影响不显著。在中国城镇，产业结构的调整更多的是在第二、第三产业之间，当产业结构合理化处于调整初期时，一部分人通过在不同产业之间流动，形成了“先富”，从而摆脱了贫困。当产业结构进一步调整时，产业之间的差异性逐渐显现，有可能拉大收入差距，从而对相对贫困的上升产生正向影响。随着产业结构进一步合理，产业之间的差异逐渐缩小，从而也缩小了收入差距，有助于缓解城镇相对贫困。

中国数字经济的发展在早期主要是依靠以电子商务为代表的消费互联网的快速发展。对农村居民而言，中西部地区的农民受各类电商扶贫项目的支持，农村居民更容易获得数字经济的发展红利，因此有助于缓解相对贫困。而对于较为发达的东部地区，竞争较为激烈，居民从事互联网创业投入的资源更多，但是回报可能有较大差异，因此数字经济对东部地区农村相对贫困呈正“U”形的非线性影响。对城镇居民而言，中西部地区数字经济发展较为缓慢，数字经济的红利尚未显现。而东部地区数字经济快速发展，居民更容易获得数字经济的发展红利，从而有助于缓解相对贫困，但是随着工业互联网的快速发展，技术替代效应逐渐凸显，中低技能人才与高技能人才收入差距拉大，造成了数字经济对相对贫困的正“U”形影响。

5.4.5　产业结构优化、数字经济发展的门槛效应影响分析

通过前述实证分析发现，产业结构优化和数字经济发展对农村相对贫困和城镇相对贫困均存在显著的非线性影响。为了分析这种非线性影响的特征，本节将构建面板门槛模型进行进一步分析。本节构建的具体模型如下：

$$RPov_{it}=\beta_1 RIS_{it}\cdot I(Thr_1\leqslant\gamma_1)+\beta_2 RIS_{it}\cdot I(\gamma_1<Thr_2\leqslant\gamma_2)+\cdots+\beta_n RIS_{it}\cdot I(Thr_n\leqslant\gamma_n)+X^T\Theta+u_i+\varepsilon_{it} \quad (5-14)$$

$$RPov_{it}=\beta_1 Dig_{it}\cdot I(Thr_1\leqslant\gamma_1)+\beta_2 Dig_{it}\cdot I(\gamma_1<Thr_2\leqslant\gamma_2)+\cdots+\beta_n Dig_{it}\cdot I(Thr_n\leqslant\gamma_n)+X^T\Theta+u_i+\omega_{it} \quad (5-15)$$

其中，$I(\cdot)$ 表示示性函数，Thr_i（$i=1, 2, \cdots, n$）为门槛变量，

γ_1，γ_2，…，γ_n 分别表示第 1 到第 n 个门槛值，并且 $\gamma_1<\gamma_2<\cdots<\gamma_n$。$i$ 表示各样本省份，t 表示时间，X 表示由一系列控制变量所组成的向量，u_i 表示各省份固定效应，ε_{it} 和 ω_{it} 分别表示模型的随机误差项。式（5-14）表示在门槛变量的影响下，产业结构合理化对农村和城镇相对贫困的非线性影响。式（5-15）表示在门槛变量的影响下，数字经济发展对农村和城镇相对贫困的非线性影响。两式中的变量说明如下：

（1）被解释变量。被解释变量为农村相对贫困发生率和城镇相对贫困发生率。

（2）核心解释变量。式（5-14）中，核心解释变量为产业结构合理化（*RIS*）。式（5-15）中，核心解释变量为数字经济发展（*Dig*）。

（3）门槛变量。本节根据核心解释变量的不同选择了不同的门槛变量。在式（5-14）中，本节选择的门槛变量包括产业结构合理化（*RIS*）、创业活跃度（*Entrey*）、农村市场化程度（*ruMar*）、城镇市场化程度（*urMar*）。其中，创业活跃度采用当年度私营单位和个体注册数与就业人数的比率的对数来衡量（赵涛 等，2020）；农村（城镇）市场化程度采用农村（城镇）私营单位和个体就业人数与总就业人数的比率的对数来衡量。在式（5-15）中，本节选择的门槛变量包括技术创新（*Pat*）、创业活跃度（*Entrey*）、高技能人力资本（*Hedu*）。其中技术创新采用当年度专利授权数量的对数来衡量，高技能人力资本采用当年度本专科毕业生数的对数来衡量。

（4）控制变量。式（5-14）和式（5-15）共有的控制变量包括产业结构高级化（*OIS*）、农村和城镇收入不平等程度（$\ln G_1/\ln G_2$）、城镇化水平（$\ln Urban$）、政府行为（$\ln Fin$）、对外开放水平（$\ln Open$）。另外，在式（5-14）中，控制变量还加入了产业结构合理化（*RIS*）以及所选择的门槛变量；在式(5-15）中，控制变量还加入了数字经济发展（*Dig*）以及所选择的门槛变量。

在式（5-14）和式（5-15）中，检验门槛效应的存在相当于检验：

$$H_0: \beta_1=\beta_2=\cdots=\beta_n \tag{5-16}$$

但由于存在未知的门槛值 γ_1，…，γ_n，系数的分布为非标准分布，因此 Hansen（1999）建议采用 bootstrap 方法构造似然比统计量进行检验。

表 5.7 反映了针对式（5-14）的各门槛变量的最终检验结果。经过检验，

在对农村相对贫困发生率回归检验时，产业结构合理化仅通过了 1 个门槛值，创业活跃度和农村市场化程度分别通过了 2 个门槛值；在对城镇相对贫困发生率回归检验时，产业结构合理化通过了 3 个门槛值，创业活跃度和城镇市场化程度分别通过了 2 个门槛值。

表 5.7　产业结构合理化的门槛值

门槛变量及门槛值	农村相对贫困			城镇相对贫困		
	RIS	*Entrey*	*ruMar*	*RIS*	*Entrey*	*urMar*
γ_1	-1. 058	1. 1477	1. 639	-1. 558	0. 0604	2. 273
γ_2		1. 7753	3. 016	-1. 107	2. 294	2. 868
γ_3				-0. 879		

表 5. 8 反映了式（5-14）分别对农村相对贫困发生率和城镇相对贫困发生率的面板门槛回归结果。表 5. 8 中第（1）列和第（4）列反映了以产业结构合理化自身作为门槛变量对农村和城镇相对贫困发生率的回归结果。由第（1）列可知，当产业结构合理化程度小于等于门槛值时，产业结构合理化对农村相对贫困发生率的影响不显著，但是当产业结构合理化程度超过门槛值时，产业结构合理化对农村相对贫困发生率具有显著的负向作用。由第（4）列可知，随着产业结构合理化水平逐渐提高并不断跨越门槛值，其对城镇相对贫困的缓解的边际效用逐渐增强。

表 5. 8　产业结构合理化门槛回归结果

门槛变量及回归系数	农村相对贫困			城镇相对贫困		
	RIS （1）	*Entrey* （2）	*ruMar* （3）	*RIS* （4）	*Entrey* （5）	*urMar* （6）
RIS（$Thr_1 \leqslant \gamma_1$）	-0. 060	0. 227**	-0. 237*	-0. 341***	-0. 225***	-0. 307***
RIS（$Thr_2 > \gamma_1$）	-0. 346***	—	—	—	—	—
RIS（$\gamma_1 < Thr_2 \leqslant \gamma_2$）	—	-0. 225*	-0. 045	-0. 503***	-0. 080	-0. 198***
RIS（$Thr_3 > \gamma_2$）	—	-0. 843***	0. 281**	—	0. 165***	-0. 043
RIS（$\gamma_2 < Thr_3 \leqslant \gamma_3$）	—	—	—	-0. 706***	—	—
RIS（$Thr_4 > \gamma_3$）	—	—	—	-0. 886***	—	—
控制变量	是	是	是	是	是	是
个体固定效应	是	是	是	是	是	是

注：***、**、* 分别表示回归结果在 1%、5%和 10%置信水平上显著。

表 5.8 中第（2）列和第（5）列反映了以创业活跃度作为门槛变量对农村和城镇相对贫困发生率的回归结果。由第（2）列可知，随着创业活跃度的不断上升并跨过门槛值，产业结构合理化对农村相对贫困的影响由显著的正向影响逐渐变为显著的负向影响。由第（5）列可知，当创业活跃度小于等于第一门槛值时，产业结构合理化对城镇相对贫困发生率具有显著的负向作用，当创业活跃度大于第一门槛值、小于等于第二门槛值时，产业结构合理化对城镇相对贫困发生率的影响不显著，而当创业活跃度跨过第二门槛值时，产业结构合理化对城镇相对贫困发生率具有显著的正向影响。

表 5.8 中第（3）列和第（6）列反映了以农村和城镇市场化程度作为门槛变量对农村和城镇相对贫困发生率的回归结果。由第（3）列可知，当农村市场化程度不高第一门槛时，产业结构合理化对农村相对贫困发生率具有显著的负向影响，而随着农村市场化程度不断升高，产业结构合理化对农村相对贫困发生率的影响逐渐变得不显著，当农村市场化程度跨过第二门槛时，产业结构合理化对农村相对贫困发生率具有显著的正向影响。由第（6）列可知，随着城镇市场化程度逐渐提高并不断跨过门槛值，产业结构合理化对城镇相对贫困发生率的边际效应逐渐递减，并由显著的负向作用逐渐变为作用不显著。

综合来看，产业结构合理化对减缓相对贫困具有积极作用，并且具有显著的门槛效应，即随着产业结构的不断合理化，其对相对贫困减缓的边际效用逐渐增强。同时，产业结构合理化的减贫效应受到创业活跃度和市场化程度的调节作用。对于农村来说，随着创业活跃度的不断提升，产业结构合理化对农村相对贫困发生率的效应由正向转为负向。因此，创业活跃度有助于促进产业结构合理化的农村减贫效应。随着农村市场化程度的提高，产业结构合理化对农村相对贫困发生率的影响由负向转为正向，从有利于相对贫困减缓转为阻碍相对贫困减缓。之所以出现这种情况，很大一部分原因是随着农村劳动力流向其他产业，与城镇劳动力形成竞争，并且存在竞争劣势（Combes et al.，2020），在此情况下，这些劳动力的劳动报酬议价能力处于劣势，不利于收入水平的提高。对于城镇来说，创业活跃度和市场化程度均使得城镇工作竞争加剧，因此，随着创业活跃度的上升，产业结构合理化对城镇相对贫困的影响由负向转为正向。而随着市场化程度的提升，产业结构合理化对城镇相对贫困的影响逐渐不显著。

表 5.9 反映了数字经济发展的门槛变量检验结果。对农村相对贫困的回归检验发现，技术创新（*Pat*）和高技能人力资本（*Hedu*）对数字经济发展具有显著的门槛效应。对城镇相对贫困的回归检验发现，创业活跃度（*Entrey*）和高技能人力资本（*Hedu*）对数字经济发展具有显著的门槛效应。

表 5.9　数字经济发展的门槛值

门槛变量/门槛值	农村		城镇	
	Pat	*Hedu*	*Entrey*	*Hedu*
γ_1	10.255	11.91	0.06	11.51
γ_2	12.1	12.44	0.23	
γ_3		12.99	1.05	

表 5.10 反映了利用式（5-15）分别对农村相对贫困发生率和城镇相对贫困发生率的面板门槛回归结果。表 5.10 第（1）列反映了以技术创新作为数字经济的门槛变量对农村相对贫困的回归结果。当技术创新水平不高于第一门槛时，数字经济发展对农村相对贫困的缓解具有显著的积极作用，当技术创新水平逐渐提高并跨过第一门槛时，数字经济缓解农村相对贫困的边际效应逐渐降低，而当技术创新水平跨过第二门槛时，数字经济的减贫效应不再显著。表 5.10 第（2）列反映了以高技能人力资本作为数字经济的门槛变量对农村相对贫困的回归结果。当高技能人才逐渐增多并跨过第一门槛时，数字经济对农村相对贫困的影响从不显著转变为具有显著的正向影响，并且随着高技能人才继续增加，数字经济对农村相对贫困的正向影响一直显著存在。

表 5.10 第（3）列反映了以创业活跃度为门槛变量时数字经济对城镇相对贫困的回归结果。当创业活跃度不高于第一门槛时，数字经济对城镇相对贫困发生率具有显著的负向作用，当创业活跃度跨过第一门槛时，数字经济对城镇相对贫困发生率的负向边际效应进一步增加，当创业活跃度继续提升跨过第二门槛和第三门槛时，数字经济对城镇相对贫困发生率的负向边际效应逐渐降低，但是减贫效应一直存在。表 5.10 第（4）列反映了以高技能人力资本作为数字经济的门槛变量对城镇相对贫困的回归结果。当高技能人力资本不高于门槛值时，数字经济对城镇相对贫困发生率具有显著的负向作用；当高技能人力资本高于门槛值时，数字经济对城镇相对贫困发生率的影响不再显著。

表 5.10　数字经济门槛回归结果

门槛变量及回归系数	农村		城镇	
	Pat (1)	*Hedu* (2)	*Entrey* (3)	*Hedu* (4)
Dig（$Thr_1 \leq \gamma_1$）	-3.135***	1.187	-1.1**	-1.22**
Dig（$Thr_2 > \gamma_1$）	—	—	—	-0.378
Dig（$\gamma_1 < Thr_2 \leq \gamma_2$）	-1.775**	2.654***	-1.86***	—
Dig（$Thr_3 > \gamma_2$）	-0.925	—	—	—
Dig（$\gamma_2 < Thr_3 \leq \gamma_3$）	—	1.754**	-1.27**	—
Dig（$Thr_4 > \gamma_3$）	—	2.813***	-0.82*	—
控制变量	是	是	是	是
个体固定效应	是	是	是	是

注：***、**、*分别表示回归结果在1%、5%和10%置信水平上显著。

综合来看，数字经济在发展过程中受技术创新水平和高技能人力资本的调节作用影响，对农村相对贫困发生率呈现“先具有负向作用，后具有正向作用”的正“U”形影响。受创业活跃度和高技能人力资本的调节作用影响，数字经济对城镇相对贫困发生率呈现“先具有负向作用，后边际效应递减”的“L”形影响。主要原因在于，随着数字经济的发展，工业互联网逐渐成为数字经济的主要组成部分，而工业互联网的发展会对就业结构产生替代作用和升级效应，因此，对中低技能的劳动从业者产生了一定的影响，从而拉大了收入差距，并使这些人陷入相对贫困中。

5.4.6　相对贫困治理的进一步分析

中国过去40多年的反贫困实践证明，保持经济快速稳定的增长是中国脱贫攻坚战取得胜利的重要法宝。在相对贫困治理时期，贫困治理可能要复杂得多。通过本书第4章的分析发现，经济增长虽然对相对贫困具有减缓效应，但是受到收入分配效应和贫困识别效应的影响，经济增长效应被抵消，从而造成相对贫困的上升。同时，通过本章的分析发现，产业结构的优化和数字经济的发展对相对贫困的影响呈现阶段性、异质性的影响。因此，绝对贫困与相对贫困在治理逻辑、治理途径上存在较大差异。由于本章的样本数据时间范围为 2010—2018 年，这段时间正是中国开展精准扶贫工作的关键时期，从而为本章比较绝对贫困和相对贫困在治理逻辑上的异同提供了样本。

本节将基于式（5-12）在保持核心解释变量和控制变量不变的情况下，将被解释变量替换为绝对贫困发生率，以分析产业结构优化和数字经济发展对绝对贫困发生率的影响，并与相对贫困的回归结果进行比较。本节使用的绝对贫困发生率数据来自国家统计局发布的历年《中国农村贫困状况调查年鉴》。在对绝对贫困进行回归分析时，样本数据涵盖了中国 30 个省份（不含西藏自治区及港澳台地区）。

表 5.11 反映了绝对贫困的相关回归结果。同时，表中还列出了本章前文对农村和城镇相对贫困的基础回归结果以方便与绝对贫困的回归结果进行比较。模型（1）为产业结构合理化、产业结构高级化和数字经济发展对绝对贫困的回归结果。根据回归结果可知，产业结构合理化、产业结构高级化和数字经济发展对绝对贫困发生率具有显著的负向作用，即三者的发展有利于减缓绝对贫困。在模型（2）中，本节将被解释变量替换为各省份人均生产总值的对数（ln*pgdp*），以考察产业结构合理化、产业结构高级化和数字经济发展对经济增长的影响。根据回归结果可知，产业结构合理化对经济增长呈倒“U”形影响，产业结构高级化和数字经济发展对经济增长具有显著的促进作用。在模型（3）中，被解释变量仍为绝对贫困发生率，以考察全部解释变量对绝对贫困的影响。根据回归结果可知，产业结构合理化对绝对贫困呈倒“U”形影响，即随着产业结构的不断合理化，其对缓解绝对贫困的边际效应逐渐增强。产业结构高级化和数字经济发展对绝对贫困发生率仍然具有显著的负向影响。同时，经济增长对绝对贫困具有显著的负向影响。收入不平等程度对绝对贫困具有显著的正向影响。

综合分析表 5.11 中模型（1）、模型（2）、模型（3）可以发现，产业结构合理化、产业结构高级化和数字经济发展对绝对贫困发生率的下降具有显著的直接作用。同时，产业结构合理化、产业结构高级化和数字经济发展能够有效促进经济增长，而经济增长又显著地减缓了绝对贫困。因此，根据中介效应模型理论，产业结构合理化、产业结构高级化和数字经济发展通过经济增长的中介效应对减缓绝对贫困具有间接作用。这说明，绝对贫困治理的核心逻辑是保持经济稳定的增长。

在相对贫困治理阶段，治理逻辑更加复杂。同样是在 2010—2018 年，经济增长保持了同样的速度，但是根据表 5.11 中模型（4）和模型（5）展示的结果可知，经济增长不但没有促进相对贫困的下降，反而促进了农村相对贫困的上升。同时，经济增长对城镇相对贫困影响不显著。根据表 5.11 的回归结果发现，收入不平等程度对绝对贫困发生率和相对贫困发生率均具有显著的正向作用。在绝对贫困治理阶段，由于贫困标准相对固定，因此，只要保障低收入人群的收入能够增长，就能减缓贫困状况。而在相对贫困治理阶段，虽然低收入人群的收入也在增长，但是收入的不平等使得不同收入水平的人群收入增长速度不一样，如果收入不平等程度上升，则低收入人群与中高收入人群的收入差距会拉大，从而陷入相对贫困。所以，本章的分析结果发现，虽然产业结构的优化、数字经济的发展能够有效促进经济增长，但是分城乡、分地区、分阶段分析发现，产业结构优化和数字经济发展并不总是能够促进相对贫困的缓解，甚至在有些阶段会促进相对贫困的上升。因此，在相对贫困治理阶段，贫困治理逻辑不再是关注经济增长的速度，而应该关注经济增长的模式是否具有包容性。如果按照相对贫困的定义来阐释，这种包容性应表现为低收入人群的收入增长速度超过相对贫困识别标准的增长速度。

表 5.11　绝对贫困与相对贫困回归结果比较

变量	绝对贫困			相对贫困	
	模型（1）	模型（2）	模型（3）	模型（4）	模型（5）
RIS	-0.44***	-0.45***	-1.85***	0.997*	0.928***
OIS	-1.21***	0.39***	-0.38***	0.171	-0.339***
Dig	-7.00***	1.75***	-3.22***	-5.964*	-3.532***
RIS^2	—	-0.15***	-0.45***	0.268*	0.291***
Dig^2	—	—	—	7.229**	3.619**
ln*Gini*	2.87***	-0.97***	0.94*	1.849***	2.379***
ln*pgdp*	—	—	-2.05**	0.47**	0.14
控制变量	控制	控制	控制	控制	控制
个体固定效应	控制	控制	控制	控制	控制

注：***、**、*分别表示回归结果在 1%、5%和 10%置信水平上显著。

5.5　本章小结

长期以来，经济增长与贫困治理是一个经常被放在一起讨论的话题。当前，中国经济一方面正处于传统产业升级改造的“换挡期”，另一方面以数字经济为代表的新兴经济业态正在成为最为活跃的经济领域之一。同时，中国已经完成了脱贫攻坚工作，消灭了绝对贫困，进入相对贫困治理阶段。因此，本章将产业结构升级、数字经济发展和相对贫困治理放在一起进行讨论，以探寻产业结构升级、数字经济发展对相对贫困的影响机制。本章首先对产业结构升级、数字经济发展对相对贫困缓解的理论机制进行阐述，其次对本章实证中的几个核心变量进行了测度，最后运用固定效应面板模型和面板门槛模型实证分析产业结构升级、数字经济发展对相对贫困的影响。通过分析，本章得出以下结论：

（1）区域发展的不平衡是当前中国发展现状的主要特征。本章根据对相对贫困、产业结构优化、数字经济发展等指标的测度，中国省份之间的发展不平衡问题非常明显。从产业结构优化和数字经济发展水平来看，东部地区的产业结构优化水平和数字经济发展水平最高，中西部地区与东部地区的差距较大。综合来看，中国东、中、西部地区发展不平衡现象明显，并且呈阶梯状。

（2）在中国城乡二元经济结构的影响下，产业结构优化和数字经济发展对农村和城镇相对贫困的影响具有差异性。通过本章的基础回归分析发现，产业结构合理化和数字经济发展对农村和城镇相对贫困均具有显著的正“U”形非线性影响，产业结构高级化对城镇相对贫困具有显著的负向影响，但对农村相对贫困的影响不显著。通过面板门槛效应分析发现，虽然产业结构合理化和数字经济发展对农村和城镇相对贫困具有非线性影响，背后的影响机制却不相同。当产业结构合理化以自身为门槛变量时，对农村相对贫困具有显著的负向影响，对城镇相对贫困呈现负向作用的边际效用逐渐增强的趋势。当以创业活跃度为门槛变量时，产业结构合理化对农村相对贫困呈现先正向后负向的影响，而对城镇相对贫困呈现先负向后正向的影响。当以市场化程度为门槛变量时，产业结构合理化对农村相对贫困呈现先负向后正向的影响，对城镇相对贫困呈现负向影响的边际效应逐渐减弱直至不显著。当以高技能人力资本为门槛变量时，数字经济发展对农村相对贫困呈现出正向影响并且边际效应增强的趋势，对城镇相对贫困呈现负向影响并且影响逐渐不显著的趋势。当以技术创新作为门槛变量时，数字经济发展对农村相对贫困呈现出负向影响并且边际效应逐渐减弱的趋势。当以创业活跃度作为门槛变量时，数字经济对城镇相对贫困呈现负向影响并且边际效应逐渐减弱的趋势。

（3）中国区域间发展的不平衡导致产业结构优化和数字经济发展对相对贫困的影响具有区域异质性。在东部地区，产业结构合理化对农村相对贫困的影响不再显著，对城镇相对贫困呈现出倒“U”形的影响。数字经济发展对农村和城镇相对贫困仍呈正“U”形的影响。在中西部地区，产业结构合理化对农村和城镇相对贫困呈现非线性作用。数字经济发展对农村相对贫困具有显著的负向作用，但是不存在非线性作用，对城镇相对贫困的影响则不显著。

（4）绝对贫困与相对贫困的识别机制不同，导致绝对贫困和相对贫困的治理逻辑不同。本章通过实证分析发现，产业结构优化、数字经济发展对缓解绝对贫困具有显著的直接效应。同时，通过促进经济发展，对缓解绝对贫困具有间接作用。在绝对贫困治理阶段，贫困标准相对固定，因此只要能保持经济增长，促进低收入人群收入增加就可以缓解绝对贫困。而在相对贫困治理阶段，治理逻辑不是保障低收入人群增收，而是保障低收入人群的收入增长速度不掉队。因此，本章在实证过程中发现，单纯的经济增长对相对贫困的影响并不显著，同时也发现，产业结构优化、数字经济发展对相对贫困的影响机制具有阶段性和异质性。

基于以上研究结论，针对省级层面的相对贫困治理，本章得出如下政策启示：

（1）在相对贫困治理过程中，要树立正确的治理理念。相对贫困的治理逻辑与绝对贫困的区别，使得中国过去 40 多年的反贫困实践经验可能并不全部适用于相对贫困的治理。在相对贫困治理阶段，首先应将共同富裕的治理理念贯穿始终，其次要发挥“先富带后富”的作用，对收入分配体系进行改革，探索一、二、三次分配协调发展的收入分配体系。

（2）充分发挥乡村振兴战略中产业振兴对农村相对贫困的缓解作用。本章通过实证分析发现，产业结构合理化对农村相对贫困的减贫效应低于城镇相对贫困，并且产生正“U”形影响。产业结构高级化对农村相对贫困的影响不显著，而对城镇相对贫困具有显著的负向影响。之所以会出现这种差异，关键在于农村第二、第三产业发展的不足使得产业结构合理化和高级化的减贫效应无法充分发挥。因此，产业振兴是未来农村相对贫困治理的重中之重，通过发展特色第二、第三产业，承接第一产业转移劳动力，促进农村第一、第二、第三产业的融合，将有利于缓解农村相对贫困。

（3）激发人们的创业热情，提升创业的技术含量有助于促进相对贫困减缓。对于农村而言，激发农民的创业热情，并借助互联网创业将有助于增加农民非农收入，有效缓解相对贫困。实证结果证明，创业活跃度的上升，将促进产业结构合理化对农村相对贫困的缓解作用。而对城镇而言，创业者面临的竞争更加激烈，因此，在创业过程中要注意增加创业技术含量，提高竞争的门槛。本章通过实证分析发现，单纯地扩大创业者规模会使得产业结构合理化和数字经济发展对城镇相对贫困的减贫效应逐渐减弱。

（4）在发展数字经济的过程中，除了要注意技术创新、高技能人才对数字经济发展的促进作用，还要考虑中低技能劳动者劳动保障制度的完善和就业技能再培训项目的组织。数字经济在发展过程中伴随着就业结构的升级，技术替代人力是一个必然的趋势。本章通过实证分析发现，随着技术创新的提升，数字经济对农村相对贫困的缓解效应逐渐减弱。同时，伴随着高技能人力资本的积累，数字经济对农村和城镇相对贫困均存在正向的影响。虽然数字经济的发展创造了新的就业岗位，但是这些岗位大多是机器无法取代的劳动密集型服务业，保障这些从业者应享有的收入和权利是防止收入差距拉大的重要举措。同时，针对被技术替代的劳动者，开展必要的再就业培训，形成职业教育终身制的教育体系对社会安定和缓解相对贫困均具有重要意义。

第 6 章 Chapter Six

摆脱相对贫困：机会、能力和动力

在绝对贫困治理阶段，中国取得脱贫攻坚战全面胜利的重要手段之一是精准施策。通过建档立卡精准识别绝对贫困家庭，并准确把握“两不愁三保障”这一脱贫标准，从而顺利完成全部绝对贫困人口脱贫。在相对贫困治理阶段，应继续发挥精准施策对有效缓解相对贫困的作用。然而，在精准施策之前，必须准确把握影响相对贫困的微观因素。因此，本章以相对贫困家庭为研究对象，在构建一个统一的相对贫困影响因素分析框架之后，对家庭人均收入增长、摆脱收入相对贫困和多维相对贫困的各相关影响因素进行实证分析，以求建立缓解相对贫困的微观分析基础，并为未来相对贫困治理的精准施策提供决策支持。

6.1 引言

当前，随着中国政府庄严宣布中国现行标准下的贫困人口全部脱贫，贫困县、贫困村全部“摘帽”，中国实现了第一个百年奋斗目标，正式进入了小康社会。未来，中国将向着第二个百年奋斗目标奋进，带领全国人民实现共同富裕。党的二十大报告指出，实现全体人民的共同富裕是中国式现代化的重要特征和本质要求。实现共同富裕是一项长期而艰巨的任务，有众多问题需要解决，其中相对贫困问题是实现共同富裕道路上必须解决的问题之一。党的十九届四中全会指出，要巩固脱贫攻坚成果，建立解决相对贫困的长效机制。

当前，学术界对于相对贫困的内涵、识别标准以及治理已经开展了较丰富的研究。从研究内容上来看，较多的文献集中于相对贫困的内涵（罗必良，2020；王太明和王丹，2021；张海霞 等，2022）、相对贫困识别标准的确定与比较（孙久文和夏添，2019；王小林和冯贺霞，2020；陈永伟 等，2022）。在相对贫困治理方面，相关文献大多探讨了宏观因素对相对贫困的影响，主要涉及经济增长与收入分配对相对贫困的影响（樊增增和邹薇，2021；胡联 等，2021），以及基本公共服务中的财政支出、教育支出、医疗保险、就业、养老保险、国际贸易等因素对相对贫困的影响（胡志平，2021；于新亮 等，2022；王大哲 等，2022；周迪 等，2022；陈怡和戴雪婷，2022）。在相对贫困的微观影响因素方面，目前已有的相关研究大多集中于数字普惠金融对家庭摆脱相对贫困的影响方面（尹志超和张栋浩，2020；罗煜和曾恋云，2021；刘魏 等，2021；张勋 等，2021；胡联 等，2021）。部分学者还从心理学角度出发，研究了心理状态与相对贫困的关系（周力和沈坤荣，2021；汪俊雯 等，2022；徐富明和黄龙，2023）。

综合来看，国内外学者从多角度对相对贫困的内涵、识别和治理进行了研究并为本书的研究提供了丰富参考，但是本书认为，关于相对贫困的治理研究仍有值得改进之处：一是当前关于相对贫困的治理大多从宏观角度开展，而微观层面的实证研究相对较少，并且大多从某个单一角度进行分析，缺乏较为全面的微观因素分析；二是相对贫困是一个非常复杂的问题，影响因素众多，而当前研究缺乏一个较为体系化的分析框架；三是当前相对贫困治理问题与中国城乡发展不平衡、区域发展不平衡问题并存，这就需要在研究相对贫困治理问题时要特别重视影响因素的异质性问题。基于上述问题，本章以微观家庭为研究对象，在构建统一的相对贫困治理分析框架的基础上，对治理相对贫困的各影响因素以及影响因素对相对贫困的异质性影响进行了分析，以对相对贫困治理的相关研究进行有益的补充。

本章的边际贡献主要有以下两点：

（1）本章基于相对贫困陷阱的形成逻辑，从发展机会、发展能力与发展动力三个方面构建了相对贫困治理的统一微观分析框架，并以家庭为研究对象，对相对贫困治理的微观实证研究进行了有益补充。

（2）在具体的研究过程中，本章从家庭人均收入、收入相对贫困、多维相对贫困三个视角对相对贫困治理的影响因素进行分析，并且针对每一个研究视角分别从城乡差异、地区差异等方面运用似不相关（SUR）检验法和面板分位数回归法对影响因素的异质性影响进行检验。

本章后续部分的安排如下：基于相对贫困陷阱的生成逻辑，从发展机会、发展能力、发展动力三个方面分析各因素对相对贫困的影响，从而构建相对贫困治理的统一微观分析框架；以家庭人均收入为研究对象，运用固定效应面板回归模型、似不相关（SUR）检验方法以及面板分位数回归模型等方法分析各因素对家庭人均收入的影响以及这种影响的异质性；以收入相对贫困为研究对象，运用面板 Logit 模型分析各因素对收入相对贫困的影响以及这种影响的异质性；以收入相对贫困和多维相对贫困为研究对象，运用面板 Logit 模型分析各因素对收入相对贫困和多维相对贫困的影响以及这种影响的异质性；本章小结。

6.2 相对贫困治理的微观逻辑框架

相对贫困陷阱问题一直是相对贫困研究的热点问题。相对贫困陷阱是指由于特定原因使得家庭陷入贫困，并出现恶性循环、自我强化、难以自拔的现象（Barrett et al.，2016）。关于相对贫困陷阱的成因，可以从社会排斥、家庭生计资本以及心理机制三个方面进行分析。

6.2.1 社会排斥与发展机会

社会排斥理论认为，社会中存在自发形成的或人为设置的障碍、机制并阻止了某些人或群体自由获取社会资源或进入特定的社会阶层，从而被边缘化，排斥在主流社会生活之外，陷入了相对贫困（方长春，2020）。阿马蒂亚·森认为，正是这种排斥造成了权利的不平等，使得人们因可行能力被剥夺而陷入贫困。同时，这种权利的不平等还往往容易引发社会矛盾、产生社会冲突（陈斌开和曹文举，2013）。这种由于社会排斥造成了权利不平等而导致的相对贫困可以称之为权利贫困。

权利贫困造成了相对贫困家庭在发展过程中无法享受应有的权利，进而导致所面临的发展机会不均等。这些应享受的权利在现实中主要包括教育、医疗、就业、社会保障、金融服务等基本公共服务。这些基本公共服务覆盖不均等将严重阻碍共同富裕的进程。因此，在党的二十大报告中特别强调，要健全基本公共服务体系，提高公共服务水平，增强均衡性和可及性。

导致发展机会不均等的原因是多方面的。

首先，由于各地方经济发展的不平衡导致地方政府在公共财政收支方面的不平衡，进而出现了公共服务能力和质量的地区差异。以 2021 年为例，东部地区的北京和上海的年人均财政支出预算分别为 32921 元和 33866 元，而西部地区的四川和云南的年人均财政支出预算仅分别为 13396 元和 14145 元，[①] 由此可见，各地区在财政支出方面差距明显。

其次，由于各地方政府在发展过程中，在公共服务能力建设方面，对城镇和乡村的投入不平衡，从而造成了城乡之间的差异。这种差异在教育和医疗方面尤为突出。在教育方面，根据《全国教育经费执行情况统计公告》，中国农村义务教育阶段的财政投入长期以来一直低于全国平均水平，并且两者的差距从 2010 年的 660 元扩大到 2019 年的 4927 元，差距不断扩大。在医疗方面，根据《2024 年中国统计年鉴》，2023 年农村每千人拥有的卫生技术人员数、执业（助理）医师数和注册护士数分别为 7.07 人、2.74 人和 3.05 人，而城镇每千人拥有的卫生技术人员数、执业（助理）医师数和注册护士数则分别为 10.89 人、4.13 人和 5.08 人。

再次，中国当前仍然存在的户籍制度有可能会使由于城乡间差异而造成的机会不平等进一步扩大。截至 2020 年，中国有约 2 亿农村流动人口在城镇务工，但没有取得城镇户籍。这些进城务工的农民工受限于户籍制度，无法享受城市市民应享受的各项待遇，并增加了陷入相对贫困的风险。2010—2016 年，中国城市多维贫困家庭中，农村流动人口的多维贫困指数与城镇户籍人口多维贫困指数的差距从 1.1 倍上升到 2.2 倍，并且农村流动人口在养老保险和医疗保险方面被剥夺率最高（胡志平，2021）。

发展机会的不平等还与劳动者所从事的行业有关。行政命令导致的行业垄断，促使某些行业存在“超额利润”以及进入门槛，从而造成了行业（职业）间社会地位和经济地位的不平等。根据《2024 年中国统计年鉴》，2023 年平均工资最低的 3 个行业为住宿和餐饮业，农林牧副渔业，水利、环境和公共设施管理业，这 3 个行业的年平均工资分别为 58094 元、62952 元和 68656 元。而平均工资最高的 3 个行业为信息传输、软件和信息技术服务业，金融业，科学研究和技术服务业，这 3 个行业的年平均工资分别为 231810

---

① 资料来源：根据各省统计年鉴计算得到。

元、197663元、171447元。由此可见，行业间的差距非常明显。同时，根据本章统计，在中国家庭追踪调查（CFPS）2014年、2016年、2018年和2020年四轮调查数据中，农村相对贫困家庭中75%的家庭所从事的职业为简单体力劳动和大田作物生产工作，城镇相对贫困家庭中75%的家庭所从事的职业为简单体力劳动，如环卫、安保、道路养护、装修、建筑，街头个体食品及零售摊位售卖，营业员等职业。这就导致这些家庭所从事的职业本身就已经与其他家庭拉开了差距，而这种差距是与个人努力无关的。

最后，发展机会的不平等在金融市场中的表现也非常明显。长期以来，中国金融市场的发展存在金融抑制现象（陈斌开和曹文举，2013）。同时，国有企业长期享有大量低息的贷款，而中小微企业却长期受困于融资难、融资贵问题。这就导致了在金融资源获取方面存在机会的不平等现象。当前中国正在大力倡导金融的普惠性，并且与新兴的数字技术相结合，大力发展数字普惠金融。然而，胡联等（2021）通过实证分析发现，由于缺乏数字工具以及投资理财所必需的金融素养，数字普惠金融的发展并没有显著惠及低收入人群，反而加剧了相对贫困。本章通过实证分析发现，数字普惠金融虽然能够提高收入，但是显著地提高了低收入家庭陷入相对贫困的概率。

本章将相对贫困家庭所遭遇的社会排斥现象归结为发展机会不均等。发展机会的不均等代表了外部客观环境所造成的相对贫困家庭与非相对贫困家庭之间的“发展鸿沟”。但在相对贫困治理过程中，如果能准确把握这些造成不均等的因素，填补“发展鸿沟”，则可以有效改善相对贫困家庭的状况，与时俱进，促发展。同时，在关于贫困成因的讨论中，长期存在所谓的“个人贫困论”，即贫困家庭陷入贫困的根本原因在于个人能力和努力程度不够。如果社会大众认可这一结论，则会导致“先富”人群不主动去帮助“后富”人群，这将阻碍共同富裕的进程。因此，如果证实了发展机会不均等的存在，则可以有力反驳“个人贫困论”，并号召全社会去关注、帮扶相对贫困人群。

6.2.2 家庭生计资本与发展能力

家庭生计资本是指家庭在发展过程中所依仗的资源，从经济学角度来看，这些资源也可以称之为资本。这些资本主要包括家庭人力资本、社会资本、金融资本。其中人力资本包括从事的工作、受教育水平、健康状况等因素；

社会资本包括家庭的社会网络关系等因素；金融资本包括家庭资产等因素。当家庭生计资本匮乏时，在面对社会风险、市场风险乃至自然风险时，家庭可能无力抵抗，并陷入相对贫困。因此，家庭生计资本表征了家庭自身特征，生计资本的匮乏会造成家庭可行能力的被剥夺，本质上是一种发展能力的不足。

阿马蒂亚·森认为，人的可行能力可以分为基本可行能力和可行发展能力，而人际可行能力的差异性是造成相对贫困的原因之一。不平等理论认为，不平等主要来自两部分，一部分是在机会均等条件下因个人特征的差异而造成的不平等；另一部分则是在机会不均等条件下造成的不平等（陈斌开和曹文举，2013）。前一部分的个人特征主要包括个人努力程度、受教育水平、健康状况等因素。因此，家庭的发展能力差异是家庭陷入相对贫困的成因之一。

在家庭的发展能力中，健康状况和受教育水平是影响家庭发展的两项重要能力。健康状况代表了家庭基本可行能力，是家庭持续发展的基础。因病致贫已经成为家庭陷入相对贫困的重要原因之一。根据本书第3章的测算，个人健康指标对家庭陷入多维相对贫困的贡献度在14%以上，为3个贡献度最高的因素之一。另外，根据本章统计，低收入家庭的家庭成员大多从事劳动密集型工作，因此，个人健康状况的恶化将直接影响工作收入，从而进一步加剧家庭陷入相对贫困的风险。

扶贫必扶智，受教育水平的高低代表了家庭可行发展能力的大小。投资教育本质上是家庭对人力资源的投资。家庭为了寻求社会地位的上升，会显著地抑制其他领域的消费而增加教育的投资（金烨 等，2011）。因此，投资教育，提高受教育年限是家庭提升人力资本价值、改变现状、提高社会地位的重要途径。据统计，随着受教育年限的提高，劳动生产率也随之提高，并且增加受教育年限可以显著地降低家庭陷入贫困的风险（李兴洲，2017）。在收入相对贫困的家庭中，农村家庭的平均受教育年限为7年，城镇家庭的平均受教育年限为9.13年。而在非收入相对贫困的家庭中，农村家庭的平均受教育年限为9.35年，城镇家庭的平均受教育年限为11.5年。因此，受教育年限是家庭陷入相对贫困的重要原因之一。

本章认为，相对贫困家庭除了会遭受因社会排斥而导致的发展机会不均等，还会面临因家庭生计资本匮乏而导致的发展能力不足的问题。发展能力的不足是家庭个体特征的外在表现。家庭发展能力不足，一方面会使家庭的发展速度远远落后于其他家庭，另一方面当家庭面临社会风险、市场风险乃至自然风险时，所受到的冲击也远远大于其他家庭。一个典型的例子就是在新冠疫情期间，很多行业利用互联网技术可以居家办公，但是，由于低收入家庭大多从事劳动密集型行业，无法居家办公，因此他们受到的影响非常大。

6.2.3 心理机制与发展动力

近年来，随着学术界对贫困问题研究的逐渐深入，学者们开始关注心理机制与贫困的关系，探索分析贫困陷阱自我强化的内部心理机制，并提出了一系列相关理论。

首先，相对贫困家庭在各方面表现出资源的相对匮乏，而长期的资源匮乏会形成稀缺心态。稀缺心态会很容易被所需的稀缺资源自动捕获注意力，并忽视获取稀缺资源所伴随的风险，从而造成认知能力的下降（Mullainathan and Shafir，2013）。一个典型事例是人们只关注获得贷款后的利益，而忽视了贷款背后的还款成本风险。因此，这种稀缺心态所造成的认知下降会使相对贫困家庭作出非理智的经济决策，从而进一步陷入贫困。

其次，长期处于贫困状况会导致相对贫困人口志向的失败，即所谓的“人穷志短”。而这种志向的失败又会反过来对贫困产生持续的强化作用，导致贫困人口在后续的生活中选择付出更少的努力，进而导致任务的失败，从而使相对贫困家庭陷入贫困陷阱而无法自拔。因此，要想打破“人穷”的恶性循环，必须先摆脱“志短”的桎梏。Wuepper 和 Lybbert（2016）研究发现，通过提高个体的自我效能有助于使其在工作中设定更高的目标，并在摆脱贫困的过程中愿意付出更多努力。Lybbert 和 Wydick（2018）实证检验了个人志向和对未来的希望对摆脱贫困所产生的重要作用。

最后，相对贫困家庭如果长期处于生活困境中，会直接影响相对贫困人群的心理健康，产生焦虑、抑郁等负面情绪（Haushofer and Fehr，2014）。这种焦虑和抑郁导致的心理疾病一方面会在治疗过程中增加家庭的经济负担，加剧贫困状况（Das et al.，2007）；另一方面会导致相对贫困人群在经济决策和经济活动中的短视和逃避行为（Haushofer 和 Fehr，2014）。

因此，扶贫先扶志。习近平总书记强调，扶贫先扶志，扶贫必扶智。扶志就是扶思想、扶观念、扶信心。通过扶志激发相对贫困人口的内生发展动力，一方面可以使相对贫困人口有效摆脱福利依赖，摆脱“等、靠、要”的思想；另一方面可以帮助相对贫困人口树立对未来生活的信心，激发内生驱动力，树立更高的生活目标，并愿意为之付出更多的努力。

综上所述，相对贫困是一个复杂的问题，其成因是多方面的。在外部环境方面，社会排斥导致了家庭所面临的发展机会不均等，使得家庭面临“发展鸿沟”；在家庭内部特征方面，家庭生计资本的匮乏，导致家庭发展能力的不足，使得家庭更容易受到外部风险冲击；在心理方面，长期的贫困状况可能损害相对贫困人群的认知能力，使其失去发展志向并形成焦虑、抑郁的精神状态，从而进一步强化了贫困陷阱。基于此，在分析缓解相对贫困的影响因素、制定相对贫困的治理路径时，应站在一个更加全面和系统的视角下，将各影响因素放在一个统一的分析框架下（见图 6.1），厘清各因素对相对贫困的影响，并提出有针对性的治理路径。

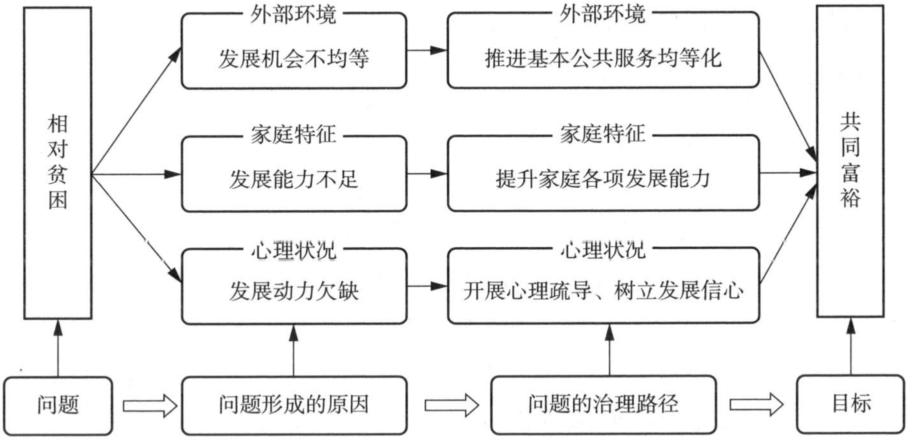

图 6.1　相对贫困治理的微观逻辑框架

6.3　模型建立与变量说明

本节将对实证分析所使用的模型进行阐述并对实证过程中所使用的数据进行说明。

6.3.1 模型的建立

本章主要基于摆脱相对贫困的“发展机会—发展能力—发展动力”分析框架开展实证分析。为此，本节构建基础面板回归模型，用以分析相关影响因素对家庭人均收入的影响，基础回归模型如下所示：

$$\ln Y_{it} = \sum_{j=1}^{n} \beta_j OP_{j,it} + \sum_{k=1}^{m} \delta_k AB_{k,it} + \sum_{l}^{p} \gamma_l MO_{l,it} + u_i + \varepsilon_{it} \tag{6-1}$$

其中，$\ln Y_{it}$表示家庭 i 在时间 t 的家庭人均纯收入的对数，用以表示家庭收入状况。$OP_{j,it}$表示一系列与发展机会相关的解释变量，$AB_{k,it}$表示一系列与发展能力相关的解释变量，$MO_{l,it}$表示一系列与发展动力相关的解释变量，u_i表示家庭固定效应，ε_{it}表示随机扰动项。

家庭收入的增长是家庭摆脱相对贫困的重要手段，式（6-1）可以用于分析各相关因素对家庭人均收入增长的影响情况。然而，式（6-1）只能反映各因素对家庭人均收入均值的影响，为了进一步分析各相关因素对不同类型的家庭人均收入的影响情况，本节将样本按照是否收入相对贫困划分为两组，并分别建立如下回归方程：

$$\ln Y_{it}^{p} = \sum_{j=1}^{n} \beta_j OP_{j,it} + \sum_{k=1}^{m} \delta_k AB_{k,it} + \sum_{l}^{p} \gamma_l MO_{l,it} + u_i + \varepsilon_{it} \tag{6-2}$$

$$\ln Y_{it}^{!p} = \sum_{j=1}^{n} \beta_j' OP_{j,it} + \sum_{k=1}^{m} \delta_k' AB_{k,it} + \sum_{l}^{p} \gamma_l' MO_{l,it} + u_i + \varepsilon_{it} \tag{6-3}$$

其中，式（6-2）表示收入相对贫困组的回归方程，式（6-3）表示非收入相对贫困组的回归方程。为了能够准确估计出式（6-2）和式（6-3）中的系数是否有差异，本章使用似不相关（SUR）检验方法对各回归系数的差异性进行检验。为了更加细致地分析各相关因素对不同收入水平家庭人均收入的影响，本节采用面板分位数回归模型进行分析，具体模型如下：

$$Q_{\ln Y_{it}}(\tau \mid OP_{j,it},\ AB_{k,it},\ MO_{l,it}) = \alpha_i(\tau) + \sum_{j=1}^{n} \beta_j(\tau) OP_{j,it} + \sum_{k=1}^{m} \delta_k(\tau) AB_{k,it} + \sum_{l}^{p} \gamma_l(\tau) MO_{l,it} \tag{6-4}$$

其中，τ 表示被解释变量的不同分位数，本章在具体估计时主要设置了 0.10、0.25、0.50、0.75 和 0.90 共 5 个分位数进行回归。α_i（τ）、β_j（τ）、

δ_k（τ）和 γ_l（τ）分别表示各分位数下的待估计参数。使用式（6-4）可以有效分析各影响因素对不同收入水平家庭人均收入的不同影响。

在分析了各影响因素对家庭人均收入的影响后，本章将构建面板 Logit 模型进一步分析各影响因素对家庭陷入收入相对贫困或多维相对贫困的影响，具体模型如下：

$$\begin{aligned} &P(IRP_{it} = 1 \mid OP_{j,it},\ AB_{k,it},\ MO_{l,it}) \\ &= \Lambda\Big(\sum_{j=1}^{n}\beta_j OP_{j,it} + \sum_{k=1}^{m}\delta_k AB_{k,it} + \sum_{l}^{p}\gamma_l MO_{l,it} + u_i\Big) \end{aligned} \tag{6-5}$$

$$\begin{aligned} &P(MRP_{it} = 1 \mid OP_{j,it},\ AB_{k,it},\ MO_{l,it}) \\ &= \Lambda\Big(\sum_{j=1}^{n}\beta_j OP_{j,it} + \sum_{k=1}^{m}\delta_k AB_{k,it} + \sum_{l}^{p}\gamma_l MO_{l,it} + u_i\Big) \end{aligned} \tag{6-6}$$

其中，IRP_{it}表示家庭 i 在时间 t 是否为收入相对贫困，MRP_{it}表示家庭 i 在时间 t 是否为多维相对贫困，Λ（·）表示逻辑分布的累计分布函数。

6.3.2　变量说明

本章实证分析所用数据主要来自中国家庭追踪调查（CFPS）2014 年、2016 年、2018 年、2020 年四轮的调查数据。本章首先针对各轮次调查数据进行变量筛选，其次根据家庭编号将四轮次的调查数据进行了匹配合并，最后共获得 4972 个家庭、19888 组样本数据。另外，本章还从《中国统计年鉴》、各省份历年统计年鉴以及北京大学数字金融研究中心发布的北京大学数字普惠金融指数等数据库中选取了部分省级指标与本章样本数据进行匹配。由于中国家庭追踪调查（CFPS）的调查年份为 2014 年、2016 年、2018 年和 2020 年，但是相关数据调查的是上一年的数据，因此，本章在匹配省级数据时，选择 2013 年、2015 年、2017 年和 2019 年相关数据。各变量的指标说明与描述性统计见表 6.1，具体的变量说明如下：

（1）被解释变量。

家庭人均纯收入（$\ln Y$）。家庭收入的增长是家庭摆脱相对贫困的重要保障，本章将家庭人均纯收入作为被解释变量，以分析各相关因素对家庭收入增长的影响。

家庭收入相对贫困（IRP）。本章在实证中将本书第 2 章中基于高斯混合模型期望最大化聚类算法测算的城镇和农村收入相对贫困状况作为被解释变量。同时，为了保障分析的稳健性，本章还使用了世界银行社会贫困线测算的收入相对贫困状况与之进行对比。

家庭多维相对贫困（*MRP*）。本章使用本书第3章中构建的多维相对贫困指标体系对家庭多维相对贫困情况进行测度。

（2）解释变量。

本章实证分析中所使用的解释变量主要从发展机会、发展能力和发展动力三个方面选取。

表6.1 变量说明与描述性统计

变量名称	样本量	指标说明	最小值	均值	最大值
家庭人均纯收入（ln*Y*）	19888	家庭人均纯收入的对数	0	9.42	15.24
家庭收入相对贫困（*IRP*）	19888	聚类相对贫困线测算的相对贫困情况	0	0.20	1
家庭多维相对贫困（*MRP*）	19888	多维相对贫困	0	0.20	1
经济发展水平（*PGDP*）	19888	各省人均增加值的对数	9.85	10.62	11.99
教育投入占比（*PIEdu*）	19888	各省财政教育支出占比	11.07	16.78	20.98
医疗投入占比（*PIMed*）	19888	各省财政卫生支出占比	4.41	7.99	10.55
医疗床位数（*Medbed*）	19888	各省每万人医疗卫生机构床位数	33.57	55.20	80.67
数字普惠金融发展（*DFD*）	19888	北京大学数字普惠金融指数省级指标	121.22	240.36	410.28
职业声望（*ISEI*）	19888	将职业编码依据ISCO-88职业分类代码转换为国际标准职业社会经济指数，若无工作则赋值为0	0	34.21	90
户口状况（*Hukou*）	19888	家庭财务回答人在采访年度的户口状况，“0”为农村户口，“1”为非农户口	0	0.26	1
受教育程度（*Eduy*）	19888	家庭中学历最高的成员受教育年限	0	10.24	23
健康状况（*Health*）	19888	家庭财务回答人自评的健康状况，按1~5进行打分，“1”为非常健康，“5”为不健康	1	3.20	5
电话通信支出（*tel*）	19888	家庭电话通信费用占家庭收入的比重	0	0.11	360
家庭人情支出（*Relation*）	19888	家庭人情支出占家庭收入的比重	0	0.14	208
工作时长（*Work*）	19888	家庭人均周工作时间	0	23.5	118

续表

变量名称	样本量	指标说明	最小值	均值	最大值
家庭资产（*Asset*）	19888	家庭人均房产的对数	0	10.08	17.5
家庭规模（*Famsize*）	19888	家庭人口数	1	3.9	21
互联网使用（*Internet*）	19888	家庭财务回答人使用互联网的时间	0	15.09	122
幸福感（*Happy*）	19888	家庭财务回答人自评的幸福感程度，“0”代表最低，“10”代表最高	0	7.3	10
未来的信心（*Confidence*）	19888	家庭财务回答人对未来的信心程度，“1”代表很没信心，“5”代表很有信心	1	4.0	5
精神抑郁程度（*CESD*）	19888	采用 CES-D 问卷测算的得分情况	0	27	72

在发展机会方面，本章主要选取能够对相对贫困状况产生影响的外部特征因素作为解释变量。这些因素不受家庭个人特征控制，反映了外部环境对家庭相对贫困状况的影响。这些变量主要包括：

经济发展水平（*PGDP*）。经济发展水平是对各省份人均生产总值取对数，用以衡量各省份的经济发展情况。

教育投入占比（*PIEdu*）。教育投入占比是指省级财政中教育支出所占整个财政支出的比例，用以衡量不同省份在教育投入中的差异所导致的对相对贫困的影响。

医疗投入占比（*PIMed*）。医疗投入占比是指省级财政中卫生医疗支出所占整个财政支出的比例，用以衡量不同省份在医疗投入中的差异所导致的对相对贫困的影响。

医疗床位数（*Medbed*）。医疗床位数是指各省份每万人所拥有的医疗卫生机构床位数，用以表示各省份医疗资源的充足情况。

数字普惠金融发展（*DFD*）。数字普惠金融发展使用了北京大学数字金融研究中心与金融科技企业联合编制的数字普惠金融指数，用以表示各省份金融发展的普惠性。

职业声望（*ISEI*）。为了衡量不同行业（职业）由于潜在的社会地位、收入报酬的差异所导致的对相对贫困的影响，本书将调查数据中的职业编码依据 ISCO-88 职业分类代码转换为国际标准职业社会经济指数（International Socio-Economic Index of Occupational Status，ISEI）。该指数基于职业的平均受教育水平和收入计算，其数值大小反映了职业间相对地位的不同。

户口状况（*Hukou*）。使用调查年度家庭财务回答人的户口状况进行衡量。家庭户口状况主要反映了当前的户籍制度对家庭相对贫困的影响。

在发展能力方面，本章主要选取与家庭相关的内部特征变量。这些变量反映了个人努力程度对家庭相对贫困的影响。这些变量主要包括：

受教育程度（*Eduy*）。采用家庭成员中最高受教育年限来衡量，用以反映教育对家庭相对贫困状况的影响。

健康状况（*Health*）。采用家庭财务回答人自评的健康状况进行衡量，用以反映个人健康对家庭相对贫困状况的影响。

电话通信支出（*tel*）。采用家庭电话通信费用占家庭总收入的比例进行衡量，用以反映家庭对外联络的情况。

家庭人情支出（*Relation*）。采用家庭人情支出占家庭总收入的比例进行衡量，用以反映家庭维系社会网络的情况，以及维系社会网络对相对贫困的影响。

工作时长（*Work*）。采用家庭周平均工作时间进行衡量，用以表示工作时间对家庭相对贫困状况的影响。

家庭资产（*Asset*）。采用家庭人均房产价值进行衡量，用以表示家庭财富状况对家庭相对贫困的影响。

家庭规模（*Famsize*）。采用家庭人数进行衡量，用以表示家庭结构对家庭相对贫困的影响。

互联网使用（*Internet*）。采用家庭财务回答人每周使用互联网的时间进行衡量。当前互联网已经成为人们学习、工作、了解社会发展以及娱乐的重要手段，并会对家庭相对贫困状况产生影响。

在发展动力方面，本章主要选取衡量人的内部心理状况的相关变量进行分析。这些变量主要包括：

幸福感（*Happy*）。采用调查问卷中被调查人关于“是否感到幸福”的回答进行衡量。幸福感一方面反映了被调查人对当前生活的主观感受，另一方面还会对下一步的行动产生影响。

未来的信心（*Confidence*）。采用调查问卷中被调查人关于“自己对未来的信心程度”的回答。未来的信心是反映人们内生发展动力的关键指标，表达了人们发展的意愿。

精神抑郁程度（*CESD*）。通过调查问卷中关于精神抑郁状况的相关问题综合得到。精神抑郁程度反映了贫困状态、生活压力对人们精神的影响情况，通过控制精神抑郁程度变量，能够更加有效地估计幸福感和未来的信心两个变量对相对贫困的影响。需要说明的是，在 CFPS2014 调查数据中与精神抑郁相关的问题为 6 道题；在 CFPS2016 调查数据中约 1/5 的被调查者采用了 8 道题，剩余 4/5 的被调查者采用了 20 道题；在 CFPS2018 调查数据中采用的是 CES-D8。根据官方的推荐，本章统一采用百分位数等化方法，对各调查年度题目的分数进行了对等化处理。

6.4　居民家庭收入的影响因素分析

保持家庭收入的稳定增长是家庭摆脱相对贫困、实现共同富裕的重要基础。本节将从居民家庭收入的视角出发，分析居民家庭收入的各种影响因素，以及这些因素对不同收入水平家庭的异质性影响。

6.4.1　基础回归结果分析

在进行回归分析之前，本章对面板数据模型的混合效应、固定效应和随机效应进行了检验，检验结果表明应使用面板固定效应模型。表 6.2 反映了使用式（6-1）对家庭人均收入的基础回归结果。

在表 6.2 中，模型（1）反映了与发展机会相关的变量对家庭人均收入的影响。这种影响反映了外部环境对家庭收入的影响。如果外部环境因素对家庭人均收入具有显著的影响，一方面说明了家庭处于这种环境下具有收入增长的机会，另一方面也可能反映了不同家庭处于相同环境下的不平等现象的存在。根据回归结果可知，政府教育投入对家庭收入的影响不显著，主要是由于对家庭收入具有影响的是基础教育，而当前中国基础教育的毛入学率已经非常高，因此，政府的教育投入对家庭收入的影响不再显著。政府医疗投入对家庭收入增长具有显著的正向影响，这说明，当前医疗资源仍然不足，政府加大医疗投入能够有效促进家庭收入的增长。数字普惠金融的发展对家庭收入的增长具有显著的正向作用，说明数字普惠金融的发展促进了家庭金融资源的可获得性，并有效促进了家庭收入的增长。职业声望对家庭收入的增长具有显著的正向作用，即职业声望越高，家庭的收入就越高，说明当前职业间的报酬差距仍然存在，行业的不平等现象对家庭的收入具有显著的影响。户口状况对家庭收入的增长具有显著的正向影响，即非农户口相较于农村户口更容易使得家庭收入增长，说明户籍制度的不平等仍然存在。

在表 6.2 中，模型（2）反映了与发展能力相关的变量对家庭人均收入的影响。由于这些变量反映了家庭或个人的特征，因此，模型（2）也从侧面反映了个人努力程度对家庭收入的影响。根据回归结果可知，电话通信支出、人情支出对家庭收入的增长具有显著的负向作用。这说明，家庭的人情负担较重，为了维系家庭网络关系，付出的代价较大，并影响到了家庭收入。家庭最高受教育程度对家庭收入具有显著的正向作用，说明投资教育不但对个人收入的增长具有正向作用，随着教育年限的提高，其对整个家庭的收入增长也具有正向溢出作用，即一个人的受教育水平提高了，会使全家人受益。工作时长对家庭人均收入的提高具有显著的正向作用，说明个人工作的努力程度与报酬成正比。互联网使用频率对家庭收入的提高具有显著的正向作用，说明随着数字经济的快速发展，互联网已经成为生产力工具，能够帮助家庭有效提高收入。家庭资产对家庭收入具有显著的正向作用，说明资产的保值增值已经成为提高家庭收入的重要渠道之一。家庭规模对家庭人均收入具有负向影响，家庭规模越大，越有可能阻碍收入的增长。

在表 6.2 中，模型（3）反映了与发展的内生动力相关的变量对家庭收入的影响。对未来的信心程度对家庭收入的增长呈显著的正向作用，对自己的未来越有信心，家庭收入越有可能增长。精神状况对家庭收入的增长有显著的正向作用。由于精神抑郁程度数值越大，反映了人们的精神压力越大，因此，精神压力的上升有可能会激发人的工作动力，并促进家庭收入的增长。另外，幸福感程度对家庭收入的影响不显著，需要进一步分析。

在表 6.2 中，模型（4）反映了与发展机会、发展能力和发展动力相关的全部变量的回归结果。根据回归结果可知，各变量的显著性方向和显著性水平基本与模型（1）、模型（2）和模型（3）中对应变量的情况一致，说明回归结果具有一定的稳健性，有区别的是经济发展水平、幸福感程度对家庭收入的增长从无显著影响变化为具有显著的正向影响。

表 6.2　基础回归结果

变量名称	模型（1）	模型（2）	模型（3）	模型（4）
PGDP	0.013	—	—	0.090**
PIEdu	0.003	—	—	−0.009
PIMed	0.031***	—	—	0.074***
Medbed	−0.001	—	—	0.001
DFD	0.004***	—	—	0.001***
ISEI	0.009***	—	—	0.005***
Hukou	0.138***	—	—	0.090**
Eduy	—	0.037***	—	0.029***
Health	—	−0.010	—	−0.010**
tel	—	−0.589***	—	−0.553***
Relation	—	−0.152***	—	−0.147***
Work	—	0.003***	—	0.003***
Asset	—	0.014***	—	0.008***
Famsize	—	−0.118***	—	−0.109***
Internet	—	0.004***	—	0.001***
Happy	—	—	0.005	0.012***
Confidence	—	—	0.029***	0.012**
CESD	—	—	0.178***	0.002***

注：***、**分别表示估计值在 1%、5%置信水平上显著。

综上所述，从外部环境来看，经济的发展、政府的投入、金融的发展等方面均为居民家庭收入的增长提供了良好的环境支持，有益于家庭收入的增长。从家庭内部特征来看，教育水平、工作时长、家庭资产、互联网的使用能够有效促进家庭收入的增长，因此，个人的努力与回报成正比。从内生动力来看，发展的意愿能够有效促进家庭收入的增长。

6.4.2　分组异质性影响分析

表 6.2 的基础回归结果显示，发展机会、发展能力和发展动力三个方面

的相关因素对家庭收入的增长具有显著的影响。然而，基础回归结果只反映了相关因素对家庭人均收入均值的影响，无法反映这些相关因素对家庭人均收入影响的异质性。影响的异质性对于相对贫困的治理具有重要意义。从外部环境来看，经济发展的包容性增长模式能够使得经济增长的成果更多地惠及低收入人群，从而有利于缓解相对贫困。另外，数字普惠金融的本质是使更多的低收入人群更加便利地获得金融的扶持，因此，数字普惠金融应该对低收入人群的家庭收入增长效果更加明显。从家庭内部特征来看，低收入家庭更多的是从事劳动密集型产业，按照多劳多得的报酬分配原则，低收入家庭增加劳动时间应该对劳动收入的增长更加明显，同样，教育年限的增加对于低收入家庭收入的影响也应该更加明显。从发展的意愿来看，低收入家庭在改变当前现状的强烈意愿下，发展的动力更加充足，行为方式更加积极，同时，也应该从劳动中获得更多回报，从而对自己的行为形成正向激励，否则就使得扶贫先扶志失去了意义。因此，从相对贫困治理的角度来看，各影响因素存在对低收入人群有益的异质性，将有效促进低收入人群的发展，有利于相对贫困的缓解。

为了检验这种异质性的存在，本节将样本数据划分为相对贫困组和非相对贫困组。划分依据为在聚类相对贫困线标准下，如果某个家庭在2014年、2016年、2018年和2020年中至少有1年被认定为相对贫困，该家庭被划入相对贫困组，否则该家庭被划入非相对贫困组。经过划分，相对贫困组共有2081个家庭、8324组样本数据，非相对贫困组共有2891个家庭、11564组样本数据。划分了相对贫困组和非相对贫困组后，本节分别对两组数据进行面板固定效应回归，并采用似不相关（SUR）检验方法对两组回归结果的系数是否相等进行检验。分组回归结果和系数检验结果如表6.3所示。

表6.3 分组回归与系数检验结果

变量名称	非相对贫困组	相对贫困组	检验结果（p-value）
PGDP	−0.008	0.191**	0.020
PIEdu	−0.022***	0.002	0.010
PIMed	0.046***	0.116***	0.010
Medbed	−0.0002	−0.006*	0.030

续表

变量名称	非相对贫困组	相对贫困组	检验结果（p-value）
DFD	0.002***	0.0014***	0.320
ISEI	0.003***	0.008***	0.000
Hukou	0.081***	0.089*	0.470
Eduy	0.025***	0.032***	0.070
Health	−0.004	−0.018*	0.130
tel	−0.395***	−0.619***	0.000
Relation	−0.137***	−0.144***	0.320
Work	0.002***	0.0034***	0.030
Asset	0.0035**	0.016***	0.000
Famsize	−0.118***	−0.101***	0.060
Internet	0.0009***	0.002***	0.000
Happy	0.0036	0.019***	0.020
Confidence	0.009*	0.017*	0.230
CESD	0.0006	0.002**	0.080

注：***、**、*分别表示估计值在1%、5%和10%置信水平上显著。

在表6.3中，第2列反映了非相对贫困组的回归结果，第3列反映了相对贫困组的回归结果，第4列反映了对分组回归估计结果的系数是否相等的检验概率值，检验的原假设为两组回归系数无差异。由回归结果可知，两组样本的回归系数差异较大。在发展机会方面，经济发展水平、医疗投入占比、职业声望三个方面因素对相对贫困组家庭的收入影响明显高于非相对贫困组，系数检验也拒绝了两组系数相同的假设。这说明，加快经济发展、加大医疗投入、提高职业声望会使相对贫困家庭获益更多。数字普惠金融发展对两组家庭的收入增长均具有正向作用，但是经过系数检验发现，两组回归系数并无明显差别。教育投入占比对非相对贫困组家庭的收入具有显著的负向作用，对于贫困组家庭的影响不显著。在发展能力方面，受教育程度对相对贫困组家庭收入的正向影响在1%的显著性水平下显著大于非相对贫困组。工作时长、互联网使用时间对相对贫困组家庭收入的正向影响均显著大于对非相对贫困组家庭收入的影响。这说明，贫困家庭通过投资教育、勤奋工作、学习互联网知识等途径可以有效提升家庭收入。通信支出、人情支出对两组家庭的收入增长具有负向作用，并且对贫困家庭的影响显著大于非贫困家庭，说明人情负担对贫困家庭的影响更大。家庭资产对贫困家庭收入增长的影响显著大于非贫困家庭，家庭规模对非贫困家庭的负向影响显著高于贫困家庭。在发展动力方面，虽然对未来的信心程度对相对贫困组家庭收入的系数大于非相对贫困组家庭，但是系数差异性检验发现，两组系数的差异并不显著。幸福感和精神抑郁程度对相对贫困组家庭的收入增长具有显著的正向作用，但是对非相对贫困组的影响不显著。

通过对相对贫困组和非相对贫困组的分组回归并进行回归系数差异性检验发现，发展机会、发展能力两个方面的各相关因素对相对贫困组和非相对贫困组家庭收入增长的影响存在异质性。具体来看，无论是对家庭收入增长具有正向作用的因素还是具有负向作用的因素，大多数对相对贫困组家庭的影响高于非相对贫困组家庭。因此，通过扩大那些具有正向影响的因素作用，可以有效促进相对贫困家庭的收入增长。

当前，中国的经济发展正处于转型阶段，一方面城乡二元的经济结构仍然存在，另一方面地区之间的发展不平衡，特别是东部地区与中西部地区间的发展不平衡问题比较突出。为此，本书进一步按照城乡和地域进行分组，并同样对分组回归的系数进行检验，以分析各相关因素是否存在城乡和地域异质性，具体结果见表 6. 4。

表 6. 4 反映了按照城乡和地域分组的分组回归结果以及系数差异性检验结果。从按城乡分组的回归结果来看，大部分解释变量没有通过系数差异性检验，即这些解释变量对城镇家庭和农村家庭收入增长的影响没有差异。存在差异并且具有显著影响的解释变量仅为职业声望、户口状况、工作时长、家庭规模、互联网使用、幸福感、未来的信心和精神抑郁程度八个变量。职业声望对城镇和农村家庭收入均具有显著的正向影响，但是对农村家庭收入影响显著高于城镇家庭，说明提升农村家庭的职业声望能够有效改善家庭收入状况。户口状况对农村家庭具有显著的正向影响，而对城镇家庭影响不显著。工作时长对农村和城镇家庭均具有显著的正向影响，并且对城镇家庭的影响显著高于农村家庭。家庭规模对城镇家庭的负向影响显著高于农村家庭，

说明城镇家庭人口抚育成本要高于农村家庭。互联网使用对农村家庭的正向影响显著高于城镇家庭，因此，农村家庭获取更多的信息将有助于提高其家庭收入。幸福感对城镇家庭的正向影响显著高于农村家庭，未来的信心对农村家庭的收入影响大于城镇家庭。另外，精神抑郁程度对城镇家庭收入的影响更加显著，而对农村家庭的影响不显著。

表 6.4 城乡和地域异质性检验结果

变量名称	按城乡分组			按地域分组		
	农村	城镇	检验结果	中西部地区	东部地区	检验结果
PGDP	0. 049	−0. 013	0. 280	−0. 08	−0. 288***	0. 040
PIEdu	−0. 0016	−0. 023***	0. 040	0. 009	−0. 023***	0. 000
PIMed	0. 085***	0. 069***	0. 250	0. 12***	0. 008	0. 000
Medbed	0. 0015	0. 0002	0. 360	0. 004*	−0. 022***	0. 000
DFD	0. 0014***	0. 0011***	0. 330	0. 0013***	0. 0045***	0. 000
ISEI	0. 0057***	0. 0031***	0. 000	0. 0047***	0. 0039***	0. 160
Hukou	0. 097***	0. 023	0. 070	0. 076***	0. 093**	0. 370
Eduy	0. 025***	0. 027***	0. 340	0. 025***	0. 032***	0. 100
Health	−0. 0089	−0. 0077	0. 500	−0. 009	−0. 007	0. 400
tcl	−0. 542***	−0. 564***	0. 210	−0. 573***	−0. 512***	0. 000
Relation	−0. 146***	−0. 145***	0. 440	−0. 17***	−0. 118***	0. 000
Work	0. 0020***	0. 0033***	0. 000	0. 0028***	0. 00276***	0. 410
Asset	0. 007***	0. 011***	0. 190	0. 0079***	0. 0086***	0. 400
Famsize	−0. 081***	−0. 115***	0. 000	−0. 11***	−0. 091***	0. 120
Internet	0. 0014***	0. 0009***	0. 070	0. 002***	0. 0008***	0. 000
Happy	0. 0088***	0. 017***	0. 090	0. 011***	0. 014***	0. 350
Confidence	0. 021***	0. 0016***	0. 050	0. 009	0. 020**	0. 160
CESD	0. 0004	0. 0029***	0. 010	0. 0003	0. 0007	0. 390

注：***、**、*分别表示估计值在1%、5%和10%置信水平上显著。

从按地区分组的回归结果来看，东部地区和中西部地区的异质性主要表现在发展机会方面，也就是外部环境的异质性。经济发展水平、教育支出对东部家庭具有显著的负向影响，而对中西部地区家庭收入增长的影响不显著。医疗卫生投入对中西部地区的家庭收入具有显著的正向影响，对东部地区的影响不显著。数字普惠金融发展对两个地区家庭收入的增长具有显著的正向影响，但是东部地区受数字普惠金融的影响更大。在其他因素中，具有显著差异性的变量还包括电话通信支出、人情支出、互联网使用和未来的信心。其中，电话通信支出、人情支出对家庭收入增长具有显著的负向作用，并且对中西部地区的影响显著高于东部地区；互联网使用对家庭收入增长具有显著的正向作用，并且对中西部地区的影响显著高于东部地区。

6.4.3 分位数异质性影响分析

为了进一步分析发展机会、发展能力、发展动力三个方面各相关因素对家庭收入影响的异质性，本节使用面板数据分位数回归模型对不同收入水平的家庭开展进一步分析。在进行面板数据分位数回归时，本节将分位数点分别设置为0.10、0.25、0.50、0.75和0.90，从而在不同收入水平上对各相关因素对家庭收入的影响进行分析。具体回归结果见表6.5。

表6.5反映了家庭收入面板分位数回归的结果。由回归结果可以发现，除部分变量外，大多数变量对不同收入水平的家庭收入具有异质性的影响。从发展机会方面来看，经济发展水平随着家庭收入水平的上升对家庭收入的影响呈先上升后下降的趋势。这说明，经济发展会使中高收入水平的家庭获益更多，低收入家庭获益少。数字普惠金融的发展对各收入水平的家庭影响没有显著的差异，说明数字普惠金融在发展中并没有特别倾向某一类人群，是普惠式的发展。职业声望对家庭收入的影响随着收入水平的提高不断下降，因此，提升低收入人群的职业声望将有效提升家庭收入。户口状况对家庭收入的影响随着收入水平的上升逐渐减小，说明户籍制度对于低收入家庭的影响更加显著，低收入家庭转为非农户口后意味着可以享受城镇居民对应的保障制度，从而有利于家庭收入增长。

表 6.5　面板分位数回归结果

变量名称	τ=0.10	τ=0.25	τ=0.50	τ=0.75	τ=0.90
PGDP	0.129**	0.155***	0.210***	0.185***	0.176***
PIEdu	−0.058***	−0.051***	−0.048***	−0.030***	−0.033***
PIMed	0.011	−0.01	−0.017	−0.006	0.003
Medbed	−0.004***	−0.004***	−0.0016***	0.0036***	−0.0036***
DFD	0.002***	0.0018***	0.0016***	0.0017***	0.0016***
ISEI	0.0088***	0.0074***	0.0062***	0.0055***	0.0054***
Hukou	0.336***	0.314***	0.281***	0.261***	0.251***
Eduy	0.055***	0.046***	0.044***	0.042***	0.038***
Health	−0.037***	−0.0316***	−0.027***	−0.027***	−0.023**
tel	−0.59***	−0.59***	−0.57***	−0.56***	−0.58***
Relation	−0.095***	−0.091***	−0.096***	−0.105***	−0.134***
Work	0.0038***	0.0031***	0.0024***	0.0021***	0.0018***
Asset	0.067***	0.056***	0.037***	0.029***	0.025***
Famsize	−0.069***	−0.085***	−0.106***	−0.114***	−0.118***
Internet	0.0021***	0.0020***	0.0018***	0.0018***	0.0022***
Happy	0.024***	0.022***	0.019***	0.014***	0.011***
Confidence	0.031***	0.018***	0.012**	0.014***	0.009
CESD	−0.001	−0.0007	−0.001*	−0.0003	−0.0002

注：***、**、* 分别表示估计值在 1%、5%和 10%置信水平上显著。

从发展能力方面来看，受教育程度对家庭收入的影响随着家庭收入水平的提高逐渐减弱，因此，提升低收入家庭成员受教育程度对家庭收入的改善更加明显。健康状况对各收入层次家庭的影响均为负向影响，并且影响逐渐降低。电话通信支出、人情支出对家庭收入均呈负向影响，并且各收入水平家庭间差异不明显。工作时长对低收入家庭的收入影响显著高于高收入家庭。家庭资产对低收入家庭收入的影响同样显著高于高收入家庭，因此，适当提高低收入家庭资产性收入将有助于改善家庭收入状况。家庭规模对家庭收入的负向影响随着家庭收入水平的上升而上升。互联网使用对各收入水平的家庭收入均具有正向影响，但是差异不明显。

从发展动力方面来看，幸福感对家庭收入的正向影响随着家庭收入水平的提高逐渐下降，提高低收入家庭的幸福感将有效改善家庭收入状况。未来的信心对低收入家庭的影响显著高于高收入家庭。精神状况对低收入家庭影响不显著。

综合来看，外部环境因素中的地域差异、职业差异和户籍差异对不同收入水平的家庭存在显著的异质性，这些因素代表了当前客观存在的一些机会不平等现象，根据分位数回归结果发现，这些因素对低收入家庭影响更加显著。因此，如果这些机会不平等问题不能得到有效解决，则会使低收入家庭遭受的损失更大。从家庭内部特质来看，受教育水平、工作时长、家庭资产、互联网使用等因素代表了个人努力因素所造成的异质性。从分位数回归结果来看，这些因素对低收入家庭收入的影响显著高于高收入家庭，意味着只要个人努力，就可以得到更多回报。这些因素作用的有效发挥有助于构建一种“按劳分配、多劳多得”的良性竞争环境。从发展动力来看，分位数回归的结果证明了内生发展动力对各收入水平的家庭均具有显著的正向作用，并且对低收入家庭的影响更加显著。

6.5 相对贫困的影响因素分析

在对居民家庭人均收入的影响因素进行分析之后，发现发展机会、发展能力和发展动力三大方面的各因素对家庭人均收入的增长具有正向或负向的作用。然而，这些因素是否对相对贫困具有同样的影响需要进一步分析。如果这些因素对家庭收入增长的促进作用无法抵消相对贫困识别标准上升的作用，那么这些因素就无法对相对贫困的缓解产生影响。因此，本节将从收入相对贫困和多维相对贫困两个角度，对发展机会、发展能力和发展动力三大方面各因素缓解相对贫困的效应进行分析。

6.5.1 收入相对贫困影响因素分析

本节使用式（6-5），基于聚类相对贫困识别标准构建了面板 Logit 模型。同时，为了保障分析结果的稳健性，本节还基于世界银行社会贫困线标准构建了面板 Logit 模型并进行稳健性估计。实证分析结果见表 6.6。

表 6.6 反映了聚类相对贫困识别标准和社会相对贫困识别标准下，发展

机会、发展能力和发展动力三大方面相关因素对缓解收入相对贫困的影响效应。在聚类相对贫困识别标准下，从回归结果看，大部分变量对居民家庭收入相对贫困具有显著的影响。在发展机会方面，经济发展水平和医疗投入能够显著降低家庭陷入收入相对贫困的概率；教育投入和医疗床位数对家庭陷入收入相对贫困的影响不显著；数字普惠金融的发展有可能会提高陷入收入相对贫困的概率；职业声望能够显著降低家庭陷入收入相对贫困的概率；户口状况对家庭陷入相对贫困的影响不显著。在发展能力方面，受教育年限显著降低了家庭陷入相对贫困的概率；电话通信支出、人情支出显著增加了家庭陷入收入相对贫困的概率；工作时长、互联网使用两个因素均显著降低了家庭陷入收入相对贫困的概率；家庭规模则显著提高了家庭陷入收入相对贫困的概率。在发展动力方面，幸福感对家庭摆脱收入相对贫困具有显著的正向作用；未来的信心和精神状况对家庭是否陷入收入相对贫困不显著。在社会相对贫困识别标准下，各变量对家庭收入相对贫困的影响与聚类相对贫困识别标准下的回归结果基本保持一致。

表 6.6　收入相对贫困影响因素分析结果

变量名称	聚类相对贫困标准	社会相对贫困标准
PGDP	-2.06***	-0.67***
PIEdu	-0.01	0.02
PIMed	-0.12*	-0.24***
Medbed	0.009	0.02*
DFD	0.01	0.005***
ISEI	-0.02***	-0.02***
Hukou	0.06	-0.19
Eduy	-0.04***	-0.08***
Health	0.01	0.03
tel	1.61***	1.68***
Relation	0.37***	0.49***
Work	-0.007***	-0.009***
Asset	-0.01	-0.06***
Famsize	0.21***	0.32***

续表

变量名称	聚类相对贫困标准	社会相对贫困标准
Internet	-0.01***	-0.005***
Happy	-0.045***	-0.035***
Confidence	-0.01	-0.04
CESD	-0.003	-0.002

注：***、*分别表示估计值在1%、10%置信水平上显著。

在对全部样本进行分析之后，本节又按照城镇和农村进行分组，分别分析了各变量对农村家庭收入相对贫困和城镇家庭收入相对贫困的影响。同时，为了检验各变量对农村和城镇家庭收入相对贫困是否存在异质性影响，本节对分组回归结果的系数是否相等进行了检验，回归及检验结果见表6.7。

表6.7　农村和城镇分组回归及系数检验结果

变量名称	聚类相对贫困标准			社会相对贫困标准		
	农村	城镇	检验结果	农村	城镇	检验结果
PGDP	-1.098**	-3.398***	0.02	-0.549	-0.563	0.48
PIEdu	-0.0542	0.0956	0.05	-0.0301	0.117**	0.02
PIMed	-0.345***	0.146	0.02	-0.278***	-0.227**	0.32
Medbed	-0.0134	0.0223	0.13	0.00259	0.0207	0.20
DFD	0.0112***	0.0174***	0.12	0.00312	0.00906***	0.09
ISEI	-0.0265***	-0.0207***	0.30	-0.0283***	-0.0173***	0.05
Hukou	-0.556	0.221	0.05	-0.553**	0.0860	0.06
Eduy	-0.0571**	-0.0282	0.24	-0.0820***	-0.0757***	0.36
Health	0.0263	-0.00654	0.30	0.0554	-0.0324	0.10
tel	1.635***	1.660***	0.37	1.618***	1.969***	0.00
Relation	0.334***	0.509***	0.06	0.466***	0.557***	0.12
Work	-0.0059**	-0.0095***	0.32	-0.0084***	-0.0111***	0.16
Asset	-0.00294	-0.0334*	0.12	-0.0525***	-0.0875***	0.08
Famsize	0.0968*	0.364***	0.00	0.241***	0.492***	0.00
Internet	-0.0120***	-0.0118***	0.47	-0.0051***	-0.0091***	0.10

续表

变量名称	聚类相对贫困标准			社会相对贫困标准		
	农村	城镇	检验结果	农村	城镇	检验结果
Happy	-0.0557**	-0.0527*	0.47	-0.0416**	-0.0223	0.27
Confidence	-0.0350	-0.0173	0.35	-0.0992**	0.0317	0.03
CESD	-0.00246	-0.00347	0.45	0.0005	-0.0024	0.27

注：***、**、*分别表示估计值在1%、5%和10%置信水平上显著。

表 6.7 反映了聚类相对贫困识别标准和社会相对贫困识别标准下，农村家庭和城镇家庭的分组回归结果以及对分组回归系数一致性的检验结果。从回归结果来看，各变量对农村和城镇家庭收入相对贫困的影响基本与全样本的回归结果保持一致。同时，部分变量对农村和城镇家庭收入相对贫困的影响存在异质性。在聚类相对贫困识别标准下，经济发展水平对城镇家庭摆脱收入相对贫困的正向效应显著高于农村家庭，说明客观环境下经济增长更有利于城镇家庭；政府的医疗投入对于农村家庭摆脱收入相对贫困具有显著的正向效应，而对城镇家庭的影响不显著，说明农村医疗环境急需改善；数字普惠金融发展对农村和城镇家庭陷入收入相对贫困具有显著的正向作用，说明金融的普惠性在中国的发展仍然不足；职业声望对农村家庭摆脱收入相对贫困的正向影响要高于城镇家庭；户口状况对于农村家庭摆脱相对贫困具有正向影响。

受教育程度对农村和城镇家庭摆脱收入相对贫困均具有正向作用，并且两者之间没有显著的差异；健康状况对农村和城镇家庭陷入收入相对贫困的影响不显著；电话通信支出和人情支出对农村和城镇家庭陷入收入相对贫困均具有正向作用，并且对城镇家庭的影响显著高于农村家庭；工作时长对农村和城镇家庭摆脱收入相对贫困具有显著的正向作用，虽然从回归系数上看，对城镇家庭的影响更大，但是通过检验发现，两者没有显著的差异；家庭规模对城镇家庭陷入收入相对贫困的正向作用显著高于农村，说明城镇的人口负担要高于农村；互联网使用对农村和城镇家庭摆脱收入相对贫困具有积极的正向影响。幸福感对农村和城镇家庭摆脱收入相对贫困具有正向影响；未来的信心和精神状况对家庭陷入收入相对贫困的影响不显著。

6.5.2 多维相对贫困影响因素分析

在对收入相对贫困各影响因素进行分析之后，本节根据第 3 章中建立的基于发展视角的多维相对贫困指标体系对样本家庭的多维相对贫困状况进行识别，并对各相关变量对家庭多维相对贫困的影响进行了分析。在分析过程中，本节首先针对全部家庭样本建立面板 Logit 模型，分析结果见表 6.8。

表 6.8 多维相对贫困影响因素分析

变量名称	模型（1）	模型（2）	模型（3）	模型（4）
PGDP	0.0776	—	—	0.304
PIEdu	-0.0169	—	—	0.0322
PIMed	-0.208***	—	—	-0.333***
Medbed	-0.0380***	—	—	-0.0264***
DFD	0.00694***	—	—	0.00626***
ISEI	-0.0147***	—	—	-0.0084***
Hukou	-0.113	—	—	0.0339
Eduy	—	-0.100***	—	-0.107***
Health	—	0.367***	—	0.300***
tel	—	0.0461	—	0.0398
Relation	—	-0.132***	—	-0.105***
Work	—	-0.0002	—	0.000583
Asset	—	-0.0267***	—	-0.0164
Famsize	—	-0.0443*	—	0.00348
Internet	—	0.00149*	—	-0.0017*
Happy	—	—	-0.152***	-0.148***
Confidence	—	—	-0.325***	-0.319***
CESD	—	—	0.0106***	0.0089***

注：***、* 分别表示估计值在 1%、10% 置信水平上显著。

表 6.8 反映了针对全部样本家庭的多维相对贫困影响因素分析结果。模型（1）反映了发展机会方面的相关变量对多维相对贫困的影响。其中，经济

发展水平和教育投入对家庭陷入多维相对贫困的影响不显著；医疗投入和医疗床位数能够显著降低家庭陷入多维相对贫困的概率；数字普惠金融发展显著提高了家庭陷入多维相对贫困的概率；职业声望对家庭摆脱多维相对贫困具有显著的正向作用；家庭户口对家庭多维相对贫困的影响不显著。

模型（2）反映了发展能力方面的相关变量对多维相对贫困的影响。其中，受教育程度显著降低了家庭陷入多维相对贫困的概率，即家庭成员中受教育水平越高，家庭越有可能摆脱多维相对贫困；健康状况显著提高了家庭陷入多维相对贫困的概率，即健康状况越差，家庭越有可能陷入多维相对贫困。人情支出显著降低了家庭陷入多维相对贫困的概率，恰好与对收入相对贫困的影响相反，说明虽然人情支出会增加家庭负担，影响家庭收入，但是必要的人情关系维护可能给家庭的其他方面带来好处。家庭资产、家庭规模能够显著降低家庭陷入多维相对贫困的概率。

模型（3）反映了发展动力方面的相关变量对多维相对贫困的影响。其中，幸福感对降低家庭陷入多维相对贫困的概率具有显著的影响；同样，对未来越有信心越有可能降低家庭陷入多维相对贫困的概率。精神状况则显著提高了家庭陷入多维相对贫困的概率。

模型（4）反映了添加全部解释变量后的回归结果。由回归结果可知，各解释变量回归系数的符号与显著性基本与模型（1）、模型（2）和模型（3）保持一致，有区别的是互联网使用对家庭陷入多维相对贫困的影响由正向变为负向，家庭资产对家庭陷入多维相对贫困的影响不再显著，说明了回归结果的稳健性。

在对全部样本家庭的多维相对贫困影响因素进行分析之后，本节按照城镇和农村对样本家庭进行分组，分别建立面板 Logit 模型进行回归分析，并对分组回归的结果进行了系数一致性检验，以分析多维相对贫困影响因素的异质性。分组回归的结果以及异质性检验结果见表 6. 9。

表 6. 9 反映了按照城乡分组的多维相对贫困影响因素分组回归结果。从按城乡分组回归的结果来看，在发展机会方面，经济发展水平对家庭陷入多维相对贫困的影响仍然不显著；教育支出显著地提高了城镇家庭陷入多维相对贫困的概率，但对农村家庭的影响不显著；医疗支出和医疗床位数对城镇和农村家庭摆脱多维相对贫困均具有显著的正向作用；数字普惠金融发展对农村和城镇家庭陷入多维贫困的概率具有正向作用；职业声望能够显著提高

农村和城镇家庭摆脱多维相对贫困的概率，并且对农村家庭的影响高于城镇家庭。

在发展能力方面，受教育年限、人情支出对城镇和农村家庭摆脱多维相对贫困均具有显著的正向作用，但是不存在异质性影响；家庭规模显著提高了农村家庭陷入多维相对贫困的概率，但对城镇家庭影响不显著；健康状况对城镇和农村家庭陷入多维相对贫困具有显著的正向影响，但是不存在异质性影响；工作时长和家庭资产对农村和城镇家庭陷入多维相对贫困没有显著影响；互联网使用对城镇家庭摆脱多维相对贫困具有显著的正向影响，但是对农村家庭的影响不显著。

在发展动力方面，幸福感、未来的信心对城镇和农村家庭摆脱多维相对贫困均具有显著的正向作用，并且幸福感对农村家庭摆脱多维相对贫困的影响显著高于城镇家庭，而对未来的信心程度则不存在异质性；精神状况对农村家庭陷入多维相对贫困具有显著的正向作用，但是对城镇家庭的影响不显著。发展动力对家庭摆脱多维相对贫困的积极影响再次证明了扶贫先扶志的重要性。

表 6.9 多维相对贫困分组回归及异质性检验结果

变量名称	农村	城镇	检验结果
PGDP	0.161	0.294	0.45
PIEdu	−0.0244	0.0856*	0.09
PIMed	−0.340***	−0.392***	0.28
Medbed	−0.0281**	−0.0298**	0.49
DFD	0.00637***	0.00756***	0.34
ISEI	−0.0134***	−0.00561*	0.14
Hukou	−0.121	0.142	0.20
Eduy	−0.115***	−0.108***	0.41
Health	0.281***	0.332***	0.16
tel	0.0201	0.0315	0.39
Relation	−0.0992***	−0.0858*	0.42
Work	0.00288	−0.00207	0.11
Asset	−0.00101	−0.00943	0.30

续表

变量名称	农村	城镇	检验结果
Famsize	0.0826**	-0.00246	0.12
Internet	-0.000473	-0.00305**	0.16
Happy	-0.176***	-0.121***	0.08
Confidence	-0.301***	-0.354***	0.16
CESD	0.0159***	-0.000220	0.000

注：***、**、* 分别表示估计值在 1%、5%和 10%置信水平上显著。

6.6　本章小结

本章从发展机会、发展能力和发展动力三个方面构建了家庭相对贫困缓解的统一分析框架，其中发展机会代表了外部客观环境对家庭相对贫困的影响，发展能力代表了个人努力对家庭相对贫困的影响，发展动力则代表了内生驱动力对家庭相对贫困的影响。在这一分析框架下，本章利用中国家庭追踪调查（CFPS）2014 年、2016 年、2018 年和 2020 年四轮调查数据构建了家庭面板数据，分别分析了发展机会、发展能力和发展动力三个方面所涵盖的各种相关因素对家庭人均收入、收入相对贫困和多维相对贫困的影响以及这些影响对按城乡分组的不同类型家庭的异质性。通过分析，本章主要得出以下结论：

（1）从家庭收入增长的角度来看，在发展机会方面，经济的发展、政府的投入、数字普惠金融的发展均有效促进了家庭人均收入的增长；在发展能力方面，受教育年限、工作时长、家庭人均资产、互联网的使用能够有效促进家庭收入的增长，因此，个人的努力与回报成正比；在发展动力方面，幸福感、未来的信心能够有效促进家庭收入的增长。同时，各相关因素对不同类型的家庭存在异质性影响。从按相对贫困和非相对贫困分组来看，无论是对家庭收入增长存在正向作用的因素还是存在负向作用的因素，其对相对贫困组家庭的影响均大于非相对贫困组家庭，这一方面反映了通过有效发挥具有正向作用的因素，抑制具有负向作用的因素可以有效改善相对贫困家庭的收入状况，另一方面也从侧面反映了相对贫困家庭收入的敏感性和脆弱性。

从按城镇和农村分组来看，大部分因素对城镇和农村家庭收入的影响具有同质性，仅经济发展水平、数字普惠金融发展、职业声望、电话通信支出和家庭规模五个因素的影响存在异质性，其中经济发展水平、职业声望对农村家庭的影响显著高于城镇家庭，数字普惠金融发展、电话通信支出和家庭规模对城镇家庭的影响显著高于农村家庭。从按地区分组来看，对东部地区和中西部地区家庭收入影响存在异质性的因素主要为发展机会方面的各因素，这也体现了当前中国地区发展不平衡对家庭收入的影响。从分位数回归的结果来看，经济发展水平、职业声望、户籍制度等外部环境以及受教育水平、工作时长、家庭资产、互联网使用等内部特征对低收入家庭特别是极低收入家庭的影响更加显著，而发展的内生动力对各收入水平的家庭收入增长均同样显著。

（2）从收入相对贫困缓解的角度来看，在发展机会方面，经济发展水平、职业声望、城镇户口能够显著降低家庭陷入收入相对贫困的概率，而教育支出、医疗支出、医疗床位数、数字普惠金融发展显著提高了家庭陷入收入相对贫困的概率；在发展能力方面，受教育水平、工作时长、家庭人均资产、互联网使用、婚姻状况能够显著降低家庭陷入收入相对贫困的概率，健康状况、电话通信支出、人情支出、家庭规模则显著提高了家庭陷入收入相对贫困的概率；在发展动力方面，幸福感、未来的信心有效降低了家庭陷入收入相对贫困的概率，而精神抑郁程度有可能会提高家庭陷入收入相对贫困的概率。在各影响因素的异质性分析方面，从按城镇和农村家庭分组来看，经济发展水平、数字普惠金融发展、受教育程度、电话通信支出、家庭规模等因素对城镇家庭的影响显著高于农村家庭。职业声望、健康状况、工作时长、互联网使用等因素对农村家庭的影响要显著高于城镇家庭。

（3）从多维相对贫困的角度来看，在发展机会方面，医疗投入、医疗床位数、职业声望能够显著降低家庭陷入多维相对贫困的概率，数字金融发展则显著提高了家庭陷入多维相对贫困的概率；在发展能力方面，受教育程度、人情支出、家庭人均资产、互联网使用等因素显著降低了家庭陷入多维相对贫困的概率，健康状况则显著提高了家庭陷入多维相对贫困的概率；在发展动力方面，幸福感、未来的信心显著降低了家庭陷入多维相对贫困的概率。在异质性分析方面，从按城镇和农村分组来看，经济发展水平、医疗投入、医疗床位数、数字普惠金融发展、家庭资产等因素对城镇家庭多维相对贫困的影响显著高于农村家庭，职业声望、幸福感、精神抑郁程度对农村家庭多维相对贫困的影响显著高于城镇家庭。

基于以上研究结论，针对家庭层面的相对贫困治理，本书提出以下政策建议：

（1）进一步加快劳动力要素市场化改革，完善劳动力要素价格形成机制和市场运行机制。本章实证发现，发展机会所涵盖的影响因素中，户籍制度和职业声望对家庭人均收入和家庭相对贫困产生显著影响。从户籍制度来看，一方面城乡二元经济结构所带来的城乡发展的差异性导致了农村劳动力和城镇劳动力报酬的差异；另一方面，同样是在城镇，户籍制度的影响使得在城镇务工的农民工在劳动保障、劳动报酬、社会服务等方面无法享受与城镇劳动者同样的权利，从而产生了权利的不平等。从职业声望来看，本章使用的职业声望表征了社会中各职业间在收入和社会地位方面的相对地位，实证发现，职业声望不但对家庭收入和相对贫困状况存在显著影响，并且还存在显著的异质性影响。根据本章统计，农村相对贫困家庭中 75% 的家庭所从事的职业为简单体力劳动和大田作物生产工作，城镇相对贫困家庭中 75% 的家庭所从事的职业为简单体力劳动，如环卫、安保、道路养护、装修、建筑，街头个体食品及零售摊位售卖，营业员等职业。因此，职业之间在社会保障、劳动报酬的差距成为家庭陷入相对贫困的主要原因之一。综上，城乡收入差距、行业收入差距已成为未来相对贫困治理乃至实现共同富裕道路上的“拦路虎”，这就需要进一步加快劳动力要素市场化改革，打破户籍制度，加快城镇农民工市民化进程，实现农民工与城镇劳动者的劳动报酬、社会保障等基本权利的均等化。同时，加大农业科技投入和基础设施投入，提升农业全要素生产率，实现农业生产与工业、服务业协调发展，逐渐缩小城乡收入差距。

（2）地方政府应积极转变政府职能，做到不缺位不越位，面向相对贫困家庭需求加大提供基本公共服务的力度，提升基本公共服务的质量。本章实证发现，发展机会和发展能力所涵盖的影响因素对家庭收入、收入相对贫困和多维相对贫困均存在较为显著的异质性。如果说发展机会代表了外部环境影响，发展能力代表了家庭内部特征影响，那么它们所表现出来的异质性则可以理解为一种机会的不平等。这种机会的不平等一方面可能来自政府职能的缺位引起的，例如对低收入者的保护不足，政策覆盖不到位；另一方面可能来自政府职能的越位，对市场过度干预造成的，例如某些行业的垄断造成超额利润的获取，并由此产生的“寻租”行为，造成职业之间社会经济地位的不断拉大。因此，在相对贫困治理阶段，政府应积极转变职能，以实现机会均等化为目标，不断提升基本公共服务的质量和水平，实现教育、医疗、劳动力市场、金融市场、收入分配等领域的机会均等化。

（3）面向共同富裕，建立多渠道、多形式的教育宣传体系。带领全国人民实现共同富裕是中国共产党对全国人民的庄严承诺。而在实现共同富裕的道路上，建立多渠道的教育宣传体系是必要一环。首先，应加强面向富裕人群关于社会扶贫责任的宣传。发展机会所涵盖的相关影响因素代表了客观的外在环境对相对贫困的影响，这些因素对相对贫困的缓解具有显著影响，说明人们之所以贫困除了受个人特质影响外，外在环境造成的机会不平等也是重要原因，这一结论有力证明了所谓的“个人贫穷论”的不成立。基于这一结论，政府应当加大宣传力度，引起社会各界对相对贫困人群的关注，激发社会各界人士，特别是“先富”的人群对扶贫救弱意识的认同感和责任感，吸引社会力量加入相对贫困治理的过程，壮大社会募捐和慈善事业的力量，从而有助于形成初次分配、再分配和第三次分配相协调的分配体系。其次，应加强面向相对贫困群体关于新知识、新技能的教育和宣传。当营造了公平的环境后，能否有效利用则与个人能力相关。本章实证发现，数字普惠金融对各收入水平的家庭收入影响无异质性，而数字普惠金融却显著提高了家庭陷入相对贫困的概率，这可能体现了由于个人能力和素养的差异而造成的结果差异。当前，数字经济正深刻改变中国的经济发展模式以及人们的生活方式。在数字经济给人们生活带来便利的同时，也有可能对特定人群产生“数字鸿沟”。由于教育水平和互联网使用能显著降低家庭陷入相对贫困的概率，因此，政府应建立全生命周期的职业教育体系，采用多种渠道将新知识、新技能、新发展传递到相对贫困人群，提升他们适应新发展环境的能力。

（4）重视心理扶贫对相对贫困缓解的重要作用。扶贫先扶志，相对贫困人群的心理健康是其摆脱相对贫困状态的内生驱动力。本章实证发现，幸福感、对未来的信心、精神抑郁程度等主观因素对家庭相对贫困产生了显著影响。通过开展更加精准的心理扶贫工作，一方面可以缓解相对贫困人群的心理压力、改变精神抑郁状况，从而将更多的精力投入工作和生活中；另一方面可以将相对贫困人口的注意力从关注自己转移到关注他人、关注社会，再加上其他公共服务的跟进，可以有效提高相对贫困人口的幸福感和进取心，从而强化内生发展动力，并有助于摆脱福利依赖。

第 7 章 Chapter Seven
基于脆弱性视角的防范返贫与相对贫困治理

当前，防范脱贫人口大规模返贫是贫困治理工作的重中之重。这就要求建立较为完善的贫困监测体系，对脱贫和易贫人群进行监测。在防范返贫的过程中需要先知道谁有可能返贫，这就需要对人群进行贫困脆弱性的预测。基于此，本章将从贫困脆弱性的测度出发，探讨贫困脆弱性与当期相对贫困和跨期相对贫困的关系，进一步分析贫困脆弱性的影响因素以期为防范脱贫人口大规模返贫并建立相对贫困监测体系提供决策支持。

7.1 引言

当前，随着绝对贫困的消除，中国进入解决相对贫困、实现共同富裕的新的贫困治理阶段。然而，从脱贫到富裕的过程必然是一个复杂的、曲折的过程。其中，可能存在着反复与波动。习近平总书记指出："对易返贫致贫人口要加强监测，做到早发现、早干预、早帮扶。坚决守住不发生规模性返贫的底线。"① 同时，2021 年、2022 年和 2023 年连续 3 年的中央 1 号文件均指出，要实现巩固拓展脱贫攻坚成果同乡村振兴有效衔接，健全防止返贫动态监测和帮扶机制，开展低收入人群动态监测，对易返贫致贫人口及时发现、及时帮扶，守住防止规模性返贫底线。在这种情况下，如何实现易返贫致贫人口的早期发现与干预成为当前亟须解决的问题。

贫困人口的认定是基于家庭过去的特征按照一定的标准对家庭当前状态

---

① 习近平：在全国脱贫攻坚总结表彰大会上的讲话，2021 年 2 月 25 日，http：//www. gov. cn/xinwen/2021-02/25/content_5588869. htm。

的认定。当前被认定为贫困人口，并不意味着该家庭未来仍然为贫困，同样，当前为非贫困人口，未来不意味着不会陷入贫困。因此，传统的贫困人口认定方法不适合作为预警与早期干预的唯一方法（孙玉环 等，2021）。在这种情况下，贫困脆弱性测度逐渐引起了学者的重视。世界银行将贫困脆弱性定义为家庭在未来由于遭到风险冲击而导致家庭福利下降到某一社会公认的福利标准之下的概率（World Bank，2001）。因此，贫困脆弱性是基于家庭当前的状态对家庭未来的福利进行预测，并判断家庭未来陷入贫困的风险程度。如果说贫困人口的认定是事后的干预，那么贫困脆弱性测度则属于一种前瞻性的事前干预手段。评估家庭的贫困脆弱性有助于预防或减少未来的贫困（Chaudhuri et al.，2002）。

与相对贫困的测度不同，学者对于家庭贫困脆弱性的测度主要集中于基于消费的脆弱性测度（Duclos et al.，2010；Cahyadi and Waibe，2016；尹志超和张栋浩，2020；姚领和谢家智，2022）。这主要是因为贫困脆弱性是对未来陷入贫困风险的预测，一方面，相较于收入，消费更具有稳定性，即家庭如果预计到未来可能会存在的风险，可以通过存款等方式抑制当期消费而保障未来的消费；另一方面，消费更能代表家庭的福利。在贫困脆弱性的测度方法方面，主要方法包括三种，分别是期望贫困脆弱性（Vulnerability as Expected Poverty，VEP）、低期望效用脆弱性（Vulnerability as low Expected Utility，VEU）和风险暴露脆弱性（Vulnerability as uninsured Exposure to Risk，VER）。它们的共同点都是通过建立模型来对家庭未来的福利进行预测。期望贫困脆弱性和低期望效用脆弱性还具有两个额外的共同点，即两种方法在测度时都需要事先设定一个福利基准，并且都对家庭未来低于该福利基准的概率进行预测。风险暴露脆弱性方法则侧重评估家庭面对风险时是否遭受福利的损失（Dercon and Krishnan，2000）。

近年来，关于贫困脆弱性的影响因素成为学界研究热点。在宏观层面，学者主要关注宏观财政政策和公共转移支付（樊丽明和解垩，2014），社会保障体系的完善（Bronfman and Floro，2014；徐超和李林木，2017），产业扶贫与易地扶贫搬迁等扶贫政策（宁静 等，2018；顾宁和刘洋，2021）以及数字普惠金融（张栋浩和尹志超，2018）等方面。在微观层面，学者将研究重点集中于家庭的自身特征对贫困脆弱的影响，包括女性劳动参与（李胜旗和廖前豪，2023），家庭的就业结构与收入多样性（徐戈 等，2019；谢玉梅和丁凤霞，2019），家庭成员的健康情况（韦艳和汤宝民，2022），金融包容性（Han et al.，2018），家庭拥有的社会资本（郭晓莉 等，2019）以及参与政府帮扶项目（刘慧迪 等，2023）等方面。

综上，诸多学者对贫困脆弱性开展了大量有益的研究，然而对于家庭贫困脆弱性的诱因——风险研究相对较少，并且缺乏量化分析（姚领和谢家智，2022）。另外，多数学者在研究中更多关注农村家庭，对城镇家庭关注较少，基于相对贫困脆弱性的研究更少。同时，研究中缺乏相对贫困脆弱性对未来相对贫困的预测覆盖率的分析。因此，本章在对中国农村和城镇家庭贫困脆弱性测度的基础上，综合比较了城镇与农村贫困脆弱性特点以及贫困脆弱性与当期相对贫困以及跨期相对贫困的关系，基于相对贫困特点和相对贫困脆弱性特点对相对贫困脆弱性家庭进行分解与分析。随后，本章基于“风险冲击—家庭禀赋—家庭行动”的脆弱性分析框架，运用固定效应面板模型、面板分位数模型和面板 Logit 模型对家庭相对贫困脆弱性的影响因素进行分析。

本章的边际贡献主要有以下三点：

（1）本章在测度了家庭贫困脆弱性后，对贫困脆弱性家庭与当期相对贫困家庭和跨期相对贫困家庭进行了列联表分析，发现贫困脆弱性家庭对跨期相对贫困家庭具有较高的覆盖率，从而为将贫困脆弱性预测作为事前相对贫困干预的手段提供了支持。

（2）本章在对相对贫困脆弱性家庭进行分析时发现，农村和城镇家庭在相对贫困类型上存在较大差异，城镇家庭的相对贫困更多是结构性贫困，因此脱贫的难度更大，从而为未来在城镇开展相对贫困治理提供了决策参考。

（3）本章基于“风险冲击—家庭禀赋—家庭行动”的脆弱性框架并运用面板分位数模型分析了各因素对家庭贫困脆弱性风险的异质性影响，从而为针对不同风险水平的家庭制定不同的干预政策提供了参考依据。

本章后续部分的安排如下：基于家庭贫困脆弱性的成因，构建“风险冲击—家庭禀赋—家庭行动”贫困脆弱分析框架；阐述相对贫困脆弱性的测度方法；针对中国农村和城镇家庭的贫困脆弱性进行测度，与相对贫困进行列联表分析，并对贫困脆弱性家庭开展分解与分析；基于“风险冲击—家庭禀赋—家庭行动”贫困脆弱分析框架对相对贫困脆弱性风险的影响因素进行分析；本章小结。

7.2 风险冲击、家庭禀赋、家庭行动与相对贫困脆弱性

根据贫困脆弱性的定义，家庭陷入贫困脆弱性家庭的诱因是遭受风险冲击，然而在同样遭受风险冲击后，为什么有的家庭陷入了贫困，而有的家庭却没有陷入贫困？同样，在同时陷入相对贫困后，为什么有的家庭快速恢复，摆脱了贫困，而有的家庭却深陷贫困，难以自拔？本节将从风险冲击、家庭禀赋和家庭行动三个方面对上述问题进行分析。

7.2.1 风险冲击与相对贫困脆弱性

风险冲击是家庭贫困脆弱性的起因，当家庭面临风险冲击时，家庭福利必然遭受一定的损失，而当福利损失达到一定程度时，家庭有可能陷入贫困状态。因此，家庭是否为贫困脆弱性家庭最先取决于遭受风险的大小，风险冲击越大，家庭的福利损失就越大，就越有可能陷入贫困。

家庭所面临的风险主要来自外部风险和内部风险两个方面。外部风险的来源具有多样性，并与家庭所居住的外部环境有较强的关联。自然环境的风险，例如，居住于海边的家庭更有可能遭受到台风的袭击，居住于地震活跃地带的家庭更易遭受地震的威胁，附近有重污染企业的家庭遭受水污染、空气污染的风险可能加大，另外，还包括洪涝、干旱、冻雨等恶劣自然天气的冲击等。这些突发环境事件会严重损害家庭的财产、健康乃至生命安全，从而使家庭陷入贫困。自然环境风险的特点是不区分家庭特征，对事件覆盖范围内的家庭均产生影响。而有的外部风险则可能对不同家庭的冲击不同。分配不平等、经济发展不平衡、金融市场的排斥性等问题所造成的风险对不同家庭的影响可能会存在差异性。一个直观的解释是这些风险因素对家庭的冲击具有选择性。

家庭面临的内部风险与家庭自身的特征有较强的关联。例如，当家庭中有老年人时，可能会对家庭造成赡养风险，一方面，老年人的身体更加脆弱，当遇到突发疾病时会增加家庭在医疗方面的支出，从而缩减家庭在其他方面的消费，造成福利的下降；另一方面，照顾老年人会增加家庭成员家务工作的时间，缩短社会工作的时间，从而影响家庭的收入，进一步造成福利的下降。另外，家庭还可能会遭受重大疾病导致的健康风险以及由此进一步导致

的失业风险。

综上所述，家庭面临的风险具有多样性和突发性，同时，不同的风险对家庭造成的福利损失具有差异性。但是，当家庭遭受风险冲击时，必然会加大家庭贫困脆弱的风险。

7.2.2　家庭禀赋与相对贫困脆弱性

当家庭遭受风险冲击时，必然会采取防御和抵抗措施，如果家庭抵抗风险的能力足够强，仍然能够保持一定的家庭福利；如果家庭抵抗能力比较弱，则会陷入贫困。因此，风险冲击是诱发贫困脆弱的原因，而抵御风险能力的不足则是家庭贫困脆弱性的本质（姚领和谢家智，2022）。家庭抵御风险能力的高低取决于家庭所拥有的各种禀赋。这些禀赋主要包括家庭的人力资本、物质资本、金融资本和社会资本。

家庭的人力资本主要包括年龄、受教育程度以及家庭成员的工作。年龄越大，意味着在就业市场的竞争力越差，可选择的就业岗位也越少，因此年龄的增长有可能会加大家庭贫困脆弱性的风险。教育与工资的正向关系已经被诸多学者论证，即受教育年限越高，在就业市场的竞争力就越强，收入就越高。家庭成员中有工资的人数越多，意味着家庭中稳定收入的来源越多，因此抵御风险的能力就越强。

家庭的物质资本主要包括家庭所拥有的房产、耐用消费品以及农村家庭所拥有的农用机械等。一方面，家庭利用物质资本可以通过出租、租赁等形式获得资产性收入；另一方面，当遭受风险冲击时，家庭可以将这些物质资本变现，抵御风险冲击。

家庭的金融资本主要包括现金和存款、有价证券、理财性质的保险等金融产品。对于大多数家庭来说，存款是最常接触的金融资本。家庭收入的用途主要分为消费和存款两部分。如果家庭预期到未来可能会存在的风险，如收入的波动、养老问题、健康问题等，则家庭可能采取抑制当期消费，增加存款，以保障未来消费的措施。对于部分高收入家庭，为了防范可能存在的物价问题、经济波动问题等风险冲击，可能会采取投资理财的方式使得家庭资产保值增值。因此，金融资本的增加将帮助家庭抵御风险冲击。

家庭的社会资本是指家庭通过各种方式所能调动的各种资源。社会资本是家庭所拥有的一种特殊的禀赋，它以社会成员为节点、以社会网络为纽带、以社会资源和信息为媒介，促进了网络内成员间的信息交流、心理慰藉、资源共享以及信任的增加。家庭积累社会资本，一方面，可以凭借社会网络间的资源共享、信息共享提供就业机会，提高工资收入，缓解贫困状况（Grootaert et al.，2002；刘彬彬 等，2014）；另一方面，当家庭遭受风险冲击时，家庭可以凭借社会资本获得帮助与支持，从而降低贫困脆弱性的风险（吴本健 等，2014）。因此，社会资本的增加有利于提升家庭抵御风险冲击的能力。

综上所述，家庭禀赋代表了家庭抵御风险冲击的能力，家庭禀赋越高，抵御风险冲击的能力就越强，家庭的贫困脆弱性风险就越小。反之，抵御风险冲击的能力就越弱，就越容易成为贫困脆弱性家庭。

7.2.3　家庭行动与相对贫困脆弱性

家庭行动是指家庭为了防范可能发生的风险，防止未来陷入贫困所采取的行动。因此，家庭行动本质上是一种事前干预的风险管理措施。面对风险冲击，家庭可以采取购买相关保险的方式予以预防。例如，如果预计到未来家庭成员的健康可能会存在风险，则可以通过购买医疗保险的方式进行提前干预，从而避免因病致贫；如果预计到未来家庭存在养老问题，则可以通过购买养老保险进行提前干预；处于灾害多发地区的家庭还可以购买一系列商业保险予以预防。

此外，家庭禀赋可以提高家庭抵御风险冲击的能力。因此，家庭会采取各种方式不断增加家庭所拥有的禀赋。例如，家庭成员通过努力工作，以换取更多的报酬，从而增加家庭的物质资本和金融资本；家庭成员通过增加使用网络的时间，与亲友加强联系，不断增加家庭社会资本；通过网络进行学习和获取信息，不断增加家庭的人力资本。

因此，家庭行动代表了家庭对未来可能存在的风险的事前干预。家庭通过采取一定的行动，可以有效抵御风险冲击，降低陷入贫困脆弱性家庭的概率。

综上所述，家庭是否存在贫困脆弱性取决于风险冲击的强度、家庭禀赋的厚度以及家庭行动的精准度。当风险出现时，三者的共同作用决定了不同家庭遭受冲击后的不同结果（见图 7.1）。

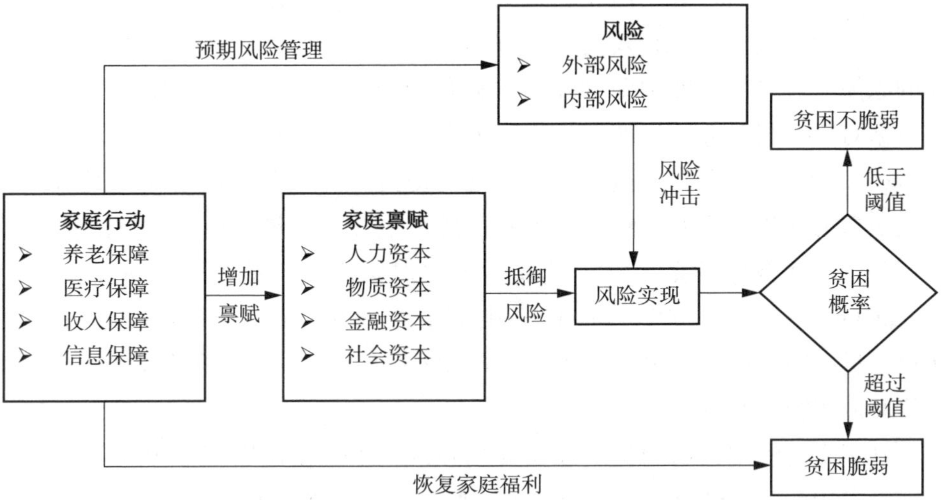

图 7.1　贫困脆弱性分析框架

如图 7.1 所示，风险代表了家庭所处的环境，是引起家庭脆弱、陷入贫困的原因。家庭禀赋表征了家庭的特征，是家庭抵御风险的资本及核心。家庭行动是家庭对预期风险的事前风险管理，一方面通过家庭行动可以增加家庭的禀赋，另一方面可以帮助家庭从贫困脆弱中恢复。因此，家庭是否为贫困脆弱性家庭，以及当家庭陷入贫困后是否能快速地摆脱贫困取决于风险冲击、家庭禀赋以及家庭行动三者之间关系的强弱对比。

7.3　相对贫困脆弱性的测度方法与变量说明

本节针对贫困脆弱性的测度方法以及本章实证所使用的数据进行说明。

7.3.1　相对贫困脆弱性的测度方法

当前，在测度贫困脆弱性的方法中并没有一种公认的最好的测度方法（Ligon and Schechter，2004）。不同学者基于可用数据的性质以及研究的目的采用不同的方法对贫困脆弱性进行了测度，主要方法包括三种，分别是期望贫困脆弱性（VEP）、低期望效用脆弱性（VEU）和风险暴露脆弱性（VER）。这三种方法的共同点是均需要估计家庭消费的期望均值和方差，区别在于期望贫困脆弱性方法可以使用截面数据进行估计，而低期望效应脆弱性和风险暴露脆弱性方法则要求使用长面板数据。理论上，使用较长时间跨度和样本足够多的面板数据可以有效估计家庭消费的方差。但是，基于成本和效率方面的原因，大多数发展中国家较难获得长面板数据。因此，使用大规模的截面数据对家庭消费进行前瞻性预测成为在长面板数据缺失下的一种替代方案（Bene，2009）。使用截面数据进行家庭消费预测的一个隐含假设为不同类型家庭消费的变化也能够反映家庭消费的跨期变化。从该假设出发，诸多学者使用基于截面数据的期望贫困脆弱性方法对家庭贫困的脆弱性进行了估计（Chaudhuri et al.，2002；Zhang and Wan，2006；Ozughalu and Ogwumike，2013；樊丽明和解垩，2014；Azeem et al.，2016；张栋浩和尹志超，2018；姚领和谢家智，2022）。

基于本书使用数据的特点和研究的目的，本章使用期望贫困脆弱性方法对家庭贫困的脆弱性进行测度。该方法假设家庭的消费方程为：

$$\ln C_h = X_h\beta + \varepsilon_h \tag{7-1}$$

其中，$\ln C_h$ 表示家庭 h 的消费对数形式，本章使用的家庭消费仅包含家庭的日常消费性支出（衣物、食品、家庭设备及日用品、居住、交通通信、文教娱乐、医疗保健和其他消费性支出），不包含家庭的房贷支出、保障性支出和转移性支出。X_h 表示一系列影响家庭 h 消费的解释变量。β 为一系列待估计的参数。ε_h 表示随机扰动项，并被假设为存在异方差，用以预测各家庭消费的波动。由于式（7-1）存在异方差，因此在估计时采用三阶段可行广义最小二乘法（FGLS）进行估计。首先，对式（7-1）进行估计，并得到估计方程的残差 $\sigma_{\varepsilon h}$，其次，对残差取平方得到 $\sigma^2_{\varepsilon h}$ 并建立方程：

$$\sigma^2_{\varepsilon h} = X_h\theta + e_h \tag{7-2}$$

其中，X_h 与式（7-1）中的 X_h 相同，θ 为一系列待估计的参数。e_h 为随机扰动项。在对式（7-2）进行估计后就可以得到家庭消费的期望和变动方差：

$$E(\ln C_h \mid X_h) = X_h\hat{\beta} \tag{7-3}$$

$$Var(\ln C_h \mid X_h) = \hat{\sigma}^2_{\varepsilon h} = X_h\hat{\theta} \tag{7-4}$$

在得到家庭消费的期望和变动方差后，假设家庭消费服从对数正态分布，则可以得到家庭未来陷入贫困的概率：

$$V_{ht} = P(\ln C_{ht} < \ln z_t) = \Phi\left(\frac{\ln z_t - X_{ht}\hat{\beta}}{\sqrt{X_{ht}\hat{\theta}}}\right) \tag{7-5}$$

其中，V_{ht}表示家庭 h 在某个时刻 t 陷入相对贫困的概率，z_t 表示时刻 t 的相对贫困标准，Φ（·）表示标准正态分布的分布函数。

期望贫困脆弱性方法在估计消费方差时可能存在一些额外的问题。首先，在估计家庭脆弱性时隐含了一个较强的同质性假设，即所有家庭来自相同的消费分布（Kamanou and Morduch，2002）。其次，在式（7-2）中估计的方差可能存在渐进非有效问题（Azeem et al.，2017）。

针对第一个可能存在的问题，本章采取对样本进行分组回归的方法，即在城乡分组的前提下，进一步按照家庭人均收入的水平将样本划分为低收入组、中等收入组和高收入组。这样划分的原因在于收入水平是消费水平最直接的决定因素，而不同收入水平的家庭其消费能力和消费结构存在较大差异，通过分组进行回归能够更好地对不同收入水平的家庭消费进行预测。

针对第二个可能存在的问题，本章参考 Azeem 等（2016）的方法，对方差的估计过程进行了优化。具体做法为：对式（7-2）进行估计并得到 $\sigma_{\varepsilon h}^2$的估计值 $\hat{\sigma}_{\varepsilon h}^2$后，对式（7-2）重新进行估计，估计方程为：

$$\frac{\sigma_{\varepsilon h}^2}{\hat{\sigma}_{\varepsilon h}^2}=\left(\frac{X_h}{\hat{\sigma}_{\varepsilon h}^2}\right)\theta+\frac{e_h}{\hat{\sigma}_{\varepsilon h}^2} \tag{7-6}$$

对式（7-6）进行估计后，得到 $\sigma_{\varepsilon h}^2$ 的新的估计值 $\tilde{\sigma}_{\varepsilon h}^2=X_h\tilde{\theta}$ 后，对式（7-1）进行重新估计，估计方程为：

$$\frac{\ln C_h}{\tilde{\sigma}_{\varepsilon h}}=\left(\frac{X_h}{\tilde{\sigma}_{\varepsilon h}}\right)\beta+\frac{\varepsilon_h}{\tilde{\sigma}_{\varepsilon h}} \tag{7-7}$$

对式（7-7）进行估计后可以得到 β 的新的估计值 $\tilde{\beta}$，由此可以得到家庭消费新的期望和变动方差：

$$E(\ln C_h \mid X_h)=X_h\tilde{\beta} \tag{7-8}$$

$$Var(\ln C_h \mid X_h)=\tilde{\sigma}_{\varepsilon h}^2=X_h\tilde{\theta} \tag{7-9}$$

进而得到家庭未来陷入贫困的概率为：

$$V_{ht}=P(\ln C_{ht}<\ln z_t)=\Phi\left(\frac{\ln z_t-X_{ht}\tilde{\beta}}{\sqrt{X_{ht}\tilde{\theta}}}\right) \tag{7-10}$$

7.3.2 相对贫困标准与脆弱性标准的选择

相对贫困脆弱性在测度过程中，有两个重要的标准需要确定，即相对贫困标准和贫困脆弱性标准。另外，还需要确定一个时间跨度，即在未来多长时间内可能会陷入相对贫困。

在相对贫困标准方面，家庭贫困脆弱性衡量了家庭在未来某个时间段遭受福利冲击，而使家庭福利水平低于社会定义的某个水平线的可能性。因此，使用家庭消费能够较好地衡量家庭福利水平。另外，社会定义的水平线可以使用贫困线来衡量，由于是衡量家庭福利水平的贫困线，因此诸多学者选择使用绝对贫困线来衡量福利水平（Azeem et al.，2017；姚领和谢家智，2022；韦艳和汤宝民，2022）。但是，也有学者认为，福利水平将低于社会平均福利水平一定距离作为贫困标准更符合相对贫困的标准，从这个角度出发，钱力和王花（2022）将农村人均可支配收入的40%、50%和60%作为贫困线标准；刘慧迪等（2023）选择农村家庭收入中位数的40%作为贫困线标准。因此，从相对贫困治理的角度出发，本章认为贫困线设置为相对贫困线更加合理，而在贫困线的选择上，本章选择国家统计局公布的相应年份农村和城镇人均消费性支出的40%和60%两条线。之所以选择消费而不是收入作为相对贫困线，主要是因为家庭福利水平是以消费水平来衡量，因此选择消费作为贫困线更具有对照性。另外，使用收入作为贫困线有可能会对家庭福利水平造成低估，因为经过对微观数据分析发现，低收入家庭中存在消费大于收入的现象，一个直观的解释是部分家庭特别是农村家庭存在自产自用的现象。另外，部分家庭可能存在当年收入较低，而以使用家庭存款或借贷的方式保持一定消费水平的现象。

贫困脆弱性的标准是指当家庭未来陷入贫困的概率为多少时该家庭被认定为脆弱性。目前，关于贫困脆弱性的判定并没有一个公认的标准，一个非常直接的选择是50%，因为在此时，家庭是否陷入贫困的概率是相等的。如果家庭陷入贫困的概率大于50%，会被认为是贫困脆弱性家庭，否则是贫困不脆弱性家庭。然而，家庭未来陷入贫困的概率还与预测的时间有关，预测的时间越长，家庭陷入贫困的概率越大。如果说50%为家庭第二年陷入贫困的概率标准，则家庭第三年、第四年乃至未来更长时间后陷入贫困的概率应高于50%。因此，家庭贫困脆弱性标准应根据预测时间进行跨期折算

(Gunther and Harttgen，2009)。Azeem 等（2017）提出了贫困脆弱性标准跨期折算方法：

$$v_{t+n}^{*}=1-\sqrt[n]{1-v_t} \tag{7-11}$$

其中，v_{t+n}表示预测 n 年后家庭陷入贫困的脆弱性标准，v_t 表示贫困脆弱性的基线标准。本章基于数据特点和研究目的，将基线标准设定为 50%，预测时间设定为 2 年，根据式（7-11）将贫困脆弱性标准设定为 29%。

在测度家庭贫困脆弱性时，为了反映农村和城镇家庭脆弱性的整体情况，本章借鉴 FGT 贫困指数构建家庭贫困脆弱性指数，具体方法为：

$$V_\alpha=\frac{1}{N}\sum_{i=1}^{P}\left(\frac{v_i-v^*}{v^*}\right)^\alpha \tag{7-12}$$

其中，V_α 表示贫困脆弱性指数。N 为全部家庭样本数。P 表示贫困脆弱性家庭样本数。v^* 表示根据式（7-11）计算的贫困脆弱性标准。v_i 表示家庭 i 的贫困脆弱性程度。α 表示贫困脆弱性系数，当 $\alpha=0$ 时，V_0 表示贫困脆弱性家庭的广度，也可以称为人头率；当 $\alpha=1$ 时，V_1 表示贫困脆弱的深度，即贫困脆弱性家庭与脆弱性标准的平均距离；当 $\alpha=2$ 时，V_2 表示贫困脆弱的强度，此时贫困脆弱性最高的家庭拥有最高的权重，可以作为对贫困脆弱性家庭中不平等程度的衡量。

7.3.3　数据来源与变量说明

本章测度家庭脆弱性所使用的数据主要来源于中国家庭追踪调查（CFPS）2014 年、2016 年、2018 年和 2020 年四轮调查数据。由于对家庭脆弱性进行测度时需要对家庭未来的消费进行预测，因此，本章使用 CFPS 四轮调查数据的截面数据中与家庭特征相关的变量对家庭消费进行预测。这些变量主要包括家庭人均收入、家庭规模、家庭中有工资的人数、家庭人均耐用消费品价值、家庭的负债情况、家庭中患有慢性病的人数、户主的年龄及年龄的平方、户主的受教育程度、户主的职业声望、户主的健康情况等内容。

7.4　中国家庭相对贫困脆弱性的测度与分解

本节将使用中国家庭追踪调查（CFPS）2014 年、2016 年、2018 年和

2020 年四轮调查数据分别对中国农村家庭和城镇家庭的脆弱性进行测度，并对测度结果进行分析。

7.4.1 中国农村家庭相对贫困脆弱性的测度

在对中国农村家庭相对贫困脆弱性进行测度时需要先确定家庭陷入相对消费贫困的标准。如前文所述，本节将中国国家统计局公布的中国农村人均消费支出的40%和60%作为相对消费贫困的贫困线，在年份选择上，由于本节主要测度家庭2年后陷入贫困的概率，因此对应年份分别为2016年、2018年、2020年和2022年，具体标准见表7.1。

表7.1 中国农村家庭相对消费贫困标准

单位：元

	2014年		2016年		2018年		2020年		2022年	
标准	40%线	60%线	40%线	60%线	40%线	60%线	40%线	60%线	40%线	60%线
	3353	5030	4052	6078	4850	7275	5485	8228	6652	9979

在确定了相对消费贫困标准以及贫困脆弱性标准后，本节对各轮次农村家庭的贫困脆弱性进行了测度，并使用式（7-12）对农村家庭相对贫困脆弱性的人头率进行了测度，测度结果见表7.2。

表7.2 中国农村家庭相对贫困脆弱性测度结果

单位:%

类别	2014年		2016年		2018年		2020年	
	40%线	60%线	40%线	60%线	40%线	60%线	40%线	60%线
相对贫困脆弱率	37.76	72.80	46.66	80.92	45.87	79.27	48.65	75.54
相对消费贫困发生率	18.16	34.88	23.63	40.53	23.86	42.63	22.76	40.33

由表7.2可知，按照第 $t+2$ 年度农村人均消费40%和60%相对贫困线测度的家庭相对贫困脆弱性情况，以及按当年度相对贫困线测度的相对消费贫困发生率的情况。在两种相对贫困识别标准下，家庭相对贫困脆弱率为家庭相对消费贫困发生率的2倍左右，远高于家庭相对贫困率。这表明虽然有很多家庭按照当年度相对贫困标准没有被认定为贫困，但是其处于贫困的边缘，有较大的陷入贫困风险。为了进一步分析农村家庭相对贫困脆弱性与家庭相对贫困的关系，本节对当年度家庭贫困脆弱性与家庭相对贫困进行列联表分析，分析结果见表7.3。

表 7.3 显示了农村家庭相对贫困脆弱性与相对贫困状况的列联表分析结果。根据分类结果进一步计算可知，在 40%相对贫困线下，2014 年，在相对贫困家庭中，属于贫困脆弱的家庭比例为 70%；在非相对贫困家庭中，属于贫困脆弱的家庭比例为 30.5%。2016 年，在相对贫困家庭中，属于贫困脆弱的家庭比例为 75.7%；在非相对贫困家庭中，属于贫困脆弱的家庭比例为 37.7%。2018 年，在相对贫困家庭中，属于贫困脆弱的家庭比例为 73.9%；在非相对贫困家庭中，属于贫困脆弱的家庭比例为 37.1%。2020 年，在相对贫困家庭中，属于贫困脆弱的家庭比例为 81.9%；在非相对贫困家庭中，属于贫困脆弱的家庭比例为 38.9%。因此，当年度为相对贫困的家庭，在未来 2 年后仍然有很大可能陷入相对贫困，而当年度非相对贫困的家庭，约有 1/3 的家庭在未来 2 年可能陷入相对贫困。

表 7.3　中国农村家庭相对贫困脆弱性与相对贫困分析　　单位：户

		2014 年		2016 年		2018 年		2020 年	
		贫困脆弱（40%线）		贫困脆弱（40%线）		贫困脆弱（40%线）		贫困脆弱（40%线）	
		否	是	否	是	否	是	否	是
相对贫困（40%线）	否	3099	1366	2423	1464	2204	1300	1753	1114
	是	297	694	292	911	287	811	153	692
	卡方检验	536.7***		534.8***		455***		483.89***	
		贫困脆弱（60%线）		贫困脆弱（60%线）		贫困脆弱（60%线）		贫困脆弱（60%线）	
		否	是	否	是	否	是	否	是
相对贫困（60%线）	否	1312	2241	877	2150	835	1805	805	1410
	是	172	1731	94	1969	119	1843	103	1394
	卡方检验	486.7***		473.8***		447.6***		476.8***	

注：***表示在 1%置信水平上显著。

在 60%相对贫困线下，2014 年，在相对贫困家庭中，属于贫困脆弱的家庭比例为 90.9%；在非相对贫困家庭中，属于贫困脆弱的家庭比例为 63.1%。2016 年，在相对贫困家庭中，属于贫困脆弱的家庭比例为 95.4%；在非相对贫困家庭中，属于贫困脆弱的家庭比例为 71%。2018 年，在相对贫困家庭中，属于贫困脆弱的家庭比例为 93.9%；在非相对贫困家庭中，属于贫困脆弱的家庭比例为68.4%。2020年，在相对贫困家庭中，属于贫困脆弱的家庭比例为93.1%；在非相对贫困家庭中，属于贫困脆弱的家庭比例为63.7%。由此可见，在60%的相对贫困标准下，贫困脆弱性家庭覆盖了超过90%的农村相对贫困家庭，覆盖了超过2/3的农村非相对贫困家庭。这意味着随着相对贫困标准的提高，农村相对贫困家庭未来仍然贫困的可能性上升，同时非贫困家庭未来陷入相对贫困的风险也会加大。

表7.3中还显示了对各相对贫困标准下家庭贫困脆弱性与家庭相对贫困两项指标的独立性检验卡方值。由检验结果可知，在各年度、各相对贫困标准下，家庭贫困脆弱性与家庭相对贫困的独立性假设均被显著拒绝。因此，两项指标之间所具有的相关性得到统计检验支持。

为了进一步分析家庭贫困脆弱性对未来家庭陷入相对贫困的预测前瞻性，本节对农村家庭贫困脆弱性与相对贫困进行了跨期比较，即将2014年、2016年、2018年预测的农村家庭贫困脆弱性情况与2016年、2018年、2020年测度的农村家庭相对贫困情况进行比较，以观测贫困脆弱性作为一种事前监测手段，对相对贫困事前干预的准确性。需要说明的是，在进行跨期比较的过程中，由于不同时期存在数据不一致以及缺失现象，最终可比的家庭样本量与表7.3中各年度的家庭样本量不相同，具体比较结果见表7.4。

表7.4 农村家庭贫困事前预测与事后测度结果的比较 单位：户

		2016年				2018年				2020年			
		相对贫困（40%线）		相对贫困（60%线）		相对贫困（40%线）		相对贫困（60%线）		相对贫困（40%线）		相对贫困（60%线）	
		否	是	否	是	否	是	否	是	否	是	否	是
前期贫困脆弱	否	2152	392	833	216	1606	284	518	117	1189	224	406	118
	是	1023	584	1654	1448	1132	568	1534	1421	696	426	978	1033
前期相对贫困	否	2780	602	1888	767	2271	462	1471	634	1592	346	984	468
	是	395	374	599	897	467	390	581	904	293	304	400	683

表7.4反映了2014年、2016年和2018年测度的家庭2年后陷入贫困的脆弱性与2016年、2018年和2020年根据对应相对贫困标准测度的家庭相对贫困情况的列联表分析。同时，表7.4还反映了各年度农村家庭相对贫困的

变化情况。在40%线贫困标准下，2016年陷入相对贫困的农村家庭共976户，其中有584户家庭在2014年被认定为贫困脆弱性家庭，占2016年相对贫困家庭的59.8%。而在2016年相对贫困的家庭中仅有374户在2014年也为相对贫困家庭，占2016年相对贫困家庭的38.3%。2018年陷入相对贫困的农村家庭共852户，其中有568户在2016年被认定为贫困脆弱性家庭，占2018年相对贫困家庭的66.7%。而在2018年相对贫困的家庭中仅有390户在2016年也为相对贫困家庭，占2018年相对贫困家庭的45.7%。2020年陷入相对贫困的农村家庭共650户，其中有426户在2018年被认定为贫困脆弱性家庭，占2020年相对贫困家庭的65.5%。而在2020年相对贫困的家庭中仅有304户在2018年也为相对贫困家庭，占2020年相对贫困家庭的46.7%。

在60%线贫困标准下，2016年陷入相对贫困的农村家庭共1664户，其中有1448户家庭在2014年被认定为贫困脆弱性家庭，占2016年相对贫困家庭的87.0%。而在2016年相对贫困家庭中仅有897户在2014年也为相对贫困家庭，占2016年相对贫困家庭的53.9%。2018年陷入相对贫困的农村家庭共1538户，其中有1421户家庭在2016年被认定为贫困脆弱性家庭，占2018年相对贫困家庭的92.6%。而在2018年相对贫困的家庭中有904户在2016年也为相对贫困家庭，占2018年相对贫困家庭的58.8%。2020年陷入相对贫困的农村家庭共1151户，其中有1033户家庭在2018年被认定为贫困脆弱性家庭，占2020年相对贫困家庭的89.7%。而在2020年相对贫困的家庭中有683户在2018年也为相对贫困家庭，占2020年相对贫困家庭的59.3%。

从预测的角度看，在40%线和60%线两种相对贫困标准下，贫困脆弱性家庭对未来相对贫困家庭的覆盖率比当期相对贫困家庭对未来的覆盖率要分别高出20%和35%左右。从贫困脆弱性家庭自身的发展来看，在40%线相对贫困标准下，贫困脆弱性家庭中约有35%的家庭会在未来陷入相对贫困；在60%线相对贫困标准下，贫困脆弱性家庭中约有50%的家庭会在未来陷入相对贫困。

7.4.2 中国城镇家庭相对贫困脆弱性的测度

在测度中国城镇家庭相对贫困脆弱性之前，同样需要明确家庭相对贫困的识别标准。参考农村家庭相对贫困识别标准，本节将中国国家统计局公布的各年度城镇人均消费支出作为参考基线，并将城镇人均消费支出的40%线和60%线作为城镇相对消费贫困的识别线。具体识别标准如表7.5所示。

表7.5　中国城镇家庭相对消费贫困标准　　单位：元

	2014年		2016年		2018年		2020年		2022年	
标准	40%线	60%线	40%线	60%线	40%线	60%线	40%线	60%线	40%线	60%线
	7987	11980	9232	13847	10445	15667	10803	16204	12156	18234

由表7.1和表7.5可知，中国城镇家庭相对消费贫困的贫困线要远远高于中国农村家庭，2014年差距最大，高出约1.4倍，随后差距逐渐缩小，但是到2022年，仍高出农村家庭0.8倍。在确定了城镇家庭相对消费贫困标准以及贫困脆弱性标准后，本节对各轮次城镇家庭的贫困脆弱性进行了测度，并使用式（7-12）对城镇家庭相对贫困脆弱性的人头率进行了计算，测度结果见表7.6。

表7.6　中国城镇家庭相对贫困脆弱性测度结果　　单位：%

	2014年		2016年		2018年		2020年	
	40%线	60%线	40%线	60%线	40%线	60%线	40%线	60%线
相对贫困脆弱性发生率	46.6	71.41	57.61	75.00	45.67	69.02	39.46	62.87
相对消费贫困发生率	25.03	43.14	28.93	47.65	29.78	47.65	21.82	38.6

表7.6反映了中国城镇家庭在40%线和60%线消费相对贫困识别标准下测度的相对贫困脆弱性情况，以及2014年、2016年、2018年和2020年当年度城镇家庭相对消费贫困发生率。与农村家庭的测度情况相似，无论是在40%贫困线还是在60%贫困线下，城镇家庭相对贫困脆弱性发生率均高于相对贫困的发生率。平均来看，在40%贫困线下，相对贫困脆弱性发生率比相对消费贫困发生率高80%；在60%贫困线下，相对贫困脆弱性发生率比相对消费贫困发生率高55%。这一测度结果反映了城镇家庭中具有相对贫困脆弱性的家庭数量要远高于已经陷入相对贫困的家庭。在40%贫困线下，平均有1/2的家庭存在陷入相对贫困的风险，在60%贫困线下，平均有超过2/3的家庭存在陷入相对贫困的风险；同时，与农村家庭相比，城镇家庭在40%贫困标准线下的贫困脆弱发生率要高于农村家庭，而在60%贫困线下的贫困脆弱发生率要低于农村家庭。从40%贫困线上升到60%贫困线，城镇家庭贫困脆

弱发生率平均上升了21%，而农村家庭贫困脆弱发生率平均上升了34%。这说明，城镇具有脆弱性的家庭更多集中在40%贫困线以下，而农村具有脆弱性的家庭分布得更加均匀。

为了进一步分析城镇家庭相对贫困脆弱性与相对贫困的关系，本节针对当年度预测的城镇家庭相对贫困脆弱性与当年度测度的城镇家庭相对贫困情况进行列联表分析，分析结果见表7.7。

表7.7　中国城镇家庭相对贫困脆弱性与相对贫困分析　　单位：户

		2014年		2016年		2018年		2020年	
		贫困脆弱（40%线）		贫困脆弱（40%线）		贫困脆弱（40%线）		贫困脆弱（40%线）	
		否	是	否	是	否	是	否	是
相对贫困（40%线）	否	2625	1313	1811	1393	1980	826	2336	856
	是	180	1135	100	1204	191	999	136	755
	卡方检验	1100***		905.8***		1000***		978.2***	
		贫困脆弱（60%线）		贫困脆弱（60%线）		贫困脆弱（60%线）		贫困脆弱（60%线）	
		否	是	否	是	否	是	否	是
相对贫困（60%线）	否	1384	1603	1020	1340	1109	983	1409	1098
	是	118	2148	107	2041	129	1775	107	1469
	卡方检验	1100***		876.9***		996.56***		1000***	

注：***表示在1%置信水平上显著。

表7.7反映了当年度城镇家庭相对贫困脆弱性与当年度城镇家庭相对贫困的列联表分析结果。根据分类结果进行分析可知，在40%贫困线下，2014年相对贫困家庭中有86.3%被认定为贫困脆弱性家庭；非相对贫困家庭中有33%被认定为贫困脆弱性家庭。2016年，相对贫困家庭中有92.3%被认定为贫困脆弱性家庭；非相对贫困家庭中有43%被认定为贫困脆弱性家庭。2018年，相对贫困家庭中有84%被认定为贫困脆弱性家庭；非相对贫困家庭中有29.4%被认定为贫困脆弱性家庭。2020年，相对贫困家庭中有84.7%被认定为贫困脆弱性家庭；非相对贫困家庭中有26.8%被认定为贫困脆弱性家庭。因此，在城镇相对贫困家庭中平均有86%未来仍然有可能陷入相对贫困，这一比例比农村相对贫困家庭要高。在城镇非相对贫困

家庭中平均有 1/3 的家庭具有陷入相对贫困的风险，这一比例与农村家庭情况比较接近。

在 60%贫困线下，2014 年，相对贫困家庭中有 96.8%被认定为贫困脆弱性家庭；非相对贫困家庭中有 53.6%被认定为贫困脆弱性家庭。2016 年，相对贫困家庭中有 95%被认定为贫困脆弱性家庭；非相对贫困家庭中有 56.8%被认定为贫困脆弱性家庭。2018 年，相对贫困家庭中有 93.2%被认定为贫困脆弱性家庭；非相对贫困家庭中有 46.9%被认定为贫困脆弱性家庭。2020 年，相对贫困家庭中有 93.2%的家庭被认定为贫困脆弱性家庭；非相对贫困家庭中有 43.8%的家庭被认定为贫困脆弱性家庭。因此，在 60%贫困线标准下，城镇相对贫困脆弱性家庭对相对贫困家庭的覆盖率在 93%以上，对非相对贫困家庭的覆盖率在 50%左右，这两个比例均比 40%贫困线下的比例要高。与农村家庭相比，城镇相对贫困脆弱性家庭对相对贫困家庭的覆盖率与农村家庭比较接近，但是对非相对贫困家庭的覆盖率要低于农村家庭。

表 7.7 还反映了对各年度城镇家庭相对贫困脆弱性和相对贫困的独立性卡方检验结果，由检验结果可知，各年度的卡方检验均显著拒绝了两个变量之间具有独立性的假设。因此，城镇相对贫困家庭在未来有可能持续地陷入相对贫困。

在分析了当期城镇家庭相对贫困脆弱性与相对贫困之间的关系后，本节对城镇家庭相对贫困脆弱性与跨期家庭相对贫困情况的关系进行了分析，以验证城镇家庭相对贫困脆弱性对未来家庭是否陷入相对贫困的前瞻性。分析结果如表 7.8 所示。

在表 7.8 中，上半部分显示了城镇家庭贫困脆弱性与跨期的家庭相对贫困情况的列联表分析结果，下半部分显示了城镇家庭相对贫困的跨期变化情况。在 40%贫困线下，2016 年，相对贫困家庭共 965 户，其中 796 户在 2014 年被认定为贫困脆弱性家庭，占全部相对贫困家庭的 82.5%。在这 965 户家庭中有 592 户在 2014 年也为相对贫困家庭，占比为 61.3%。2018 年，相对贫困家庭共 868 户，其中 766 户在 2016 年被认定为贫困脆弱性家庭，占全部相对贫困家庭的 88.2%。在这 868 户家庭中有 567 户在 2016 年也为相对贫困家庭，占比为 65.3%。2020 年，相对贫困家庭共 576 户，其中 460 户在 2018 年被认定为贫困脆弱性家庭，占全部相对贫困家庭的 79.9%。在这 576 户家庭中有 369 户在 2018 年也为相对贫困家庭，占比为 64.1%。因此，贫困脆弱性预测对未来相对贫困家庭的覆盖率比按照当期是否为相对贫困来推测未来是否贫困的覆盖率要高。

表 7.8　城镇家庭贫困事前预测与事后测度结果的比较　　单位：户

类别		2016 年				2018 年				2020 年			
		相对贫困（40%线）		相对贫困（60%线）		相对贫困（40%线）		相对贫困（60%线）		相对贫困（40%线）		相对贫困（60%线）	
		否	是	否	是	否	是	否	是	否	是	否	是
前期贫困脆弱	否	1580	169	778	108	1048	102	575	85	943	116	504	86
	是	947	796	1120	1486	946	766	903	1299	474	460	509	894
前期相对贫困	否	2162	373	1417	441	1669	301	1077	328	1144	207	731	253
	是	365	592	481	1153	325	567	401	1056	273	369	282	727

注：由于在跨期比较中存在数据缺失问题，因此本表中的样本量与表 7.7 中的样本量不一致。

在 60%贫困线下，2016 年，相对贫困家庭共 1594 户，其中 1486 户家庭在 2014 年被认定为贫困脆弱性家庭，占全部相对贫困家庭的 93.2%。在 2016 年相对贫困家庭中有 1153 户在 2014 年也为相对贫困家庭，占比为 72.3%。2018 年，相对贫困家庭共 1384 户，其中 1299 户家庭在 2016 年被认定为贫困脆弱性家庭，占全部相对贫困家庭的 93.9%。在 2018 年相对贫困家庭中有 1056 户在 2016 年也为相对贫困家庭，占比为 76.3%。2020 年，相对贫困家庭共 980 户，其中 894 户家庭在 2018 年被认定为贫困脆弱性家庭，占全部相对贫困家庭的 91.2%。2020 年，相对贫困家庭中有 727 户在 2018 年也为相对贫困家庭，占比为 74.2%。因此，贫困脆弱性预测对未来家庭相对贫困的覆盖率同样比按照当期是否为相对贫困家庭来推断的覆盖率要高。同时，在 60%贫困线下，贫困脆弱性对未来相对贫困的覆盖率比 40%贫困线下的覆盖率要高。

另外，从脆弱性家庭自身的发展情况来看，在 40%贫困线下，2014 年、2016 年和 2018 年分别有 54.3%、55.3%和 50.7%的贫困脆弱性家庭并没有在未来 2 年陷入相对贫困。在 60%贫困线下，2014 年、2016 年和 2018 年分别有 42.9%、41.0%和 36.3%的贫困脆弱性家庭没有在未来 2 年陷入相对贫困。因此，随着贫困线标准的提高，贫困脆弱性预测的准确性也逐步提高。

7.4.3 相对贫困脆弱性的分解

通过对农村和城镇家庭相对贫困脆弱性的测度，以及家庭贫困脆弱性与相对贫困的对比分析发现，贫困脆弱性家庭与相对贫困家庭在区域覆盖方面存在交叉，即相对贫困脆弱性家庭中有相对贫困家庭也有非相对贫困家庭，相对贫困家庭中有贫困脆弱性家庭也有非贫困脆弱性家庭。为了进一步分析贫困脆弱性与相对贫困的关系，本节参考 Ward（2016）、Azeem 等（2017）的做法，将贫困脆弱性家庭和相对贫困家庭进行分类，结果如图 7.2 所示。通过分类，能够进一步厘清相对贫困脆弱性和相对贫困的成因，从而针对不同类型家庭制定更加有效的帮扶政策。

<table>
<tr><td></td><td></td><td colspan="2">当前贫困状态</td><td></td><td></td></tr>
<tr><td></td><td></td><td>$C_{h,t} \leq Z_t$</td><td>$C_{h,t} > Z_t$</td><td></td><td></td></tr>
<tr><td rowspan="3">贫困脆弱状态</td><td rowspan="2">$V_{h,t} \geq 0.29$</td><td>A</td><td>D</td><td>$E(C_{h,t+2}) \leq Z_{t+2}$</td><td rowspan="3">预期贫困状态</td></tr>
<tr><td>B</td><td>E</td><td rowspan="2">$E(C_{h,t+2}) > Z_{t+2}$</td></tr>
<tr><td>$V_{h,t} < 0.29$</td><td>C</td><td>F</td></tr>
</table>

图 7.2 家庭贫困脆弱性与相对贫困分类

图 7.2 中，将家庭 h 根据当前贫困状态、预期贫困状态、贫困脆弱状态三种尺度划分为六种状态。其中当前贫困状态是根据当前的相对贫困标准将家庭划分为相对贫困（$C_{h,t} \leq z_t$）和非相对贫困（$C_{h,t} > z_t$）两种状态；预期贫困状态是根据未来的相对贫困标准①对家庭未来消费均值的预测值进行测度，将家庭划分为预期相对贫困［$E(C_{h,t+2}) \leq z_{t+2}$］和预期非相对贫困［$E(C_{h,t+2}) > z_{t+2}$］；贫困脆弱状态是根据贫困脆弱性标准将家庭划分为相对贫困脆弱性家庭（$V_{h,t} \geq 0.29$）和非相对贫困脆弱性家庭（$V_{h,t} < 0.29$）。根据这六种状态的不同组合交叉，可以将家庭划分为不同的类型。

图 7.2 中，A+B+C 区域为当前相对贫困家庭，在这些家庭中又可以划分

① 这里的"未来的相对贫困标准"选择 2 年后的相对贫困标准。

为结构性相对贫困家庭（区域A）和暂时性相对贫困家庭（区域B+C）。结构性相对贫困家庭是指当前处于相对贫困状态，并且未来预期仍然处于相对贫困状态的家庭。暂时性相对贫困家庭是指当前处于相对贫困状态，但是未来预期将处于非相对贫困状态的家庭。结构性相对贫困家庭代表了由于家庭特征等原因，家庭摆脱相对贫困非常困难，长期处于相对贫困状态的家庭。暂时性相对贫困代表了由于外部冲击或家庭意外事件使得家庭陷入相对贫困，但是能够很快恢复并摆脱相对贫困。

图7.2中，D+E+F区域为当前非相对贫困家庭，在这些家庭中又可以划分为高脆弱非相对贫困家庭（区域D+E）和低脆弱非相对贫困家庭（区域F）。高脆弱非相对贫困家庭是指当前为非相对贫困家庭，但是未来存在较高风险陷入相对贫困的家庭。这些家庭未来可能会有两种状态，即陷入相对贫困（区域D）和未陷入相对贫困（区域E）。低脆弱非相对贫困家庭是指当前为非相对贫困家庭，未来预期也为非相对贫困的家庭。高脆弱非相对贫困家庭是需要特别值得关注的家庭，处于区域D中的家庭虽然当前不属于相对贫困家庭，但是处于相对贫困线的边缘，未来随着相对贫困线的上调可能陷入相对贫困。而处于区域E中的家庭则属于潜在风险较大的家庭，未来如果遇到不可预测的事件冲击，也可能会陷入相对贫困。

图7.2中，A+B+D+E区域为高贫困脆弱性家庭，在这些家庭中又可以划分为低期望消费脆弱性家庭（区域A+D）和高消费波动脆弱性家庭（区域B+E）。低期望消费脆弱性家庭是指当前成为贫困脆弱性家庭的原因为预期的未来消费均值低于未来的相对贫困标准。高消费波动脆弱性家庭是指虽然预期消费均值高于未来相对贫困标准，但是家庭消费的波动方差较大，未来如果遇到下行的波动方差就会存在陷入相对贫困的风险。

根据图7.2中对相对贫困脆弱性和相对贫困家庭的分类，本节对中国农村和城镇家庭的相对贫困类型进行分解，分解结果见表7.9。

表7.9　农村和城镇家庭相对贫困类型分解　　单位:%

年份	区域	40%相对贫困线标准			60%相对贫困线标准		
		相对性贫困	结构性贫困	暂时性贫困	相对性贫困	结构性贫困	暂时性贫困
2014	农村	18.16	5.81	12.35	34.88	21.76	13.12
	城镇	25.03	15.69	9.34	43.14	34.76	8.38

续表

年份	区域	40%相对贫困线标准			60%相对贫困线标准		
		相对性贫困	结构性贫困	暂时性贫困	相对性贫困	结构性贫困	暂时性贫困
2016	农村	23.63	8.98	14.65	40.53	28.00	12.53
	城镇	28.93	21.16	7.77	47.65	38.78	8.87
2018	农村	23.86	8.17	15.69	42.63	29.47	13.16
	城镇	29.78	17.49	12.29	47.65	36.99	10.66
2020	农村	22.76	10.43	12.33	40.33	29.90	10.43
	城镇	21.82	13.15	8.67	38.60	30.66	7.94

从贫困类型的分解来看，在40%相对贫困线标准下，2014—2020年农村结构性贫困的发生率分别为5.81%、8.98%、8.17%和10.43%，而暂时性贫困的发生率分别为12.35%、14.65%、15.69%和12.33%。结构性贫困的发生率远低于暂时性贫困的发生率。因此，农村家庭的相对贫困以暂时性贫困为主。然而，城镇相对贫困家庭的情况刚好与农村相反。2014—2020年城镇结构性贫困的发生率分别为15.69%、21.16%、17.49%和13.15%，而暂时性贫困的发生率分别为9.34%、7.77%、12.29%和8.67%。结构性贫困的发生率要远高于暂时性贫困。因此，城镇相对贫困以结构性贫困为主。

在60%相对贫困线标准下，2014—2020年农村家庭结构性贫困的发生率分别为21.76%、28.00%、29.47%和29.90%，暂时性贫困的发生率分别为13.12%、12.53%、13.16%和10.43%。因此，在60%相对贫困识别标准下，农村相对贫困家庭的结构发生了变化，由以暂时性贫困为主变化为以结构性贫困为主。2014—2020年城镇家庭结构性贫困的发生率分别为34.76%、38.78%、36.99%和30.66%，暂时性贫困的发生率分别为8.38%、8.87%、10.66%和7.94%。城镇相对贫困家庭的结构与40%相对贫困线标准下的结构保持一致。

通过上述分析发现，农村相对贫困家庭在低贫困标准下以暂时性贫困为主，在高贫困标准下却转变为以结构性贫困为主，说明农村相对贫困家庭的消费能力提升乏力，从而造成大部分贫困家庭很难超越60%相对贫困线。城镇家庭相对贫困的情况更加严重，无论是在低贫困标准下还是在高贫困标准下，城镇相对贫困家庭均以结构性相对贫困为主，并且随着贫困标准的提升，结构性相对贫困家庭的比例也大幅提升，说明城镇家庭的相对贫困更多是由家庭结构性问题造成的。因此，一旦陷入相对贫困，很难依靠自身力量摆脱相对贫困。

在对农村和城镇相对贫困家庭的结构进行分解后，本节按照对家庭脆弱性的四种分类方式对2014—2020年农村和城镇家庭的脆弱状况进行分解，分解结果见表7.10。

表7.10 农村和城镇家庭的脆弱性分解

单位:%

贫困标准	脆弱性类型	2014年		2016年		2018年		2020年	
		农村	城镇	农村	城镇	农村	城镇	农村	城镇
40%贫困线	高脆弱非相对贫困	25.04	25.00	28.76	30.90	28.25	20.67	30.01	20.96
	低脆弱非相对贫困	56.80	49.97	47.60	40.17	47.89	49.55	47.23	57.21
	低期望消费脆弱性	11.69	26.11	17.29	35.91	15.84	26.22	20.53	22.51
	高消费波动脆弱性	26.06	20.48	29.37	21.69	30.03	19.44	28.13	16.95
60%贫困线	高脆弱非相对贫困	41.07	30.52	42.24	29.72	39.22	24.60	37.98	26.89
	低脆弱非相对贫困	24.05	26.35	17.23	22.63	18.14	27.75	21.69	34.51
	低期望消费脆弱性	39.04	51.08	47.70	53.64	48.33	48.87	49.65	44.21
	高消费波动脆弱性	33.76	20.33	33.22	21.36	30.94	20.15	25.89	18.66

在40%贫困线标准下，2014—2020年，农村高脆弱非相对贫困家庭的比例呈上升趋势，从25.04%上升到30.01%。相对应的低脆弱非相对贫困家庭的占比呈下降趋势，从56.80%下降到47.23%。在农村相对贫困脆弱性家庭中，低期望消费脆弱性家庭的占比呈波动性变化，分别为11.69%、17.29%、15.84%和20.53%，而高消费波动脆弱性家庭的占比则整体呈上升趋势，分别为26.06%、29.37%、30.03%和28.13%。高消费波动脆弱性家庭的占比远高于低期望消费脆弱性家庭，因此，农村家庭更有可能因为外部冲击而陷入相对贫困。2014—2020年，城镇高脆弱非相对贫困家庭的占比虽然具有波动式变化，但是整体上呈下降趋势，从25.00%下降到20.96%。低脆弱非相对贫困家庭的占比同样呈波动式发展，整体变化较小，说明城镇低脆弱非相对贫困家庭的稳定性较强，这些家庭陷入相对贫困的风险较低。同时，高脆弱非相对贫困家庭占比下降的趋势也说明城镇非相对贫困家庭陷入相对贫困的风险整体较低。在脆弱性家庭中，低期望消费脆弱性家庭的占比分别为26.11%、35.91%、26.22%和22.51%，而高消费波动脆弱性家庭的占比分别为20.48%、21.69%、19.44%和16.95%，低期望消费脆弱性家庭的比例明显高于高消费波动脆弱性家庭。因此，城镇家庭陷入相对贫困的风险主要来自

家庭自身特征所导致的消费能力不足。

在 60%贫困线标准下，2014—2020 年，农村高脆弱非相对贫困家庭的比例略有下降，从 41.07%下降到 37.98%，总体较为稳定。农村低脆弱非相对贫困家庭的比例总体呈下降趋势，从 24.05%下降到 21.69%，说明农村非相对贫困家庭陷入贫困的风险在逐渐增加。在脆弱性家庭中，低期望消费脆弱性家庭的比例逐渐上升，从 39.04%上升到 49.65%，而高消费波动脆弱性家庭的比例逐渐下降，从 33.76%下降到 25.89%。这说明，随着贫困标准的提高，农村家庭脆弱性的原因转变为消费能力不足的低期望消费脆弱，并且随着时间的推移，低期望消费脆弱性对农村家庭的影响逐渐加大。2014—2020 年，城镇高脆弱非相对贫困家庭的比例呈逐渐下降的趋势，从 30.52%下降到 26.89%，而城镇低脆弱非相对贫困家庭的比例则整体比较稳定，这再次说明了城镇非相对贫困家庭陷入相对贫困的风险较低。在城镇脆弱性家庭中，低期望消费脆弱性家庭的占比分别为 51.08%、53.64%、48.87%和 44.21%，而高消费波动脆弱性家庭的占比仅为 20.33%、21.36%、20.15%和 18.66%，低期望消费脆弱性家庭的占比要远远高于高消费波动脆弱性家庭，这同样再次说明城镇家庭陷入相对贫困的风险主要来自家庭自身的消费能力不足。

7.5 相对贫困脆弱性影响因素分析

在对中国农村和城镇家庭相对贫困脆弱性进行测度、分解和分析之后，本节将基于“风险冲击—家庭禀赋—家庭行动”的相对贫困脆弱性分析框架对家庭脆弱性的影响因素进行分析。

7.5.1 模型设计与变量说明

为了更加全面地分析各影响因素对家庭相对贫困脆弱性的影响，本节的实证过程将主要从两个方面开展。

第一方面，本节将式（7-10）测度的家庭预期陷入相对贫困的概率作为研究对象，分析各影响因素对家庭陷入相对贫困预期概率的影响。在分析过程中本节构建了基础面板回归模型：

$$\ln V_{ht} = \sum_{i=1}^{m} \alpha_i Risk_{i,ht} + \sum_{j=1}^{n} \beta_j Endow_{j,ht} + \sum_{k=1}^{p} \gamma_k Act_{k,ht} + \sum_{l=1}^{q} \theta_l Ctrl_{l,ht} + U_h + \varepsilon_{ht} \tag{7-13}$$

其中，$\ln V_{ht}$表示家庭 h 在 t 时期预期陷入相对贫困概率值的对数形式，$Risk_{i,ht}$表示家庭所面临的一系列风险冲击事件，$Endow_{j,ht}$表示家庭所拥有的一系列资源禀赋，$Act_{k,ht}$表示家庭为防止陷入相对贫困所采取的一系列行动，$Ctrl_{l,ht}$表示家庭的一系列控制变量，U_h 表示家庭的个体固定效应，ε_{ht}表示随机扰动项。

在对基础回归模型进行分析之后，本节将构建面板分位数回归模型，分析各影响因素对不同相对贫困风险概率下家庭影响的异质性。具体模型为：

$$Q_{\ln V_{ht}}(\tau \mid Risk_{i,ht}, Endow_{j,ht}, Act_{k,ht}) = \delta_h(\tau) + \sum_{i=1}^{m} \alpha_i(\tau) Risk_{i,ht} + \sum_{j=1}^{n} \beta_j(\tau) Endow_{j,ht} + \sum_{k=1}^{p} \gamma_k(\tau) Act_{k,ht} + \sum_{l=1}^{q} \theta_l(\tau) Ctrl_{l,ht} \tag{7-14}$$

其中，τ 表示被解释变量的不同分位数，本节在具体估计时主要设置了 0.10、0.25、0.50、0.75 和 0.90 共 5 个分位数进行回归。$\delta_h(\tau)$、$\alpha_i(\tau)$、$\beta_j(\tau)$、$\gamma_k(\tau)$ 和 $\theta_l(\tau)$ 分别表示各分位数下的待估计参数。使用式（7-14）可以有效分析各影响因素对不同相对贫困风险概率水平家庭的影响。

第二方面，在对家庭相对贫困预期概率进行分析之后，本节基于式（7-11）计算的家庭相对贫困脆弱性识别标准对家庭是否为相对贫困脆弱性家庭的影响因素进行分析。为此，本节建立如下面板 Logit 模型进行分析：

$$P(VEP_{ht} = 1 \mid Risk_{i,ht}, Endow_{j,ht}, Act_{k,ht}) = \Lambda\left(\sum_{i=1}^{m} \alpha_i Risk_{i,ht} + \sum_{j=1}^{n} \beta_j Endow_{j,ht} + \sum_{k=1}^{p} \gamma_k Act_{k,ht} + \sum_{l=1}^{q} \theta_l Ctrl_{l,ht}\right) \tag{7-15}$$

其中，VEP_{ht}表示家庭 h 在 t 时期是否为相对贫困脆弱性家庭，$\Lambda(\cdot)$ 表示 Logit 分布的分布函数。

本节实证所用数据来源于中国家庭追踪调查（CFPS）2014 年、2016 年和 2018 年三轮调查数据，在去除掉缺失数据后，三轮调查数据共匹配到 5561 个家庭，合计 16683 条数据。另外，本节在实证过程中，部分数据还来源于历年各省份统计年鉴以及由北京大学数字金融研究中心发布的数字普惠金融指数。本节使用的各变量指标描述如表 7.11 所示。

表 7.11　变量指标说明

一级指标	二级指标	变量名称	变量说明
风险冲击	环境风险	突发环境事件（*Enac*）	调查年份前 5 年各省份公布的突发环境事件数的均值
	社会风险	不平等程度（*Gini*）	使用家庭人均收入计算的各省基尼系数
	市场风险	经济发展水平（*PGDP*）	各省份人均 GDP 的对数
	金融风险	金融排斥性（*FE*）	将各省份数字普惠金融发展指数作为负向指标并进行归一化处理
	赡养风险	老年人数量（*Old*）	家庭中 65 岁（含）以上老年人口数
家庭禀赋	人力资本	户主受教育程度（*Eduy*）	户主接受全日制教育的年限
		户主年龄（*Age*）	调查年份户主的年龄
		家庭有工资人数（*Wages*）	家庭中有工资收入的人数
	物质资本	人均房产价值（*Houseasset*）	家庭人均房产价值的对数
		人均耐用消费品价值（*Durable*）	家庭人均耐用消费品价值的对数
	金融资本	人均金融产品价值（*Finasset*）	家庭人均金融产品价值的对数
	社会资本	家庭社会网络关系（*Relation*）	家庭用于人情支出数额的对数
家庭行动	养老保障	购买养老保险比例（*ra_endow*）	家庭中拥有养老保险（含领取养老金）的人的比例
	医疗保障	购买医疗保险比例（*ra_med*）	家庭中拥有各类医疗保险的人的比例
	收入保障	家庭周均工作时间（*Work*）	家庭成员每周平均工作时间
	信息保障	家庭周均上网时间（*Internet*）	家庭成员平均每周上网时间
控制变量		户主的健康状况（*Health*）	户主自评的健康得分，1~5 分，1 为非常健康，5 为非常不健康
		户主的性别（*Gender*）	户主的性别，1=男性，0=女性
		户主的婚姻状况（*Marriage*）	调查时户主的婚姻状况，1=已婚（含同居），0=未婚（含离异、丧偶）
		家庭城乡属性（*Urban*）	调查时家庭所在位置，1=城镇，2=农村

如表 7.11 所示，家庭面临的风险冲击主要来自两大方面，一方面是外部环境的冲击，包括突发自然灾害事件、社会中不平等问题、经济发展的缓慢以及金融是否亲贫；另一方面是家庭自身可能存在的风险，比如老人的赡养问题。家庭禀赋代表了家庭所拥有的一系列资本以帮助家庭抵抗风险冲击，家庭拥有的资本越多，其抵抗风险冲击的能力就越强。本节将这些资本划分为人力

资本、物质资本、金融资本和社会资本四类。家庭行动代表了家庭为了防范风险、提高家庭禀赋所采取的一系列行动，例如，购买养老保险、购买医疗保险、努力工作增加收入、及时获取信息、提前做好风险防范以及行动规划等。

7.5.2　预期相对贫困风险的影响因素分析

由相对贫困脆弱性的测度方法可知，使用式（7-10）计算的家庭贫困脆弱性概率测度了家庭未来陷入相对贫困的风险，概率值越大，表示家庭未来陷入相对贫困的风险就越大。因此，对预期相对贫困风险影响因素的分析可以帮助了解哪些因素会加剧陷入相对贫困的风险，哪些因素能够降低陷入相对贫困的风险。

本节首先基于人均消费支出的 40% 相对贫困线对家庭预期贫困脆弱性的概率进行测算，其次使用式（7-13）对其进行基础回归分析。同时，为了检验回归结果的稳健性，本节还使用人均消费支出的 60% 相对贫困线测算的家庭预期贫困脆弱性概率进行回归分析。在分析之前，本节对模型进行了豪斯曼检验，检验结果显著拒绝了面板随机效应模型，因此，本节使用面板固定效应模型。模型分析结果见表 7.12。

表 7.12　基础回归结果

变量	40%相对贫困线标准	60%相对贫困线标准
Enac	−0.00243***	−0.00144***
Gini	0.134	0.0497
PGDP	0.0511***	0.00869***
FE	0.736***	0.150**
Old	0.113***	0.0806***
Eduy	−0.0505***	−0.0318***
Age	0.0279***	0.0175***
Wages	−0.0478***	−0.0314***
Houseasset	0.0113***	0.00740***
Durable	−0.153***	−0.0996***
Finasset	−0.00754***	−0.00344*
Relation	−0.00728*	−0.00484*

续表

变量	40%相对贫困线标准	60%相对贫困线标准
ra_endow	-0.290***	-0.214***
ra_med	-0.412***	-0.275***
Work	-0.00349***	-0.00251***
Internet	-0.00295	0.00455
控制变量	是	是
个体固定效应	是	是

注：***、**、*分别表示在1%、5%和10%置信水平上显著。

根据表7.12，在40%相对贫困线和60%相对贫困线标准下的各变量的回归结果方向和显著性基本保持一致。在风险冲击方面，突发环境事件对家庭陷入贫困脆弱性的概率具有显著的负向作用，不平等程度对家庭陷入相对贫困的风险不显著，经济发展水平越高的省份，家庭陷入相对贫困的风险越大，金融市场的排斥性会显著增加家庭陷入相对贫困的风险，而家庭中老年人数量的增多增加了家庭的赡养负担，从而显著增加了家庭陷入相对贫困的风险。

在家庭禀赋方面，家庭人力资本中受教育年限的上升和家庭中有工资的人数的增加显著降低了家庭陷入相对贫困的风险，但是随着年龄的增加，个体在就业市场的竞争力会降低，从而增加家庭陷入相对贫困的风险。物质资本中人均房产价值的上升和人均耐用消费品价值的上升显著降低了家庭陷入相对贫困的风险。当家庭遇到风险冲击时，家庭可以利用房产和耐用消费品快速变现，从而帮助家庭抵御风险冲击，因此，家庭可以通过购买房产和耐用消费品提升家庭抵御风险冲击的能力。家庭金融资产涵盖的内容较多，既包括家庭存款又包括家庭投资理财等金融衍生品。家庭存款的增加一方面可以缓冲收入的突然下降，另一方面可以帮助家庭抵御风险冲击，而投资理财等金融衍生品可以帮助家庭实现资产的保值和增值。因此，家庭金融资产的上升显著降低了家庭陷入相对贫困的风险。家庭社会资本表征了家庭与外界联系的广度和紧密度，家庭社会资本的高低代表了家庭获取外部资源和帮助的能力。因此，家庭通过投资社会资本显著降低了家庭陷入相对贫困的风险。

在家庭行动方面，面对家庭可能会遭受的疾病风险和养老风险冲击，家庭可以通过购买医疗保险和养老保险的方式进行预防。因此，家庭中购买医疗保险的人数比例和购买养老保险以及拥有养老金的人数比例的提升，可以有效帮助家庭构建抵御疾病风险和赡养风险冲击的“防火墙”，显著降低家庭陷入相对贫困的风险。工作时间的增加代表家庭为了增加收入而付出的努力。收入的增加意味着家庭福利的提升，因此增加工作时间可以显著降低家庭陷入相对贫困的风险。

通过基础回归分析，发现风险冲击会使家庭陷入相对贫困的风险上升，而家庭通过增加资本禀赋、采用防范风险的行为，可以有效降低陷入相对贫困的风险。为了进一步分析风险冲击、家庭禀赋、家庭行动等因素对不同水平相对贫困预期风险家庭的异质性影响，本节使用面板分位数回归模型，分别对 40%相对贫困线标准和 60%相对贫困线标准下各影响因素对家庭预期相对贫困风险的异质性影响进行分析。具体分析结果见表 7.13 和表 7.14。

表 7.13　40%相对贫困线标准面板分位数回归结果

变量名称	τ=0.10	τ=0.25	τ=0.50	τ=0.75	τ=0.90
Enac	−0.0037***	−0.0040***	−0.0046***	−0.0040***	−0.0036***
Gini	0.4795*	0.6485***	0.6183***	0.6394***	0.7133***
PGDP	0.1281***	0.0905***	0.0599***	0.0500***	0.0396***
Old	0.0552**	0.1071***	0.1404***	0.1304***	0.1059***
FE	1.9729***	1.2837***	0.7719***	0.5769***	0.4266***
Eduy	−0.1068***	−0.0888***	−0.0715***	−0.0494***	−0.0366***
Age	0.0235***	0.0188***	0.0129***	0.0089***	0.0067***
Wages	−0.0451**	−0.0153	0.0005	0.0006	0.0026
Houseasset	0.0083**	0.0093***	0.0007	−0.0006	0.0018
Durable	−0.1989***	−0.1887***	−0.1691***	−0.1527***	−0.1309***
Finasset	−0.0226***	−0.0201***	−0.0185***	−0.0146***	−0.0093***
Relation	0.0051	−0.0005	−0.0107***	−0.0108***	−0.0099***
ra_endow	−0.5612***	−0.5269***	−0.4465***	−0.3854***	−0.2846***
ra_med	−0.5484***	−0.5310***	−0.4693***	−0.4254***	−0.3899***
Work	−0.0024***	−0.0022***	−0.0019***	−0.0012***	−0.0012***
Internet	−0.1448***	−0.1206***	−0.0819***	−0.0575***	−0.0377***
控制变量	是	是	是	是	是

注：***、**、*分别表示在 1%、5%和 10%置信水平上显著。

表 7.14　60%相对贫困线标准面板分位数回归结果

变量名称	τ=0.10	τ=0.25	τ=0.50	τ=0.75	τ=0.90
Enac	−0.003***	−0.0033***	−0.0036***	−0.0028***	−0.0021***
Gini	0.1955	0.4317***	0.4404***	0.3846***	0.3628***
PGDP	0.0697***	0.0459***	0.0252***	0.0183***	0.0127***
DFD	1.2044***	0.7163***	0.3524***	0.202***	0.114**
Old	0.0378*	0.0833***	0.0884***	0.0787***	0.057***
Eduy	−0.0712***	−0.0583***	−0.042***	−0.0277***	−0.0177***
Age	0.0158***	0.0107***	0.0072***	0.004***	0.0029***
Wages	−0.0228	0.0019	0.0076	0.0057	0.005
Houseasset	0.005***	0.0074***	−0.00004	−0.0008	0.0002
Durable	−0.1348***	−0.1237***	−0.1048***	−0.0903***	−0.0708***
Finasset	−0.015***	−0.0134***	−0.0108***	−0.0078***	−0.0049***
Relation	0.0035	0.0011	−0.0079***	−0.0068***	−0.0062***
ra_endow	−0.3748***	−0.3611***	−0.3046***	−0.2335***	−0.169***
ra_med	−0.4164***	−0.3664***	−0.3152***	−0.2628***	−0.2241***
Work	−0.0018***	−0.0015***	−0.0012***	−0.0008***	−0.0007***
Internet	−0.1014***	−0.0833***	−0.0513***	−0.0344***	−0.0184***
控制变量	是	是	是	是	是

注：***、**、*分别表示在1%、5%和10%置信水平上显著。

由表7.13和表7.14的回归结果可知，在40%相对贫困线标准和60%相对贫困线标准下，各变量在各分位数点的回归系数的符号和显著性基本保持一致，说明回归结果具有稳健性。鉴于此，本节主要以40%相对贫困线标准下的回归结果为参考进行解释说明。

在风险冲击方面，首先，突发环境事件对家庭陷入相对贫困的风险具有显著的负向影响，而分配不平等程度对家庭陷入相对贫困风险具有正向影响，并且呈现上升的特点，说明分配不平等程度对高风险的家庭影响最大。经济发展水平对家庭陷入相对贫困风险仍然具有正向影响，但是随着家庭陷入相对贫困风险的提升，这种影响逐渐降低。通过测度发现，家庭人均收入与

40%相对贫困线标准下测算的家庭相对贫困脆弱性概率的相关系数为-0.59，与60%相对贫困线标准下测算的家庭相对贫困脆弱性概率的相关系数为-0.62。因此，低贫困脆弱风险的家庭收入相对较高，高贫困脆弱风险的家庭收入相对较低。上述回归结果表明，社会收入不平等对低收入群体的风险冲击最大，对高收入群体的冲击较小，而经济发展水平对高收入群体的风险冲击最大，对低收入群体的冲击较小。金融市场排斥状况对家庭陷入相对贫困的风险具有显著的正向作用，并且影响效应呈现逐渐下降的特点。因此，金融发展对高收入家庭的影响较大，对低收入家庭的影响相对较小。家庭中老年人的数量对家庭陷入相对贫困的风险具有显著的正向作用，并且对中等及以上风险的家庭影响更大。

在家庭禀赋方面，受教育程度对家庭陷入相对贫困的风险具有显著的负向作用，然而这种效应随着家庭贫困脆弱风险的提高会不断降低，因此，受教育程度对高收入人群的影响效应更大，对低收入人群影响相对较小。这主要是因为低收入人群大多从事劳动密集型工作，对教育年限的要求不高。年龄对于家庭陷入相对贫困的风险具有显著的正向作用，并且对贫困脆弱风险越低的家庭影响越大，而对于高风险家庭影响较小。这可能与不同风险水平家庭所从事的工作对年龄的要求不同。家庭中有工资的人数对家庭陷入相对贫困风险的影响不显著。反映家庭物质资本的家庭人均房产价值和人均耐用消费品价值以及反映家庭金融资产的家庭人均金融资产价值 3 个变量对家庭陷入相对贫困的风险具有显著的负向作用，并且呈现随着陷入贫困风险的提高，影响效应逐渐降低的趋势。特别是家庭人均房产价值对低脆弱风险家庭的影响显著，而对高脆弱风险家庭的影响不再显著。呈现这种现象的原因主要是高收入家庭的物质资产和金融资产更加丰富，其抵御风险冲击的能力更强，而低收入家庭本身所拥有的物质资本和金融资本较少，所以这些家庭禀赋对家庭抵御风险冲击的影响就相对较小。社会资本对家庭陷入相对贫困的风险具有显著的负向作用，并且这种影响效应随着家庭陷入贫困风险的提高逐渐增强。因此，对于高风险家庭来说，由于在其他家庭禀赋方面的缺失，从而更加注重社会资本的积累，可以理解为其采用抱团取暖的方式来抵御风险的冲击。

在家庭行动方面，家庭购买养老保险行为对家庭陷入相对贫困风险具有显著的负向作用，并且随着家庭陷入相对贫困风险的提升，影响效应逐渐下降，即购买养老保险对低风险家庭抵御风险冲击效应更大。家庭购买医疗保险行为虽然对家庭陷入相对贫困风险也具有显著的负向作用，但是却随着家庭陷入贫困风险的上升，影响效应逐渐下降，即对高风险家庭的影响更小。在工作时长方面，增加工作时间可以有效降低家庭脆弱性风险，但是随着家庭贫困脆弱性风险的提升，影响效应逐渐下降。这主要与不同风险水平家庭所从事的工作性质有关。在信息获取方面，上网时间对家庭陷入相对贫困的风险具有显著的负向作用。同样，这种作用随着家庭陷入相对贫困的风险逐渐提高而下降。这也从侧面反映了高风险家庭在获取信息的渠道、方式和手段方面要弱于低风险家庭。

通过分析发现，各影响因素对不同相对贫困风险水平的家庭存在异质性影响。造成这种异质性影响的原因有三方面：一是与家庭对风险感知的敏感度不同，二是不同风险水平家庭的禀赋存在差异，三是不同风险水平家庭的工作类型对劳动者的要求存在差异。

7.5.3　相对贫困脆弱性家庭的影响因素分析

在对家庭预期相对贫困脆弱性风险进行分析之后，本节进一步按照由式（7-11）测算的相对贫困脆弱性阈值将家庭划分为相对贫困脆弱性家庭和相对贫困不脆弱性家庭，并使用式（7-15）对家庭是否成为相对贫困脆弱性家庭的影响因素进行分析。分析结果见表 7. 15。

表 7. 15 反映了在 40%相对贫困线标准和 60%相对贫困线标准下各影响因素对相对贫困脆弱性家庭的影响分析。在 40%相对贫困线标准下，在风险冲击方面，突发环境事件、分配不平等程度并没有显著增加家庭陷入贫困脆弱性家庭的概率，经济发展水平对家庭陷入贫困脆弱性家庭具有显著的正向作用，金融发展的排斥性对家庭陷入贫困脆弱性家庭的影响不显著，家中老年人的数量对家庭陷入贫困脆弱性家庭具有显著的正向作用。在家庭禀赋方面，受教育年限的增加显著降低了家庭陷入贫困脆弱性的概率，而年龄的增加对家庭陷入贫困脆弱性的概率具有显著的正向作用，家庭中有工资人数的增加对降低家庭陷入贫困脆弱性的概率影响不显著。家庭通过增加人均房产价值和人均耐用消费品价值可以显著降低家庭陷入贫困脆弱性的概率。家庭金融资产的增加对家庭是否陷入贫困脆弱性不显著。家庭通过投资社会资本，维持社会关系可以有效降低家庭陷入贫困脆弱性的概率。在家庭行动方面，提

高购买养老保险和医疗保险的人数比例能够显著降低家庭陷入贫困脆弱性的概率。家庭增加工作时间可以有效降低陷入贫困脆弱性的概率。

表 7.15　相对贫困脆弱性家庭影响因素分析结果

变量	40%相对贫困线标准	60%相对贫困线标准
Enac	−0.00199	0.00476*
Gini	−0.275	0.845
PGDP	0.0970***	−0.0175
FE	0.377	−1.745***
Old	0.284**	0.692***
Eduy	−0.170***	−0.210***
Age	0.0907***	0.0829***
Wages	−0.0128	−0.299***
Houseasset	−0.0466**	0.0241
Durable	−0.673***	−0.873***
Finasset	−0.00959	−0.000723
Relation	−0.0564**	−0.0501*
ra_endow	−0.890***	−1.209***
ra_med	−1.151***	−1.038***
Work	−0.0108***	−0.0110***
Internet	−0.115***	0.0399
控制变量	是	是
个体固定效应	是	是

注：***、**、*分别表示在1%、5%和10%置信水平上显著。

在60%相对贫困线标准下，回归结果与40%相对贫困线标准大体相同，但是个别变量存在差异。在风险冲击方面，突发环境事件对家庭陷入贫困脆弱性具有显著的正向作用，金融发展的排斥性对家庭陷入贫困脆弱性具有显著的负向影响，家庭中老年人的数量对家庭陷入贫困脆弱性的正向影响效应要高于40%相对贫困线标准。在家庭禀赋方面，家庭中工作人数对家庭陷入贫困脆弱性具有显著的负向影响。家庭房屋资产对家庭陷入贫困脆弱性的影响不再显著。在家庭行动方面，购买养老保险对家庭陷入贫困脆弱性的影响效应比40%相对贫困线标准下的影响有所上升，而购买医疗保险对家庭陷入贫困脆弱性的影响效应则有所降低。

通过对相对贫困脆弱性家庭影响因素分析发现，风险冲击会增加家庭陷入贫困脆弱性的概率，家庭禀赋则有效降低了家庭陷入贫困脆弱性的概率。另外，家庭通过防御性行为，能够有效抵御家庭陷入贫困脆弱性的风险。

7.6 本章小结

本章基于中国家庭追踪调查（CFPS）2014年、2016年、2018年和2020年四轮调查数据使用期望贫困脆弱性方法对中国农村和城镇家庭的相对贫困脆弱性进行了测度，并在此基础上从相对贫困类型、相对贫困脆弱性类型等角度对测度结果进行了分解。随后，本章基于“风险冲击—家庭禀赋—家庭行动”的相对贫困脆弱性分析框架，运用固定效应面板模型、面板分位数模型以及面板Logit模型等方法对家庭预期相对贫困概率和家庭相对贫困脆弱的影响因素进行了分析。通过分析，本章得出以下结论：

（1）通过对中国农村和城镇家庭相对贫困脆弱性的测度发现，在将贫困脆弱性阈值设置为0.29时，无论是40%相对贫困线标准还是60%相对贫困线标准，农村和城镇家庭的相对贫困脆弱发生率均远高于当期测度的家庭相对贫困发生率。其中，农村家庭相对贫困脆弱发生率大约为相对贫困发生率的2倍，城镇家庭相对贫困脆弱发生率大约为相对贫困发生率的1.8倍。通过对相对贫困脆弱性家庭与当期相对贫困家庭的列联表分析发现，相对贫困脆弱性家庭对相对贫困家庭有较高的覆盖率，在40%和60%相对贫困线标准下，农村家庭覆盖率分别在70%和90%以上，城镇家庭覆盖率分别在85%和95%左右。独立性卡方检验也显著拒绝了相对贫困脆弱与相对贫困之间独立的假设。因此，相对贫困脆弱与相对贫困之间具有高度相关性。通过对相对贫困脆弱性、当期相对贫困和跨期相对贫困进行对比分析发现，家庭相对贫困脆弱性对跨期家庭陷入相对贫困具有较好的预测性。在40%和60%相对贫困线标准下，农村相对贫困脆弱性家庭占跨期陷入相对贫困家庭的比例分别为63%和90%，城镇相对贫困脆弱性家庭占跨期陷入相对贫困家庭的平均比例分别为85%和93%。

（2）通过对中国农村和城镇相对贫困脆弱性家庭按照贫困类型和脆弱性类型进行分解发现，在40%相对贫困线标准下，农村家庭相对贫困以暂时性相对贫困为主，结构性贫困与暂时性贫困家庭的比例大约为1∶2，而城镇家庭相对贫困以结构性相对贫困为主，结构性贫困与暂时性贫困家庭的比例大约为2∶1。在60%相对贫困线标准下，农村家庭和城镇家庭均以结构性贫困为主，结构性贫困与暂时性贫困家庭的比例分别为2∶1和4∶1。通过对相对贫困脆弱性家庭进行分解发现，在40%相对贫困线标准下，农村相对贫困脆弱性家庭中高消费波动脆弱性家庭的占比远高于低期望消费家庭，两者比例大约为2∶1，而城镇家庭中低期望消费家庭的占比则显著高于高消费波动脆弱性家庭。在60%相对贫困线标准下，农村和城镇家庭中低期望消费家庭的占比均显著高于高消费波动脆弱性家庭，其中城镇家庭中两种类型的脆弱性家庭的比例超过2∶1。

（3）通过对家庭相对贫困脆弱性概率和是否陷入相对贫困脆弱性家庭的影响因素进行分析，突发环境事件、经济发展水平、金融排斥性、家庭中老年人数量等风险冲击因素以及家庭禀赋中的户主年龄因素显著提高了家庭相对贫困脆弱性的概率。不同的家庭禀赋对家庭陷入相对贫困脆弱性家庭的影响不同，相比较而言，学历越高、家庭中有工资的人数越多、家庭物质资本和金融资本越高、家庭社会资本比较丰富的家庭越不容易陷入相对贫困脆弱性。同时，家庭通过采取风险防范措施可以有效抵御陷入相对贫困脆弱性风险，例如，增加医疗保险和养老保险的覆盖人数、增加工作时间、加强信息获取等行为，都能显著降低家庭陷入相对贫困脆弱的风险。

（4）通过面板分位数回归模型分析发现，不同影响因素对不同风险水平的家庭具有异质性影响。造成这种异质性影响的原因有两方面：一是不同的家庭可能对风险感知的敏感性和反应是不同的，低风险的家庭对收入分配不平等、经济发展水平以及金融市场发展情况感知更加敏感，这些因素的变化对其影响也较大，而对高风险的家庭影响较小。二是不同风险水平的家庭禀赋存在差异，相对而言，低风险家庭收入水平较高，家庭所拥有的各项资本比较丰富，这些家庭抵抗风险的能力较强，而高风险家庭所拥有的家庭禀赋相对匮乏，这些家庭抵抗风险的能力相对较弱。

基于上述研究发现，本章提出以下政策建议：

（1）将相对贫困脆弱性预测纳入贫困监测体系。当前贫困治理的重点在于防止脱贫人员的大规模返贫，而贫困监测是其中重要的工作。本章通过对相对贫困脆弱性测度发现，相对贫困脆弱性预测对于未来陷入相对贫困的家庭具有较高的覆盖率。因此，将相对贫困脆弱性预测纳入贫困监测体系可以采取事前干预的手段对脆弱性家庭特别是高脆弱性家庭予以帮扶，从而防止其未来再次陷入贫困或返贫状态。

（2）城镇家庭的相对贫困治理应引起足够的重视。长期以来，中国贫困治理的重点在农村，并且已经取得了丰硕的成果。然而，对城镇家庭的贫困监测体系并不完善。本书通过测度发现，在40%相对贫困线标准下，农村相对贫困家庭更多的是暂时性贫困家庭，即依靠家庭禀赋或家庭行为能够借助自身能力摆脱相对贫困，而城镇相对贫困家庭则是以结构性贫困为主，结构性贫困也称为顽固性贫困，即依靠家庭自身能力很难从相对贫困中摆脱出来。因此，在未来的相对贫困治理中，城镇家庭的相对贫困治理应引起足够的重视。

（3）在相对贫困治理过程中，应采用更加综合的治理方式。根据本章对相对贫困脆弱性影响因素发现，风险冲击会增加家庭陷入贫困脆弱的概率，其中金融排斥性和家庭养老问题应予以重视。因此，大力发展数字普惠金融，强化金融的亲贫性，以及构建多种方式的养老体系将有助于减小金融风险和赡养风险对家庭的冲击。在家庭禀赋方面，家庭人力资本和社会资本的提升应予以重点关注。家庭中有工资人数的增多可以有效抵御外部风险冲击，因此，政府可以采取增加工作岗位，以工代赈的方式雇佣高风险家庭的劳动力。另外，社会资本的增加有效降低了家庭陷入贫困脆弱的风险，因此，政府应建立能够深入到村镇和社区一级的社会互助帮扶体系，从而在家庭出现困难时能够及时予以帮助。养老和医疗保障是家庭抵御贫困脆弱性的重要手段，因此，加大养老和医疗保险的参保比例是帮助高风险家庭摆脱贫困脆弱性的重要手段。

第 8 章 Chapter Eight
总结与展望

8.1 主要结论

随着消除了绝对贫困，中国进入了相对贫困治理阶段。相对贫困治理要解决的问题是如何防止贫富差距过大，如何不断提升低收入人群获得感、幸福感和满意度。相对贫困治理要实现的目标是实现全体人民共同富裕。当前，中国刚刚进入相对贫困的治理阶段，尚有许多问题需要研究与探讨。基于此，首先，本书以中国相对贫困问题为研究对象，在解析相对贫困内涵的基础上，分别提出了基于高斯混合模型期望最大化算法的收入相对贫困识别标准和基于发展的多维相对贫困指标体系，并对中国农村和城镇家庭的收入相对贫困和多维相对贫困进行了测度。其次，本书从宏观的经济增长、收入分配、贫困标准角度，中观的产业结构优化和数字经济发展角度，以及微观的家庭发展机会、发展能力和发展动力角度，分别实证分析了相对贫困的演化特点与影响机制。最后，本书从相对贫困治理角度出发，对相对贫困脆弱性进行了测度与分解，并基于风险冲击、家庭禀赋和家庭行动的分析框架，分析了相对贫困脆弱性的影响机制。通过本书的研究，主要得出以下结论：

（1）在相对贫困阶段，城镇和农村收入相对贫困标准的设置，建议以平均数为基准分别设置。同时，随着城镇化速度的加快，应对城镇居民相对贫困问题予以重视。

本书采用高斯混合模型期望最大化算法对中国家庭相对贫困标准进行了测算，测算结果显示，如果参照 OECD 国家的做法设置全国统一的收入相对贫困识别标准，会造成对农村相对贫困状况高估而对城镇相对贫困状况低估的问题。因此，在设置相对贫困标准时，建议分城乡设置两条贫困线。同时，本书采用的测算方法本质上属于一种数据驱动的客观方法，通过测算发现，本书设置的相对贫困识别标准与收入均值的关系较为稳定，因此，本书建议相对贫困标准以收入均值为基准，农村为均值的30%，城镇为均值的35%。另外，本书测算发现，城镇相对贫困问题较农村更加严重，并且城镇相对贫困家庭中60%以上为流动人口，这些流动人口大多属于严重贫困人员。因此，未来随着城镇化进程的加快，城镇相对贫困问题应引起足够的重视。

（2）在相对贫困的治理中，扶智与扶志是帮助相对贫困人口摆脱贫困的重要手段。同时，在治理过程中应采取收入相对贫困与多维相对贫困相结合的治理手段。

本书基于“贫”和“困”两个方面从生活水平、发展基础、发展保障、发展能力、发展动力五大维度对农村和城镇家庭多维相对贫困进行了测度。测度发现，发展能力欠缺、发展信心不足是困扰相对贫困家庭的主要原因，因此，在相对贫困治理阶段应更加关注对相对贫困家庭的职业技能教育和发展信心的鼓舞。同时，通过从静态和动态两个方面对收入相对贫困和多维相对贫困对比分析发现，两者之间有较强的关联，即陷入收入相对贫困的家庭会增大陷入多维相对贫困的风险，而摆脱收入相对贫困的家庭更容易摆脱多维相对贫困。因此，在相对贫困治理阶段，可以采取按照收入相对贫困识别标准对相对贫困家庭进行认定，按照多维相对贫困标准对相对贫困家庭进行帮扶和退出认定。

（3）从宏观角度来看，相对贫困的变动受到经济增长、收入分配和贫困识别标准的共同影响。因此，在治理相对贫困时，应注意经济增长的包容性和贫困识别标准调整的适度性。

本书使用 Shapley 方法将相对贫困的变动分解为经济增长效应、收入分配效应和贫困识别效应。通过分解发现，经济增长对相对贫困指数的上升具有显著的负向作用，贫困识别标准的变化对相对贫困指数的上升具有显著的正向作用，收入分配对相对贫困的变化则起到“稳定器”和“助推剂”的作用。本书通过测度发现，经济增长效应在农村是通过增长的扩散效应使相对贫困人口受益，而在城镇中经济增长则不具有益贫性，这就造成城镇相对贫困问题比农村更加严重的结果。因此，在相对贫困治理阶段，注重经济增长速度的同时，还应关注经济增长的包容性，构建初次分配、再分配和第三次分配协调发展的分配制度。此外，相对贫困的识别标准的调整频率应适度，不应过于频繁。

（4）相对贫困的治理逻辑与绝对贫困存在较大差异。同时，产业结构优化和数字经济的发展对农村和城镇相对贫困的影响也存在差异。

本书实证分析发现，经济增长、产业结构优化和数字经济发展通过直接作用和间接作用有效减缓了绝对贫困。而经济增长对减缓相对贫困不显著，产业结构优化和数字经济发展对减缓相对贫困具有非线性影响。之所以出现这种差异是因为绝对贫困与相对贫困的治理逻辑存在差异。绝对贫困的治理逻辑是保持低收入人群收入的稳定增长，而相对贫困的治理逻辑是保持低收入人群收入的增长不被社会平均水平拉大。

另外，受城乡二元经济结构影响，产业结构合理化对农村相对贫困的减贫效应低于城镇，产业结构高级化对农村相对贫困的作用不显著，对城镇相对贫困具有显著的减贫效应。因此，在农村相对贫困治理中，产业振兴是重中之重，通过发展特色第二、第三产业，承接第一产业转移劳动力，促进农村第一、第二、第三产业的融合，将有利于缓解农村相对贫困。数字经济发展对相对贫困的作用机制则比较复杂，一方面以互联网消费为代表的数字经济创造了许多新的就业岗位，促进了就业和创业，这对减缓相对贫困具有积极作用；另一方面以工业互联网为代表的数字经济发展促进了企业生产和管理智能化，从而取代了中低技能人才的就业岗位，这对减缓相对贫困具有消极的作用。

（5）在微观层面，家庭陷入相对贫困主要是由发展机会不均等、发展能力欠缺和发展动力不足造成的。

本书基于发展机会、发展能力和发展动力的分析框架对家庭收入、收入相对贫困和多维相对贫困的影响因素进行了实证分析。分析发现，户籍制度、经济发展水平、数字普惠金融发展、医疗投入、教育投入等代表发展机会的因素对家庭收入以及是否陷入相对贫困具有显著的异质性影响，这种影响从侧面反映了发展机会的不均等。因此，政府在未来的相对贫困治理中要做到不缺位不越位，实现公共服务提供的均等化。实证中还发现，家庭户籍、家庭成员的职业声望对家庭收入和相对贫困存在显著的影响。因此，加快劳动力要素市场的改革，尽快实现同工同酬，同时消除不同职业之间特别是农业与工业和服务业之间劳动报酬的巨大差距是未来相对贫困治理过程中亟须改革的方面。此外，加强宣传教育与心理辅导是开展相对贫困帮扶的重要手段。

宣传教育一方面要面向“先富”的人群，增强其对帮助低收入群体的责任感和认同感，积极参与到相对贫困帮扶中；另一方面要面向相对贫困人群，对其开展技能教育和心理辅导，帮助其提升发展能力，树立发展信心，增强发展动力。

（6）家庭相对贫困脆弱性可以作为防范返贫和相对贫困治理的一种有效的事前干预手段。

家庭相对贫困脆弱性测度是对家庭未来陷入相对贫困概率的预测。本书通过测度发现，家庭贫困脆弱性的发生率要远高于相对贫困发生率，并且与当期相对贫困有较高的相关性，对跨期相对贫困家庭有较高的覆盖率。同时，通过对相对贫困脆弱性家庭进行分解发现，农村家庭以暂时性贫困、高消费波动脆弱性为主要特征，城镇家庭以结构性贫困、低消费期望脆弱性为主要特征。因此，相对贫困脆弱性测度能够对家庭陷入贫困的风险进行有效预测，同时对家庭贫困特征进行分解，可以作为一种有效的事前干预手段应用于相对贫困治理和返贫风险动态监测中。另外，本书构建了基于风险冲击、家庭禀赋和家庭行动的贫困脆弱性分析框架，通过分析发现，风险冲击是家庭贫困脆弱的诱因，家庭禀赋是抵抗风险冲击、防止陷入贫困的核心，家庭行动是基于预期风险的管理机制，通过增加家庭禀赋、恢复家庭生产和福利来应对风险冲击。在相对贫困治理中，治理手段要更加综合，可以通过对家庭开展脆弱性评估来制定更加有针对性的帮扶措施。

8.2 未来研究展望

相对贫困问题将是人类解决贫困问题的最后一座山峰，也是最难以逾越的一座山峰。从世界范围的理论与实践经验来看，OECD 国家很早就设立了相对贫困识别标准，建立了相对贫困监测和帮扶体系，但是到目前为止，仍然没有很好地解决相对贫困问题。当前，中国刚刚进入相对贫困治理阶段，我们在借鉴国外的治理经验，吸取经验和教训的同时，更应基于中国的国情，探索建立适合中国的相对贫困治理体系。虽然本书对收入相对贫困和多维相对贫困的识别标准和测度方法进行了探索性研究，并从宏观、中观、微观和事前干预等多角度对相对贫困的影响因素和治理路径进行了实证分析，但是，由于相对贫困问题本身的复杂性和长期性，必然会出现新的问题。未来，本书认为可以从以下几个方面进一步展开：

（1）相对贫困识别标准的测度研究。

本书采用高斯混合模型期望最大化算法对收入相对贫困的识别标准进行了测度。与当前常用的主观设定相对贫困标准的方法不同，该方法是一种基于数据驱动的客观方法。使用该方法的目的是构建客观与主观之间的关联，以期回答基于什么基准、设置何种比例的相对贫困识别标准更加符合实际。然而，受数据限制，本书只能开展初步的探索，未来随着更长时间范围内微观调研数据的公布，将有助于进一步分析利用数据驱动方法测度的收入相对贫困识别标准与家庭收入均值或中位数之间的关系，从而制定更加有效的相对贫困标准。另外，就方法本身而言，可以不拘泥于高斯混合分布，而探索使用不同分布的混合，同时还可以将大数据分析的方法应用于相对贫困的识别。

（2）城镇相对贫困帮扶问题的研究。

本书通过测度发现，无论是收入相对贫困发生率、多维相对贫困发生率还是相对贫困脆弱性发生率，城镇家庭的发生率均高于农村家庭。从贫困类型来看，城镇相对贫困家庭以结构性贫困、低消费期望为主，而农村相对贫困家庭以暂时性贫困、高消费波动为主。这意味着城镇家庭的扶贫难度更大。当前，对于农村家庭的扶贫已经探索了行之有效的措施，包括易地搬迁、产业扶贫、以工代赈等。对于城镇人口相对贫困特别是城镇流动人口相对贫困的帮扶目前仍需要进一步研究。特别是，未来随着城镇化进程的不断加快，大量农村人口进入城镇工作、生活，这将使城镇相对贫困问题进一步加剧。因此，城镇相对贫困帮扶问题的研究有待进一步深入。研究方向主要包括户籍制度改革、城镇公共服务提供的均等化、劳动要素的定价与收入分配制度改革等方面。

（3）数字经济发展的益贫性问题研究。

数字经济已经成为当前社会最活跃的经济领域，是中国未来经济发展的新动能、新赛道。数字经济改变了现有经济发展模式，是引领中国经济高质量发展的重要驱动力。未来的相对贫困治理必将是在数字经济发展环境下的贫困治理。本书通过实证分析发现，数字经济与相对贫困之间的关系较为复杂，例如，数字经济对相对贫困发生率的影响具有非线性的特点，数字普惠金融对不同收入水平的家庭具有异质性影响。因此，在发展数字经济过程中，如何避免数字鸿沟问题，保障相对贫困人口在数字经济发展过程中受益，即数字经济发展的益贫性，将是未来相对贫困研究的一个重要方向。

参考文献

[1] AHLQUIST J S, BREUNIG C. Model-based clustering and typologies in the social sciences[J]. Political analysis, 2012, 20(1): 92-112.

[2] ALKIRE S, FOSTER J. Counting and multidimensional poverty measurement[R]. OPHI Working Paper Series, 2008.

[3] ALKIRE S, FOSTER J. Counting and multidimensional poverty measurement[J]. Journal of public economics, 2011, 95(7): 476-487.

[4] ARTURO M JR, FRANCISCO P. The dynamics of multidimensional poverty in contemporary Australia [J]. Social indicators research, 2017 (130): 479-496.

[5] AUTOR D H, DORN D. The growth of low-skill service jobs and the polarization of the US labor market[J]. American economic review, 2013, 103(5): 1553-1597.

[6] AZEEM M M, MUGERA A W, SCHILIZZI S. An assessment of vulnerability to poverty in Punjab, Pakistan: Subjective choices of poverty indicators[J]. Social indicators research, 2017(134): 117-152.

[7] AZEEM M M, MUGERA A W, SCHILIZZI S. Poverty and vulnerability in the Punjab, Pakistan: A multilevel analysis[J]. Journal of Asian economics, 2016(44): 57-72.

[8] BARRETT C B, GARG T, MCBRIDE L. Well-being dynamics and poverty traps[J]. Annual review of resource economics, 2016, 8(1): 1-25.

[9] BENE C. Are fishers poor or vulnerable? Assessing economic vulnerability in small-scale fishing communities[J]. Journal of development studies, 2009, 45(6): 911-933.

[10] BOURGUIGNON F, CHAKRAVARTY S R. The measurement of multi-

dimensional poverty[J]. Journal of economic inequality, 2003, 1(1): 25-49.

[11] BRADY D. The welfare state and relative poverty in rich Western democracies, 1967-1997[J]. Social forces, 2005(4): 1329-1364.

[12] BRONFMAN J, FLORO M. How well have social protection schemes reduced household vulnerability in Chile[R]. MPRA Working Paper 63255, 2014.

[13] CAHYADI E R, WAIBEL H. Contract farming and vulnerability to poverty among oil palm smallholders in Indonesia[J]. Journal of development studies, 2016, 52(5): 681-695.

[14] CAI S, WANG J. Less advantaged, more optimistic? Subjective well-being among rural, migrant and urban populations in contemporary China[J]. China economic review, 2018, 52(12): 95-110.

[15] CHAKRAVARTY S R, DEUTSCH J, SILBER J. On the Watts multidimensional poverty index and its decomposition[J]. World development, 2008, 36(6): 1067-1077.

[16] CHAUDHURI S, JALAN J, SURYAHADI A. Assessing household vulnerability to poverty from cross-sectional data: A methodology and estimates from Indonesia[A]. Discussion Paper Series, 2002, #0102-52. Department of Economics, Columbia University.

[17] CHELI B, LEMMI A. A totally fuzzy and relative approach to the multidimensional analysis of poverty[J]. Economic notes, 1995, 1(24): 115-134.

[18] COMBES P, DEMURGER SYLVIE, LI SHI, et al. Unequal migration and urbanization gains in China[J]. Journal of development economics, 2020, 142(1): 102328.

[19] DAS J, DO Q T, FRIEDMAN J, et al. Mental health and poverty in developing countries: revisiting the relationship[J]. Social science and medicine, 2007, 65(3): 467-480.

[20] DATT G, RAVALLION M. Growth and redistribution components of changes in poverty measures: A decomposition with applications to Brazil and India in the 1980s[J]. Journal of development economics, 1992, 38(2): 275-295.

[21] DATT G. Computational tools for poverty measurement and analysis[R]. FCND Discussion Papers 50, International Food Policy Research Institute

(IFPRI), 1998.

[22] DERCON S, KRISHNAN P. Vulnerability, seasonality and poverty in Ethiopia[J]. Journal of development studies, 2000, 36(6): 25-53.

[23] DOLLAR D, KLEINEBERG T, KRAAY A. Growth still is good for the poor[J]. European economic review, 2016, 81(1): 68-85.

[24] DUCLOS J Y, ARAAR A, GILES J. Chronic and transient poverty: Measurement and estimation, with evidence from China[J]. Journal of development economics, 2010, 91(2): 266-277.

[25] DYNAN K E, RAVINA E. Increasing income inequality, external habits, and self-reported happiness[J]. American economic review, 2007(5): 226-231.

[26] ELSTAD J I, PEDERSEN A W. The impact of relative poverty on Norwegian adolescents subjective health: a causal analysis with propensity score matchin[J]. International journal of environmental research and public health, 2012(9): 4715-4731.

[27] FENG L, HE Y, YAO P. Poverty reduction effect of industrial structure equilibrium based on the models of mediating effect and panel threshold[J]. Journal of nonlinear and convex analysis, 2022, 23(10): 2139-2153.

[28] FERREIRA F, CHEN S, DABALEN A, et al. A global count of the extreme poor in 2012: data issues, methodology and initial results[J]. Journal of economic inequality, 2016(4): 141-172.

[29] FOSTER J, GREER J, THORBECKE E. A class of decomposable poverty measures[J]. Econometrica, 1984, 52(3): 761-766.

[30] FOSTER J. Absolute versus relative poverty[J]. American economic review, 1998, 88(2): 335-341.

[31] FUCHS V. Redefining poverty and redistributing income[J]. Public interest, 1967(8): 88-95.

[32] GERANDA N, NEUBOURG C D. Monitoring absolute and relative poverty: "Not enough" is not the same as"Much less"[J]. The review of income and wealth, 2011, 11(57): 247-269.

[33] GROOTAERT C, OH G, SWAMY A. Social capital, household welfare

and poverty in Burkina Faso[J]. Journal of African economies, 2002, 11(1): 4-38.

[34] GROOTAERT C. Structural change and poverty in Africa: A decomposition analysis for Coted Ivoire[J]. Journal of development economics, 1995(47): 375-402.

[35] GUNTHER I, HARTTGEN K. Estimating households vulnerability to idiosyncratic and covariate shocks: a novel method applied in madagascar[J]. World development, 2009, 37(7): 1222-1234.

[36] GUSTAFSSON B, DING S. Growing into relative income poverty: urban China, 1988-2013[J]. Social indicators research, 2020(1): 73-94.

[37] HAN J, WANG J, MA X. Effects of farmers participation in inclusive finance on their vulnerability to poverty: Evidence from Qinba poverty-stricken area in China[J]. Emerging markets finance & trade, 2018(10): 1-16.

[38] HANSEN B E. Threshold effects in non-dynamic panels: Estimation, testing, and inference[J]. Journal of econometrics, 1999(93): 345-368.

[39] HAUSHOFER J, FEHR E. On the psychology of poverty[J]. Science, 2014(344): 862-867.

[40] JANSKY'P, KALÍKOVÁ K, MÜNICH D. Does the Czech tax and benefit system contribute to one of Europes lowest levels of relative income poverty and inequality? [J]. Eastern European economics, 2016(5): 191-207.

[41] JITSUCHON S. What is poverty, and how to measure it[J]. TDRI quarterly review, 2001, 15(3): 6-10.

[42] JOHAN F, JOHAN R, BACCHUS H J, et al. Absolute or relative? A comparative analysis of the relationship between poverty and mortality[J]. International journal of environmental research and public health, 2015(60): 101-110.

[43] KAKWANI N, PERNIA E. What is pro-poor growth? [J]. Asian development review, 2000, 18(1): 1-16.

[44] KAKWANI N. On measuring growth and inequality components of poverty with application to Thailand[J]. Journal of quantitative economics, 2000(16): 67-79.

[45] KAMANOU G, MORDUCH J. Measuring vulnerability to poverty[R].

NYU Wagner Working Paper, 2002, No. WP1012. New York: New York University.

[46] KAZOR K, HERING A S. Assessing the performance of model-based clustering methods in multivariate time series with application to identifying regional wind regimes[J]. Journal of agricultural, biological and environmental statistics, 2015(20): 192-217.

[47] KOLENIKOV S, SHORROCKS A. A decomposition analysis of regional poverty in Russia[J]. Review of development economics, 2005, 9(1): 25-46.

[48] KREMER S, BICK A, NAUTZ D. Inflation and growth: new evidence from a dynamic panel threshold analysis[J]. Empirical economics, 2013(4): 861-878.

[49] LI S, WAN H. Evolution of wealth inequality in China[J]. China economic journal, 2015, 8(3): 264-287.

[50] LIGON E, SCHECHTER L. Evaluating different approaches to estimating vulnerability[A]. Social protection discussion paper 2004, series no. 0410. Washington: World Bank.

[51] LUGO M A, MAASOUMI E. Multidimensional poverty measures from an information theory perspective[R]. OPHI Working Paper No. 10, 2009.

[52] LYBBERT T J, WYDICK B. Poverty, aspirations, and the economics of hope[J]. Economic development and cultural change, 2018, 66(4): 709-753.

[53] MAHMOOD T, YU X, STEPHAN K. Do the poor really feel poor? Comparing objective poverty with subjective poverty in Pakistan[J]. Social indicators research, 2019(4): 543-580.

[54] MARX I, VANDENBROUCKE P, VERBIST G. Can higher employment levels bring down relative income poverty in the EU? Regression-based simulations of the Europe 2020 target[J]. Journal of European social policy, 2012, 5(22): 472-486.

[55] MATTINGLY M J, PEDROZA J M. Convergence and disadvantage in poverty trends (1980-2010): What is driving the relative socioeconomic position of hispanics and whites? [J]. Race and social problems, 2018(10): 53-66.

[56] MONTALVO J G, RAVALLION M. The pattern of growth and poverty reduction in China[J]. Journal of comparative economics, 2011(38): 2-16.

[57] MULLAINATHAN S, SHAFIR E. Scarcity: Why having too little means so much[M]. New York: Henry Holt, 2013.

[58] OPHI. Global multidimensional poverty index 2018: the most detailed picture to date of the worlds poorest people [R/OL]. University of Oxford, https://ophi.org.uk/global-multidimensional-poverty-index-2018-the-most-detailed, 2018.

[59] OZUGHALU U M, OGWUMIKE F O. Vulnerability to food poverty in Nigeria[J]. African development review, 2013, 25(3): 243-255.

[60] PFOERTNER T, ANDRESS HANS-JUERGEN, JANSSEN CHRISTIAN. Income or living standard and health in Germany: Different ways of measurement of relative poverty with regard to self-rated health[J]. International journal of public health, 2011(56): 373-384.

[61] PRITCHARD C, WALLACE M S. Comparing UK and other western countries health expenditure, relative poverty and child mortality: Are British children doubly disadvantaged? [J]. Children & society, 2015(29): 462-472.

[62] RAMOS X, SILBER J. On the application of efficiency analysis to the study of the dimensions of human development[J]. Review of income and wealth, 2005, 2(51): 285-309.

[63] RAVALLION M, CHEN S, SANGRAULA P. Dollar a day revisited[J]. World bank economic review, 2009(23): 163-184.

[64] RAVALLION M, CHEN S. Global poverty measurement when relative income matters[J]. Journal of public economics, 2019(177): 1-13.

[65] RAVALLION M, CHEN S. Weakly relative poverty[J]. Review of economics and statistics, 2011, 93(4): 1251-1261.

[66] RAVALLION M, HUPPI M. Measuring changes in poverty: A methodological case study of Indonesia during an adjustment period [J]. World bank economic review, 1991(5): 57-84.

[67] RAVALLION M, LOKSHIN M. Subjective economic welfare[R]. Policy Research Working Paper Series 2106, The World Bank, 1999.

[68] RAVALLION M. On measuring global poverty [J]. Annual review of economics, 2020(12): 167-188.

[69] RAVALLION M. Why don't we see poverty convergence? [J]. American economic review, 2012, 102(6): 504-527.

[70] ROBERT J, ZILIAK J P. Relative poverty in Great Britain and the United States, 1979-2017[J]. Fiscal studies, 2019, 40(4): 486-518.

[71] ROWNTREE S. Poverty: A study of town life[M]. London: Macmillan, 1901.

[72] SEN A. Commodities and capabilities[M]. London: Oxford University Press, 1999.

[73] SEN A. Poverty: an order approach to measurement[J]. Econometrica, 1976, 44(2): 219-231.

[74] SHORROCKS A, WAN G. Ungrouping income distributions: Synthesising samples for inequality and poverty analysis[R]. UNU-WIDER Discussion Paper, 2008(2).

[75] SHORROCKS A. Decomposition procedures for distributional analysis: a unified framework based on the Shapley value[J]. Journal of economic inequality, 2013, 11(1): 99-126.

[76] SON H H, KAKWANI N. Global estimates of pro-poor growth[J]. World development, 2008, 36(6): 1048-1066.

[77] STARK O, MAJA M, JERZY M. Relative poverty as a determinant of migration: evidence from Poland[J]. Economics letters, 2009(103): 119-122.

[78] SUDESHNA M. The poor get poorer: Tracking relative poverty in India using a durables-based mixture model[J]. Journal of development economics, 2016(119): 110-120.

[79] THORBECKE E, JUNG H S. A multiplier decomposition method to analyze poverty alleviation [J]. Journal of development economics, 1996 (48): 279-300.

[80] WAN G, SEBASTIAN I. Poverty in Asia and the Pacific: An update [R]. Asian Development Bank Economics Working Paper, 2011.

[81] WANG C, WAN G. Income polarization in China: Trends and changes [J]. China economic review, 2015(36): 58-72.

[82] WARD P S. Transient poverty, poverty dynamics, and vulnerability to

poverty：an empirical analysis using a balanced panel from rural China[J]. World development，2016(78)：541-553.

[83] World Bank. World development report 2000-2001：attacking poverty [M]. Washington，D. C.：World Bank，2001.

[84] WUEPPER D，LYBBERT T J. Perceived self-efficacy，poverty and economic development[J]. Annual review of resource economics，2017，9(1)：383-404.

[85] YAO S，ZHANG Z，HANMER L. Growing Inequality and poverty in China[J]. China economic review，2004(5)：145-163.

[86] ZHANG Y，WAN G. An empirical analysis of household vulnerability in rural China[J]. Journal of the Asia pacific economy，2006，11(2)：196-212.

[87] 艾小青．城乡混合基尼系数分解方法研究[J]．统计研究，2015，32(9)：91-96.

[88] 白永秀，刘盼．全面建成小康社会后我国城乡反贫困的特点、难点与重点[J]．改革，2019(5)：29-37.

[89] 白永秀，吴杨辰浩．论建立解决相对贫困的长效机制[J]．福建论坛(人文社会科学版)，2020(3)：19-31.

[90] 蔡昉，都阳．迁移的双重动因及其政策含义：检验相对贫困假说[J]．中国人口科学，2002(4)：3-9.

[91] 蔡跃洲，陈楠．新技术革命下人工智能与高质量增长、高质量就业[J]．数量经济技术经济研究，2019，36(5)：3-22.

[92] 陈斌开，曹文举．从机会均等到结果平等：中国收入分配现状与出路[J]．经济社会体制比较，2013，170(11)：44-59.

[93] 陈飞，刘宣宣，王友军．数字经济是否缓解了农村多维相对贫困?基于收入导向型视角[J]．浙江社会科学，2022(10)：25-36，155-156.

[94] 陈飞，卢建词．收入增长与分配结构扭曲的农村减贫效应研究[J]．经济研究，2014(2)：101-114.

[95] 陈立中．转型时期我国多维度贫困测算及其分解[J]．经济评论，2008(5)：5-10.

[96] 陈怡，戴雪婷．国际贸易对中国家庭动态贫困的影响：基于相对贫困的视角[J]．财贸研究，2022，33(10)：18-32.

[97] 陈怡，陶晓莹．电子商务对中国家庭减贫效应研究：基于多维相对贫困的视角[J]．经济与管理评论，2022，38(5)：97-111.

[98] 陈永伟，侯升万，符大海．我国农村相对贫困标准估计与贫困动态[J]．统计研究，2022，39(5)：107-118.

[99] 陈宗胜，沈扬扬，周云波．中国农村贫困状况的绝对与相对变动：兼论相对贫困线的设定[J]．管理世界，2013(1)：67-75.

[100] 程蹊，陈全功．较高标准贫困线的确定：世界银行和美英澳的实践及启示[J]．贵州社会科学，2019，354(6)：141-148.

[101] 戴建华，薛恒新．基于 Shapley 值法的动态联盟伙伴企业利益分配策略[J]．中国管理科学，2004，12(4)：33-36.

[102] 戴小文，何思好．相对贫困的循证治理框架设计与农村相对贫困群体的主体性研究[J]．农村经济，2022(12)：39-47.

[103] 单德朋，王英，郑长德．专业化、多样化与产业结构减贫效应的动态异质表现研究[J]．中国人口·资源与环境，2017(7)：157-168.

[104] 单德朋．金融素养与城市贫困[J]．中国工业经济，2019(4)：136-154.

[105] 樊丽明，解垩．公共转移支付减少了贫困脆弱性吗？[J]．经济研究，2014，49(8)：67-78.

[106] 樊增增，邹薇．从脱贫攻坚走向共同富裕：中国相对贫困的动态识别与贫困变化的量化分解[J]．中国工业经济，2021(10)：59-77.

[107] 范和生，武政宇．相对贫困治理长效机制构建研究[J]．中国特色社会主义研究，2020(1)：63-69.

[108] 方迎风，周少驰．多维相对贫困测度研究[J]．统计与信息论坛，2021，36(6)：21-30.

[109] 方长春．中国城市移民的住房：基于社会排斥的视角[J]．社会学研究，2020，35(4)：58-80，242-243.

[110] 冯亮，刘强，田雅娟．新时代中国特色精准扶贫路径：基于河北省五县的入户调查[J]．农村经济，2019(7)：41-48.

[111] 冯亮，刘强，徐生霞．贫困治理、产业结构与区域经济发展不平衡[J]．经济与管理研究，2021，42(10)：36-50.

[112] 冯亮，陆小莉．产业转型升级效果的多维测度：以京津冀城市群

为例[J]. 统计与决策，2021(19)：64-67.

[113] 干春晖，郑若谷，余典范. 中国产业结构变迁对经济增长和波动的影响[J]. 经济研究，2011(5)：4-16.

[114] 高艳云，马瑜. 多维框架下中国家庭贫困的动态识别[J]. 统计研究，2013(12)：89-94.

[115] 龚新蜀，赵贤，董依婷. 数字经济、数字鸿沟与农村多维相对贫困[J]. 现代财经，2023，43(2)：20-35.

[116] 顾宁，刘洋. 产业扶贫降低了贫困农户的脆弱性吗[J]. 农业技术经济，2021(7)：92-102.

[117] 郭晓莉，李录堂，贾蕊. 社会资本对生态移民贫困脆弱性的影响[J]. 经济问题，2019(4)：69-76.

[118] 何宗樾，张勋，万广华. 数字金融、数字鸿沟与多维贫困[J]. 统计研究，2020，37(10)：79-89.

[119] 贺坤，周云波，成前. 共同富裕视域下的农民工多维相对贫困研究：基于城—城流动人口的比较分析[J]. 现代财经，2022，42(7)：94-113.

[120] 胡联，缪宁，姚绍群，等. 中国农村相对贫困变动和分解：2002—2018[J]. 数量经济技术经济研究，2021，38(2)：132-146.

[121] 胡联，姚绍群，宋啸天. 中国弱相对贫困的评估及对2020年后减贫战略的启示[J]. 中国农村经济，2021(1)：72-90.

[122] 胡联，姚绍群，杨成喻，等. 数字普惠金融有利于缓解相对贫困吗？[J]. 财经研究，2021，47(12)：93-107.

[123] 胡志平. 基本公共服务、脱贫内生动力与农村相对贫困治理[J]. 求索，2021(6)：146-155.

[124] 黄丹阳，毕博洋，朱映秋. 基于高斯谱聚类的风险商户聚类分析[J]. 统计研究，2021，36(6)：145-160.

[125] 黄群慧，黄阳华，贺俊，等. 面向中上等收入阶段的中国工业化战略研究[J]. 中国社会科学，2017(12)：94-116.

[126] 黄群慧，余泳泽，张松林. 互联网发展与制造业生产率提升：内在机制与中国经验[J]. 中国工业经济，2019(8)：5-23.

[127] 黄征学，高国力，滕飞，等. 中国长期减贫，路在何方？2020年脱贫攻坚完成后的减贫战略前瞻[J]. 中国农村经济，2019(9)：2-14.

[128] 黄志刚，黎洁．易地扶贫搬迁后续扶持政策对农户多维相对贫困的影响[J]．资源科学，2022，44(9)：1905-1917.

[129] 江克忠，刘生龙．收入结构、收入不平等与农村家庭贫困[J]．中国农村经济，2017(8)：75-90.

[130] 江小涓．高度联通社会中的资源重组与服务业增长[J]．经济研究，2017，52(3)：4-17.

[131] 金烨，李宏彬，吴斌珍．收入差距与社会地位寻求：一个高储蓄率的原因[J]．经济学(季刊)，2011，10(3)：887-912.

[132] 黎晓寅．服务经济发展与收入不平等新趋势：来自部分发达国家与地区的经验[J]．世界经济研究，2018(6)：36-43.

[133] 李春根，陈文美．共同富裕目标下农村相对贫困家庭多维贫困测度及分解[J]．当代财经，2022，450(5)：3-12.

[134] 李楠，何爱爱．新发展阶段农村相对贫困治理的现实逻辑与实践路径[J]．汉江论坛，2022(8)：12-17.

[135] 李强．绝对贫困与相对贫困[J]．中国社会工作，1996(5)：18-19.

[136] 李胜旗，廖前豪．农村女性劳动参与对家庭贫困脆弱性的影响：基于 CHFS 微观数据的经验研究[J]．农业技术经济，2023(2)：20-44.

[137] 李实，史新杰，陶彦君，等．以农村低收入人口增收为抓手促进共同富裕：重点、难点与政策建议[J]．农业经济问题，2023(2)：4-19.

[138] 李小云，许汉泽．2020 年后扶贫工作的若干思考[J]．国家行政学院学报，2018(1)：62-66，149-150.

[139] 李小云，于乐荣，齐顾波．2000—2008 年中国经济增长对贫困减少的作用：一个全国和分区域的实证分析[J]．中国农村经济，2010(4)：4-11.

[140] 李兴洲．公平正义：教育扶贫的价值追求[J]．教育研究，2017，38(3)：31-37.

[141] 李莹，于学霆，李帆．中国相对贫困标准界定与规模测算[J]．中国农村经济，2021(1)：31-48.

[142] 李永友，沈坤荣．财政支出结构、相对贫困与经济增长[J]．管理世界，2007(11)：14-26.

[143] 梁小军，胡多．共同富裕目标下相对贫困治理的制度逻辑[J]．学

习与实践，2022(7)：87-95.

[144] 林伯强．中国的经济增长、贫困减少与政策选择[J]．经济研究，2003(12)：15-25，90.

[145] 刘彬彬，陆迁，李晓平．社会资本与贫困地区农户收入：基于门槛回归模型的检验[J]．农业技术经济，2014(11)：40-51.

[146] 刘皓琰，李明．网络生产力下经济模式的劳动关系变化探析[J]．经济学家，2017(12)：33-41.

[147] 刘洪，张想想．相对贫困：内涵特征、多维困境与研究展望[J]．世界农业，2022(6)：66-76.

[148] 刘慧迪，苏岚岚，易红梅．精准扶贫帮扶项目的减贫成效及其对后扶贫时代贫困治理的启示：基于贫困脆弱性视角[J/OL]．农业技术经济，2023(2)：1-21. https：//doi. org/10. 13246/j. cnki. jae. 20221104. 001.

[149] 刘军，杨渊鋆，张三峰．中国数字经济测度与驱动因素研究[J]．上海经济研究，2020，32(6)：81-96.

[150] 刘强，马彦瑞，徐生霞．数字经济发展是否提高了中国绿色经济效率？[J]．中国人口·资源与环境，2022，32(3)：72-85.

[151] 刘伟，蔡志洲．新时代中国经济增长的国际比较及产业结构升级[J]．管理世界，2018(1)：16-24.

[152] 刘魏，张应良，王燕．数字普惠金融发展缓解了相对贫困吗？[J]．经济管理，2021(7)：44-60.

[153] 刘旭雯．后扶贫时代推进共同富裕的价值逻辑、行动框架与路径选择[J]．民族学研究，2022，33(3)：46-51.

[154] 刘宇洋，陈玉萍．中国相对贫困的特征分析与指标比较：基于货币方法和多维方法[J]．学术论坛，2022，45(4)：68-82.

[155] 刘愿理，廖和平，蔡拔林，等．基于不同生计类型的农户多维相对贫困测度与影响机理[J]．中国人口·资源与环境，2022，32(5)：165-175.

[156] 刘自敏，兰羽珩，邓明艳，等．中国能源贫困的精准识别：基于等价尺度方法的分析[J]．数量经济技术经济研究，2023(2)：136-157.

[157] 鲁钊阳，廖杉杉，邱新国．电商扶贫视角下志愿服务影响农村相对贫困的实证研究[J]．兰州学刊，2023(1)：128-146.

［158］卢旺．地方本科院校服务地方机制创新研究［M］．北京：中国经济出版社，2019.

［159］罗必良，洪炜杰，耿鹏鹏，等．赋权、强能、包容：在相对贫困治理中增进农民幸福感［J］．管理世界，2021(10)：166-181.

［160］罗必良．相对贫困治理：性质、策略与长效机制［J］．求索，2020(6)：18-27.

［161］罗楚亮，李实．中国住户调查数据收入变量的比较［J］．管理世界，2019，35(1)：24-35，226.

［162］罗楚亮．经济增长、收入差距与农村贫困［J］．经济研究，2012(2)：15-27.

［163］罗楚亮．农村贫困的动态变化［J］．经济研究，2010(5)：123-138.

［164］罗煜，曾恋云．数字金融能力与相对贫困［J］．经济理论与经济管理，2021(12)：11-29.

［165］吕方．迈向 2020 后减贫治理：建立解决相对贫困问题长效机制［J］．新视野．2020(2)：33-40.

［166］马留赟，白钦先．数字经济如何缓解相对贫困［J］．财经科学，2020(7)：92-105.

［167］莫光辉．共同富裕实现进程中的常态化减贫机制［J］．社会科学战线，2022(10)：193-198.

［168］宁静，殷浩栋，汪三贵．易地扶贫搬迁减少了贫困脆弱性吗？基于 8 省 16 县易地扶贫搬迁准实验研究的 PSM-DID 分析［J］．中国人口·资源与环境，2018(11)：20-28.

［169］彭继权，张利国．农业技术进步会降低农户的相对贫困吗：基于节本增产和外出务工的视角［J］．农业技术经济，2023(1)：95-111.

［170］平卫英，占成意，罗良清．中国城市居民家庭相对贫困测度研究［J］．统计与信息论坛，2021，36(8)：84-94.

［171］钱力，王花．农村家庭相对贫困的脆弱性测量及影响因素分析［J］．农业经济与管理，2022，72(2)：49-58.

［172］秦建军，戎爱萍．财政支出结构对农村相对贫困的影响分析［J］．经济问题，2012(11)：95-98.

［173］秦楼月．相对贫困治理的路径探析［J］．人民论坛，2022(16)：

97-99.

［174］曲延春．农村相对贫困治理：测度原则与路径选择［J］．理论学刊，2021(4)：142-149.

［175］任国英，汪津，李锐．地位寻求与城镇家庭购买耐用消费品借贷行为的研究［J］．中央财经大学学报，2020(7)：79-90.

［176］阮敬，詹婧．亲贫困增长分析中的 Shapley 分解规则［J］．统计研究，2010，27(5)：58-66.

［177］沈扬扬，李实．如何确定相对贫困标准？兼论“城乡统筹”相对贫困的可行方案［J］．华南师范大学学报(社会科学版)，2020(2)：91-101.

［178］沈扬扬．经济增长与不平等对农村贫困的影响［J］．数量经济技术经济研究，2012(8)：19-34.

［179］斯丽娟，郭海霞．面向共同富裕的中国城乡相对贫困指数的测度及变动分解［J］．数量经济技术经济研究，2022(5)：47-63.

［180］孙久文，夏添．中国扶贫战略与 2020 年后相对贫困线划定：基于理论、政策和数据的分析［J］．中国农村经济，2019(10)：98-113.

［181］孙久文，张倩．2020 年后我国相对贫困标准：经验实践与理论构建［J］．新疆师范大学学报(哲学社会科学版)，2021(4)：1-13.

［182］孙玉环，王琳，王雪妮．后精准扶贫时代多维贫困的识别与治理：以大连市为例［J］．统计与信息论坛，2021，36(2)：78-88.

［183］檀学文．走向共同富裕的解决相对贫困思路研究［J］．中国农村经济，2020(6)：21-36.

［184］田鸽，张勋．数字经济、非农就业与社会分工［J］．管理世界，2022(5)：72-84.

［185］田雅娟，刘强，冯亮．中国居民家庭的主观贫困感受研究［J］．统计研究，2019(1)：92-103.

［186］万广华．城镇化与不均等：分析方法和中国案例［J］．经济研究，2013(5)：73-86.

［187］汪晨，万广华，吴万宗．中国减贫战略转型及其面临的挑战［J］．中国工业经济，2020(1)：5-23.

［188］汪俊雯，江激宇，张士云．风险态度对居民陷入相对贫困的影响及机制研究：基于机会获取的中介效应与政府转移支付的调节效应［J］．世界

农业，2022(9)：88-100.

[189] 汪三贵，冯紫曦．脱贫攻坚与乡村振兴有效衔接的逻辑关系[J]. 贵州社会科学，2020，361(1)：4-6.

[190] 汪三贵，孙俊娜．全面建成小康社会后中国的相对贫困标准、测量与瞄准：基于2018年中国住户调查数据的分析[J]. 中国农村经济，2021(3)：2-23.

[191] 汪三贵．在发展中战胜贫困：对中国30年大规模减贫经验的总结与评价[J]. 管理世界，2008(11)：78-88.

[192] 王大哲，朱红根，钱龙．基本公共服务均等化能缓解农民工相对贫困吗？[J]. 中国农村经济，2022(8)：16-34.

[193] 王锴．以相对贫困来看城市贫困：理念辨析与中国实证[J]. 北京社会科学，2019(7)：74-83.

[194] 王素霞，王小林．中国多维贫困测量[J]. 中国农业大学学报(社会科学版)，2013(2)：1-10.

[195] 王太明，王丹．后脱贫时代相对贫困的类型划分及治理机制[J]. 求实，2021，460(2)：51-69，111.

[196] 王文．数字经济时代下工业智能化促进了高质量就业吗[J]. 经济学家，2020(4)：89-98.

[197] 王小林，ALKIRE S. 中国多维贫困测量：估计和政策含义[J]. 中国农村经济，2009(12)：4-23.

[198] 王小林，冯贺霞．2020年后中国多维相对贫困标准：国际经验与政策取向[J]. 中国农村经济，2020，423(3)：2-21.

[199] 王小林，张晓颖．中国消除绝对贫困的经验解释与2020年后相对贫困治理取向[J]. 中国农村经济，2021(2)：2-18.

[200] 王媛，范建刚．从政府主导到政府有为：新发展阶段我国贫困治理的逻辑嬗变[J/OL]. 甘肃社会科学，2023. https：//doi. org/10. 15891/j. cnki. cn62-1093/c. 20230118. 001.

[201] 韦艳，汤宝民．健康冲击、社会资本与农村家庭贫困脆弱性[J]. 统计与信息论坛，2022，37(10)：103-116.

[202] 吴本健，郭晶晶，马九杰．社会资本与农户风险的非正规分担机制：理论框架与经验证据[J]. 农业技术经济，2014(4)：4-13.

［203］吴万宗，刘玉博，徐琳．产业结构变迁与收入不平等：来自中国的微观证据[J]．管理世界，2018(2)：22-33.

［204］万广华，张藕香，伏润民．1985—2002 年中国农村地区收入不平等：趋势、起因和政策含义[J]．中国农村经济，2008(3)：4-15.

［205］鲜祖德，王萍萍，吴伟．中国农村贫困标准与贫困监测[J]．统计研究，2016(9)：3-12.

［206］解安，王立伟．低保制度在城市贫困转型后的治理困境分析[J]．宁夏社会科学，2022(3)：155-161.

［207］谢华育，孙小雁．共同富裕、相对贫困攻坚与国家治理现代化[J]．上海经济研究，2021(11)：20-26.

［208］谢玉梅，丁凤霞．基于贫困脆弱性视角下的就业扶贫影响效应研究[J]．上海财经大学学报，2019，21(3)：18-32.

［209］邢成举，李小云．相对贫困与新时代贫困治理机制的构建[J]．改革，2019(12)：16-25.

［210］邢小强，汤新慧，王珏，等．数字平台履责与共享价值创造：基于字节跳动扶贫的案例研究[J]．管理世界，2021，37(12)：152-176.

［211］徐超，李林木．城乡低保是否有助于未来减贫：基于贫困脆弱性的实证分析[J]．财贸经济，2017(5)：5-19.

［212］徐富明，黄龙．贫困对儿童心理健康的影响及其内在机制[J]．心理发展与教育，2023，33(1)：132-139.

［213］徐戈，陆迁，姜雅莉．社会资本、收入多样化与农户贫困脆弱性[J]．中国人口·资源与环境，2019，29(2)：123-133.

［214］许宪春，张美慧．中国数字经济规模测算研究：基于国际比较的视角[J]．中国工业经济，2020(5)：23-41.

［215］闫书华．精准方略下构建相对贫困治理的长效机制研究[J]．宁夏社会科学，2021，230(6)：189-195.

［216］杨骞，秦文晋．中国产业结构优化升级的空间非均衡及收敛性研究[J]．数量经济技术经济研究，2018(11)：58-76.

［217］杨菊华．后小康社会的贫困：领域、属性与未来展望[J]．中共中央党校(国家行政学院)学报，2020(2)：111-119.

［218］杨龙，汪三贵．贫困地区农户的多维贫困测量与分解：基于 2010

年中国农村贫困监测的农户数据[J]. 人口学刊，2015，2(37)：15-25.

[219] 姚领，谢家智. 贫困脆弱性的生成与测度：基于风险"冲击—应对"的视角[J]. 统计研究，2022，39(11)：117-132.

[220] 姚洋. 发展经济学[M]. 北京：北京大学出版社，2018.

[221] 叶兴庆，殷浩栋. 从消除绝对贫困到缓解相对贫困：中国减贫历程与2020年后的减贫战略[J]. 改革，2019(12)：5-15.

[222] 尹志超，文小梅，栗传政. 普惠金融、收入差距与共同富裕[J]. 数量经济技术经济研究，2023(1)：109-127.

[223] 尹志超，张栋浩. 金融普惠、家庭贫困及脆弱性[J]. 经济学(季刊)，2020，20(1)：153-172.

[224] 于新亮，孙峥岫，上官熠文，等. 相对贫困潜在增量治理：贫困边缘人群的识别路径和演化机制分析[J]. 农业技术经济，2022(10)：53-68.

[225] 于新亮，严晓欢，上官熠文，等. 农村社会养老保险与家庭相对贫困长效治理：基于隔代照顾的视角[J]. 中国农村观察，2022(1)：146-165.

[226] 岳希明，罗楚亮. 农村劳动力外出打工与缓解贫困[J]. 世界经济，2010(11)：84-98.

[227] 张栋浩，尹志超. 金融普惠、风险应对与农村家庭贫困脆弱性[J]. 中国农村经济，2018(4)：54-73.

[228] 张承，彭新万，陈华脉. 我国多维相对贫困的识别及其驱动效应研究[J]. 经济问题探索，2021(11)：15-29.

[229] 张海霞，杨浩，庄天慧. 共同富裕进程中的农村相对贫困治理[J]. 改革，2022(10)：78-90.

[230] 张辉，闫强明，黄昊. 国际视野下中国结构转型的问题、影响与应对[J]. 中国工业经济，2019(6)：41-59.

[231] 张楠，寇璇，刘蓉. 财政工具的农村减贫效应与效率：基于三条相对贫困线的分析[J]. 中国农村经济，2021(1)：49-71.

[232] 张琦. 论缓解相对贫困的长效机制[J]. 上海交通大学学报(哲学社会科学版)，2020，28(6)：16-20.

[233] 张全红，李博，周强. 中国多维贫困的动态测算、结构分解与精准扶贫[J]. 财经研究，2017(4)：31-40.

［234］张全红，周强．中国多维贫困的测度及分解：1989—2009年［J］．数量经济技术经济研究，2014(6)：88-101.

［235］张勋，万广华，吴海涛．缩小数字鸿沟：中国特色数字金融发展［J］．中国社会科学，2021(8)：35-57，204-205.

［236］张勋，万广华，张佳佳，等．数字经济、普惠金融与包容性增长［J］．经济研究，2019(8)：71-86.

［237］赵涛，张智，梁上坤．数字经济、创业活跃度与高质量发展：来自中国城市的经验证据［J］．管理世界，2020(10)：65-75.

［238］赵卫华．农民工家庭消费结构及对相对贫困治理的启示［J］．甘肃社会科学，2022(3)：188-197.

［239］郑瑞坤，向书坚．后扶贫时代中国农村相对贫困的一种测定方法与应用研究［J］．数量经济技术经济研究，2021(11)：144-162.

［240］周迪，邱文妍，冯怡豪．中国持续多维相对贫困的统计测度及其结果比较［J］．人口与经济，2022(6)：113-129.

［241］周力，沈坤荣．相对贫困与主观幸福感［J］．农业经济问题，2021(11)：102-114.

［242］朱晓，段成荣．“生存—发展—风险”视角下离土又离乡农民工贫困状况研究［J］．人口研究，2016(3)：30-44.

［243］左停，贺莉．基于FGT指数的县级贫困程度多维表达与分类扶贫策略研究：以陕西省为例［J］．经济问题探索，2019(7)：173-180.

［244］左停，苏武峥．乡村振兴背景下中国相对贫困治理的战略指向与政策选择［J］．新疆师范大学学报(哲学社会科学版)，2020，41(4)：88-96.

［245］左停，杨雨鑫．重塑贫困认知：主观贫困研究框架及其对当前中国反贫困的启示［J］．贵州社会科学，2013，285(9)：43-49.